Tatsachen über Deutschland

Impressum

Herausgeber:
Societäts-Verlag, Frankfurt am Main, in
Zusammenarbeit mit dem Auswärtigen Amt,
Berlin

Societäts-Verlag
Konzeption und redaktionelle Leitung:
Peter Hintereder
Projektkoordination: Andreas Fiebiger
Redaktion: Janet Schayan, Dr. Sabine Giehle
Art Direction und Gestaltung:
Bruno Boll, Katharina Rudolph
Produktion: Jörn Roßberg

Societäts-Verlag
Frankenallee 71–81
60327 Frankfurt am Main
Deutschland
Internet: www.fsd.de
E-Mail: tatsachen@fsd.de; facts@fsd.de

Auswärtiges Amt
Abteilung Kommunikation, Referat K 03
Werderscher Markt 1
10117 Berlin, Deutschland
Internet: www.auswaertiges-amt.de
E-Mail: k03-s@auswaertiges-amt.de

Druck: Werbedruck GmbH Horst Schreckhase,
Spangenberg, Printed in Germany 2005

Redaktionsschluss: 1. Dezember 2005
ISBN: 3-7973-0972-4

„Tatsachen über Deutschland" erscheint in
folgenden Sprachfassungen:
Arabisch, Chinesisch, Deutsch, Englisch, Farsi,
Französisch, Italienisch, Japanisch, Polnisch,
Portugiesisch, Spanisch, Tschechisch, Türkisch
und Russisch

„Tatsachen über Deutschland" ist im Internet
in zahlreichen Sprachfassungen abrufbar:
www.tatsachen-ueber-deutschland.de

Einer Teilauflage dieses Buches liegt eine
achtseitige redaktionelle Beilage zur „FIFA-
Fußball-Weltmeisterschaft 2006" bei.

HABEN SIE GEWUSST, dass Deutschland die drittgrößte Wirtschaftsnation der Erde ist? Dass Deutschland weltweit zu den drei Top-Studienstandorten zählt? Oder dass die Fußball-Weltmeisterschaft im Sommer 2006 nicht nur das größte Sportereignis des Jahres, sondern auch ein riesiges Kunst- und Kultur-Spektakel ist? Die „Tatsachen über Deutschland" laden Sie ein, Deutschland kennen zu lernen. Sie bieten profundes Basiswissen und Orientierungshilfe – speziell konzipiert für Leserinnen und Leser im Ausland, deren Interesse an den Zeitläuften in Deutschland über das Zufällige der täglichen Nachrichtenflut hinausreicht.

In zehn umfangreichen Kapiteln beschäftigen sich renommierte Autorinnen und Autoren mit den wichtigsten politischen, gesellschaftlichen und wirtschaftlichen Tendenzen in Deutschland. In diesen Überblicksbeiträgen gewähren sie ein komplexes Verständnis der deutschen Gesellschaft und zeigen, welche Modelle und Lösungen in einer Zeit der wirtschaftlichen und gesellschaftlichen Veränderungen gegenwärtig diskutiert werden.

Textliche Hervorhebungen und Stichworte, die alle Kapitel durchziehen, verstehen sich als lexikalische Ergänzung und zusätzliche Informationsebene. „Tatsachen kompakt"-Seiten dokumentieren grafisch anspruchsvoll die wichtigsten Fakten und zeitgeschichtlichen Dimensionen des jeweiligen Themas mit einer Vielzahl von Karten, Grafiken und Zeitdokumenten. Querverweise im Text und ein ausführliches Register erleichtern schließlich den systematischen Zugriff auf die Informationen.

Die vorliegende Neukonzeption der „Tatsachen über Deutschland" ist eine zeitgemäße Fortentwicklung des seit vielen Jahren bewährten Titels. Ein erweitertes, umfangreiches Online-Angebot ergänzt die Inhalte des gedruckten Werkes um vertiefende und stetig aktualisierte Informationen über Deutschland in zahlreichen Sprachfassungen (www.tatsachen-ueber-deutschland.de).

Die Herausgeber danken allen, die am Zustandekommen der „Tatsachen über Deutschland" mit Ideen, Impulsen und Anregungen konstruktiv beteiligt waren.

Inhalt

1

Zahlen und Fakten

Deutschland hat viele starke Seiten: Für die Qualität seiner Produkte und das Markenzeichen „Made in Germany" ist das Land berühmt – aber es ist auch ein Land mit Lebensart, abwechslungsreichen Landschaften und weltoffenen Menschen. Immer mehr ausländische Studentinnen und Studenten schätzen das akademische Klima an den deutschen Hochschulen. Internationale Investoren setzen auf das Know-how und die gute Ausbildung der Menschen. Die Kunst- und Kulturszene steckt voller Experimentierfreude und Überraschungen. Das gilt für alle 16 Bundesländer und ganz besonders für die Hauptstadt Berlin, das politische und kreative Zentrum des Landes.

Bundesrepublik Deutschland

Staat	Demokratischer parlamentarischer Bundesstaat seit 1949
Hauptstadt	Berlin, 3,4 Millionen Einwohner
Staatsflagge	Drei horizontale Streifen in Schwarz, Rot, Gold
Staatswappen	Stilisierter Adler
Hymne	Dritte Strophe von August Heinrich Hoffmann von Fallersleben „Das Lied der Deutschen" zur Melodie von Joseph Haydns „Kaiserhymne"
Nationalfeiertag	3. Oktober, Tag der Deutschen Einheit
Parlament	Deutscher Bundestag (16. Legislaturperiode: 614 Abgeordnete)
Zeitzone	MEZ/MESZ
Währung	Deutschland gehört zur Eurozone, 1 Euro = 100 Cent
Telefonvorwahl	+49
Internet-TLD	.de (eine der zehn häufigsten Top-Level-Domains)
Amtssprache	Deutsch. Für 100 Millionen Menschen ist Deutsch Muttersprache. Deutsch ist die meistgesprochene Muttersprache in der Europäischen Union

Geografie

Lage	Mitteleuropa
Größe	357 021 qkm
Grenzen	3757 km
Küste	2389 km
Nachbarstaaten	Deutschland liegt im Herzen Europas und ist von neun Nachbarstaaten umgeben: Frankreich, Schweiz, Österreich, Tschechien, Polen, Dänemark, Niederlande, Belgien, Luxemburg
Höchster Berg	Zugspitze 2963 m
Längste Flüsse	Rhein 865 km, Elbe 700 km, Donau 686 m

Berlin

Bundesflagge

Bundesadler

Einigkeit und Recht und Freiheit
für das deutsche Vaterland!
Danach lasst uns alle streben
brüderlich mit Herz und Hand!
Einigkeit und Recht und Freiheit
sind des Glückes Unterpfand.
Blüh im Glanze dieses Glückes,
blühe, deutsches Vaterland!
Text der deutschen Nationalhymne

Deutschland ist ein Bundesstaat aus 16 Ländern, die jeweils eigenständige, wenn auch eingeschränkte Staatsgewalt besitzen

Tatsachen über Deutschland

Größte Städte	Berlin 3,4 Millionen Einwohner, Hamburg (1,7 Mio.), München (1,2 Mio.), Köln (1,0 Mio.), Frankfurt am Main (655 000)
Landschaften	Von der Nord- und Ostsee bis zu den Alpen im Süden gliedert sich Deutschland geografisch in das Norddeutsche Tiefland, die Mittelgebirgsschwelle, das Südwestdeutsche Mittelgebirgsstufenland, das Süddeutsche Alpenvorland und die Bayerischen Alpen
Klima	Gemäßigte ozeanisch/kontinentale Klimazone mit häufigem Wetterwechsel und vorwiegend westlicher Windrichtung

Bevölkerung

Einwohner	Deutschland ist mit 82,5 Millionen Einwohnern (davon 42,2 Mio. Frauen) das bevölkerungsreichste Land der EU. Etwa 7,3 Millionen Ausländer leben in Deutschland (8,8 Prozent der Gesamtbevölkerung), darunter 1,8 Millionen Türken
Bevölkerungsdichte	Mit 231 Einwohnern pro Quadratkilometer gehört Deutschland zu den am dichtesten besiedelten Ländern Europas
Geburten	Durchschnittlich 1,4 Kinder pro Frau
Bevölkerungswachstum	0,0 %
Altersstruktur	14 % unter 15 Jahre, 19 % über 65 Jahre
Lebenserwartung	Mit einer durchschnittlichen Lebenserwartung von 76 Jahren für Männer und 81 Jahren für Frauen (2003 Geborene) liegt Deutschland über dem OECD-Durchschnitt
Verstädterungsgrad	88 % der Bevölkerung lebt in Städten und Ballungszentren. In Deutschland gibt es 90 Großstädte mit über 100 000 Einwohnern
Religionen	Knapp 53 Millionen Menschen bekennen sich zum christlichen Glauben (26 Mio. Katholiken, 26 Mio. Protestanten, 900 000 Orthodoxe Christen), 3,3 Mio. sind Muslime, 230 000 Buddhisten, 100 000 Juden, 90 000 Hindus. Das Grundgesetz garantiert Gedanken-, Gewissens- und Bekenntnisfreiheit. Es gibt keine Staatskirche
Zuwanderung	Seit 2005 regelt ein Zuwanderungsgesetz den Zuzug

Politisches System

Gesetzgebung	Zwei-Kammer-System: Neben dem Deutschen Bundestag ist der Bundesrat aus Delegierten der Landesregierungen zur Wahrung der Länderinteressen an der Gesetzgebung beteiligt
Staatsaufbau	Deutschland ist ein föderaler Bundesstaat, bestehend aus 16 Bundesländern jeweils mit Verfassung, Parlament und Regierung. Höchste Staatsgewalt liegt beim Bund. Durch den Bundesrat sind die Bundesländer auf Bundesebene vertreten und an der Gesetzgebung des Bundes beteiligt
Wahlrecht	Allgemeines, gleiches und geheimes Wahlrecht ab 18 Jahre (bei Kommunalwahlen teilweise ab 16 Jahre), Wahlen zum Bundestag alle 4 Jahre
Bundespräsident	Prof. Dr. Horst Köhler (CDU) seit 2004
Bundeskanzlerin	Dr. Angela Merkel (CDU) seit 2005
Parteiensystem	Mehr-Parteien-System, Parteien mit besonderer verfassungsrechtlicher Stellung, staatliche finanzielle Unterstützung, Verbot nur durch Bundesverfassungsgericht möglich

Im Bundestag vertretene Parteien	Sozialdemokratische Partei Deutschlands (SPD), Christlich Demokratische Union (CDU), Christlich Soziale Union (CSU), Bündnis 90/Die Grünen (Grüne), Freie Demokratische Partei (FDP), Die Linkspartei.PDS (Die Linke)
Rechtssystem	Deutschland ist ein sozialer Rechtsstaat. Es gelten die Grundsätze der Gewaltenteilung und der Gesetzmäßigkeit der Verwaltung. Alle Staatsorgane sind der verfassungsmäßigen Ordnung unterworfen. Das Grundgesetz garantiert jedem einzelnen Bürger die Grund- und Menschenrechte. Das Bundesverfassungsgericht wacht über die Einhaltung des Grundgesetzes. An seine Rechtsprechung sind alle übrigen Staatsorgane gebunden

Deutschland in der Welt

Internationale Zusammenarbeit	Deutschland setzt sich gemeinsam mit seinen europäischen und transatlantischen Partnern weltweit für Frieden, Demokratie und Menschenrechte ein. In wichtigen europäischen und anderen internationalen Organisationen ist Deutschland Mitglied
Europäische Union	Die Bundesrepublik Deutschland ist Gründungsmitglied der Europäischen Union (EU). Im ersten Halbjahr 2007 übernimmt Deutschland die Präsidentschaft des Rates der Europäischen Union
Vereinte Nationen	Seit 1973 ist Deutschland Vollmitglied der Staatengemeinschaft der Vereinten Nationen (VN). Deutschland trägt knapp zehn Prozent des regulären VN-Haushalts und ist damit drittgrößter Beitragszahler. Deutschland ist VN-Sitzstaat: Seit 1996 trägt Bonn den Titel „VN-Stadt", hier sind 12 Organisationen der VN zu Hause
Andere Organisationen und Zusammenschlüsse	Deutschland ist Mitglied in dem Verteidigungsbündnis NATO (seit 1955), der Organisation für Wirtschaftliche Zusammen- arbeit und Entwicklung (OECD), der Organisation für Sicherheit und Zusammenarbeit in Europa (OSZE), der Weltbank und dem Internationalen Währungsfonds (IWF)
Auswärtiges Amt	Das Auswärtige Amt mit seiner Zentrale in Berlin und seinem Netz von 226 Auslandsvertretungen repräsentiert Deutschland in der Welt. Derzeit unterhält Deutschland diplomatische Beziehungen zu 191 Staaten
Auslandseinsätze	Die deutsche Bundeswehr engagiert sich in acht friedenserhalten- den und humanitären Auslandseinsätzen, die von den VN manda- tiert sind und im Rahmen der NATO und der EU durchgeführt werden. Sie ist einer der größten Truppensteller in internationalen Einsätzen im Rahmen von Krisenverhütung und Konfliktbewältigung

Wirtschaft

Wirtschaftliche Leistungsfähigkeit	Deutschland ist die größte Volkswirtschaft in der Europäischen Union und die drittgrößte der Welt. Mit dem höchsten Bruttoinlandsprodukt und der größten Einwohnerzahl in der Europäischen Union ist Deutschland der wichtigste Markt in Europa. Das Bruttoinlandsprodukt liegt bei 2216 Milliarden Euro (2004), das Bruttoinlandsprodukt pro Kopf bei 26 856 Euro

Export	Deutschland ist Exportweltmeister: Das Warenexportvolumen liegt bei 733,5 Milliarden Euro (2004). Wichtigste Handelspartner: Frankreich (10,3%), USA (8,8%), Großbritannien (8,3%), Italien (7,1%)
Struktur	Neben international agierenden Konzernen bildet der Mittelstand den Kern der deutschen Wirtschaft. Rund 70% aller Beschäftigten arbeiten in mittelständischen Unternehmen
Wichtige Branchen	Automobilbau, Maschinenbau, Elektrotechnik, Chemie, Umwelt-technologie, Feinmechanik, Optik, Medizintechnik, Bio- und Gentechnologie, Nanotechnologie, Luft- und Raumfahrt, Logistik
Investitionsstandort	Deutschland ist ein attraktiver Standort für ausländische Investoren. Die 500 größten Firmen der Welt sind präsent, insgesamt 22 000 ausländische Firmen mit 2,7 Millionen Mitarbeitern. Ausländische Direktinvestitionen: 544,6 Mrd. US-Dollar (2003)
Infrastruktur	Deutschland verfügt über eine hoch entwickelte und dynamisch wachsende Infrastruktur. Das Schienennetz umfasst 36 000 km, das Straßennetz 230 000 km. Das Land verfügt über eins der weltweit modernsten Telefon- und Kommunikationsnetze
Messen	Etwa zwei Drittel aller global führenden Branchenmessen finden in Deutschland statt (ca. 140 internationale Messen)

Forschung und Entwicklung

Patentanmeldungen	Deutschland ist die Nummer eins bei Patentanmeldungen in Europa. Zusammen mit Japan und den USA gehört Deutschland mit 157 000 Patentanmeldungen weltweit zu den drei innovativsten Ländern
Einrichtungen der Spitzenforschung	Seit 1948 gingen 16 Nobelpreise an Wissenschaftler der Max-Planck-Gesellschaft. Außerdem international renommiert: die Fraunhofer-Gesellschaft in der angewandten Forschung sowie die Helmholtz-Gemeinschaft mit 15 international führenden Großforschungseinrichtungen

Kommunikation

Meinungsfreiheit	Das Grundgesetz garantiert die Presse- und Meinungsfreiheit
Presse	Rund 350 Tageszeitungen mit einer Gesamtauflage von 23 Millionen Exemplaren und einer Reichweite von 75% der Bevölkerung. Größte überregionale Abonnementzeitungen: Süddeutsche Zeitung, Frankfurter Allgemeine Zeitung, Die Welt. „Bild" ist mit 3,8 Millionen Auflage das auflagenstärkste Blatt in Europa. Die Deutsche Presse-Agentur (dpa) ist der viertgrößte Nachrichtendienst der Welt
Magazine	Der Spiegel, Stern, Focus
Internet	95% der Unternehmen und 47% der Haushalte verfügen über Internetzugang
Rundfunk, Fernsehen	Zweigliedriges System: Neben öffentlich-rechtlichen (gebührenfinanzierten) Rundfunk- und Fernsehanstalten (ARD, ZDF) gibt es private (werbefinanzierte) Anbieter. Das ZDF ist die größte Sendeanstalt Europas. Der Auslandsrundfunk ist die Deutsche Welle (DW-TV, DW-Radio, DW-world.de und die DW-Akademie)

Sozialsystem

Soziale Sicherung   Es gibt in Deutschland ein hoch entwickeltes Netz an sozialen Sicherungssystemen (Renten-, Kranken-, Pflege- und Arbeitslosenversicherung), die von Arbeitnehmern und Arbeitgebern anteilig finanziert werden

Gesundheit   Nahezu alle Einwohner Deutschlands sind krankenversichert (88 % in einer gesetzlichen, knapp 12 % in einer privaten Versicherung). Deutschland liegt mit Gesamtausgaben für Gesundheit von 11,1 % (gemessen am BIP) über dem OECD-Durchschnitt von 8,6 %

Studienland

Hochschule   In Deutschland gibt es 372 Hochschulen, davon 102 Universitäten und 167 Fachhochschulen. Von den rund 2 Millionen Studierenden sind 937 000 Frauen (48 %). Das Studium in Deutschland ist noch weitgehend gebührenfrei, die von 2007 an in einzelnen Bundesländern geplanten Studiengebühren sind mit rund 500 Euro pro Semester vergleichsweise niedrig

Ausländische Studierende   An deutschen Hochschulen sind 246 000 ausländische Studentinnen und Studenten immatrikuliert. Deutschland ist damit nach den USA und Großbritannien das attraktivste Zielland für ausländische Studierende

Abschlüsse   Bachelor, Master, Staatsexamen, Diplom, Magister, Promotion

Kultur

Tradition   Deutsche Schriftsteller, Komponisten und Philosophen wie Goethe, Schiller, Bach, Beethoven, Kant und Hegel haben Kulturepochen geprägt und nehmen einen bedeutenden Rang in der Welt ein

Kulturföderalismus   Der föderale Aufbau Deutschlands und die Kulturhoheit der Länder sorgen für eine große Vielfalt an kulturellen Einrichtungen im ganzen Land und eine reiche Kulturszene. Besonders viele Anziehungspunkte hat die Hauptstadt Berlin mit drei Opernhäusern, 170 Museen, mehr als 50 Theatern und einer lebendigen, auch für junge ausländische Künstler attraktiven Kunstszene

Kultureinrichtungen   6000 Museen (davon 600 Kunstmuseen), 400 Theater, über 100 Musiktheater und Opernhäuser, 140 Berufsorchester, 14 000 Bibliotheken

Festivals   Richard-Wagner-Festspiele Bayreuth, Bachfest Leipzig, Theatertreffen Berlin, Internationale Filmfestspiele Berlin (Berlinale), Rock am Ring

Bücher   80 000 Neuerscheinungen oder neu aufgelegte Bücher pro Jahr

UNESCO-Welterbe   In Deutschland stehen 31 Kultur- und Naturdenkmalstätten unter dem Schutz des UNESCO-Welterbes

Deutschland im Internet

www.deutschland.de
Offizielles Portal der Bundesrepublik Deutschland. Es bietet Zugänge in alle
gesellschaftlichen Bereiche (Deutsch, Englisch, Französisch, Spanisch,
Russisch, Arabisch)

www.bundesregierung.de
Umfangreiche Website der deutschen Bundesregierung, u.a. mit aktuellen
Meldungen zur Regierungspolitik (Deutsch, Englisch, Französisch)

www.auswaertiges-amt.de
Informationen zu Themen der deutschen Außenpolitik und Adressen deutscher
Auslandsvertretungen (Deutsch, Englisch, Französisch, Spanisch, Arabisch)

www.invest-in-germany.de
Die Website der Bundesagentur Invest in Germany GmbH bietet Informationen
über den Wirtschaftsstandort Deutschland (in neun Sprachen)

www.goethe.de
Die Website des Goethe-Instituts informiert über Sprachkurse und Veranstaltungen der 144 Institute sowie über Kultur und Gesellschaft (Deutsch, Englisch)

www.ifa.de
Das Institut für Auslandsbeziehungen (ifa) gibt einen Überblick über Themen
des internationalen Kulturaustauschs (Deutsch, Englisch)

www.daad.de
Der Deutsche Akademische Austauschdienst (DAAD) informiert über Förder-
programme für Studierende, Graduierte und Wissenschaftler (in 22 Sprachen)

www.dw-world.de
Der Auslandsrundfunk Deutsche Welle (DW) bietet ein umfangreiches aktuelles
journalistisches Informationsangebot (in 30 Sprachen)

www.deutschland-tourismus.de
Die Website der Deutschen Zentrale für Tourismus (DZT) gibt einen umfassenden Überblick über das Urlaubsland Deutschland (Deutsch, Englisch)

www.land-der-ideen.de
Die Website der Initiative „Land der Ideen" informiert über die Aktivitäten der
gleichnamigen Kampagne (Deutsch, Englisch)

www.destatis.de
Website des Statistischen Bundesamtes (Deutsch, Englisch)

www.magazine-deutschland.de
Online-Auftritt der Zeitschrift „Deutschland" mit Beiträgen über aktuelle
Themen, Serviceteil und Media-Corner für Journalisten (in zehn Sprachen)

Tatsachen über Deutschland

2

Bundesländer

16 Bundesländer, hervorgegangen aus
mehr als doppelt so vielen Königreichen,
Fürstentümern und Miniresidenzen –
Deutschland ist ein an Historie reiches
Land. Auch seine Landschaften zeichnen
ein Bild der Vielfalt: Sandstrände an
Nord- und Ostsee, Ströme von europäischer Dimension, schließlich im Süden
die schneegekrönten Alpen.

Die Deutschen, seien sie Bayern,
Sachsen, Friesen oder Hessen, machen
mit ihren Dialekten und Traditionen
dieses Porträt lebendig. Kein Wunder,
dass jährlich rund 20 Millionen Menschen
nach Deutschland reisen. Sehr viele von
ihnen kommen nicht nur einmal. Sie
machen wahr, was man in Deutschland
zum Abschied sagt: Auf Wiedersehen!

Urlaubsparadies Ostsee: Seebrücke Sellin auf der Insel Rügen

Land und Leute: Die 16 Bundesländer im Porträt

Von Klaus Viedebantt

Baden-Württemberg

Über Superlative reden sie nicht gerne, die Menschen in Baden-Württemberg. Dabei sammelt ihr Bundesland Rekorde: Nummer eins unter Europas Hightech-Standorten. Nirgendwo in Deutschland gibt es mehr Patentanmeldungen. Für Tüftler ist dieser Landstrich berühmt, Gottlieb Daimler, Carl Benz und Robert Bosch bezeugen das. Heute sichern nicht nur Bosch, DaimlerChrysler, Porsche und Boss, sondern auch Mittelständler wie Fischer (Dübel), Stihl (Sägen) und Würth (Schrauben) den Titel des Export-Weltmeisters. Aber es wird nicht nur „geschafft" zwischen Heidelberg und Bodensee: Nirgendwo sonst im Lande gibt es so viele Sterneköche. Und die Weine sind fast ein Geheimtipp.

Bayern

Guten (Franken-)Wein keltert auch das „Bierland" Bayern. Oktoberfest, Schloss Neuschwanstein und Alpenpracht locken mehr ausländische Touristen hierher als in jedes andere Bundesland. Doch der Slogan „Laptop und Lederhose" zeigt: Bayern ist mehr als lebendiges Brauchtum. Seine Wirtschaft – sie ist stärker als die Schwedens – glänzt mit Weltmarken wie BMW, Audi, Siemens, MAN und EADS (Airbus). In der Hauptstadt München sind mehr Verlage zu Hause als in jeder anderen deutschen Stadt. Aber auch außerhalb der Metropole glänzt Deutschlands größtes Bundesland: Bayreuth meldet zu den Wagner-Festspielen alljährlich „ausverkauft". Ähnliches gilt alle zehn Jahre für Oberammergau und seine Passionsspiele.

Baden-Württemberg
Hauptstadt: **Stuttgart**
Einwohner: **10 693 000**
Fläche in km²: **35 751,65**
BIP in Mrd. Euro: **319,43**
www.baden-wuerttemberg.de

Majestätisch: Der Schlossplatz in Stuttgart

Freistaat Bayern
Hauptstadt: **München**
Einwohner: **12 423 000**
Fläche in km²: **70 549,19**
BIP in Mrd. Euro: **385,16**
www.bayern.de

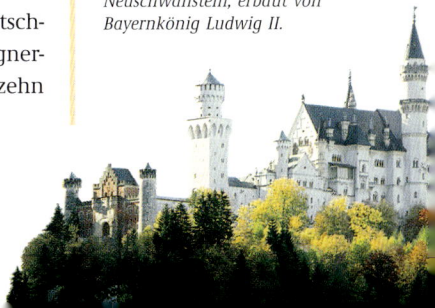

Romantisch: Das Schloss Neuschwanstein, erbaut von Bayernkönig Ludwig II.

Großstädtisch:
Der Potsdamer Platz

Geschichtsträchtig:
Das Schloss Sanssouci

Berlin

Einmal im Jahr, zur Berlinale, richtet die Filmwelt ihren Fokus auf Berlin. Aber globales Interesse sind die Berliner gewohnt. Schließlich sind sie, seit die Hohenzollern 1458 ihre Residenz errichteten, Hauptstädter. Eine Historie, die auch Schatten hat: die Nazi-Herrschaft und das DDR-Regime, das eine Mauer durch die Stadt zog. Seit 1990 ist Berlin wieder ungeteilte Hauptstadt mit Weltrang. Die Museumsinsel, Europas größter Museumskomplex, die Berliner Philharmoniker und rund 150 Bühnen sorgen für ein einzigartiges Kulturleben. Die „Wissenskapitale" birgt 17 Universitäten und Hochschulen. Die Wirtschaft glänzt mit Namen wie Schering oder Philip Morris. Und die ITB, die weltgrößte Touristikmesse, akzentuiert den Slogan: Berlin ist eine Reise wert.

Brandenburg

Das waldreiche Brandenburg umschließt die Hauptstadt Berlin und profitiert von seinem „Speckgürtel". Aber das seen- und waldreiche Land hat eigene Trümpfe. Das Kernland des Königreichs Preußen besitzt mit den Schlössern der Hohenzollern, insbesondere mit dem UNESCO-Welterbe Sanssouci, Juwelen höfischer Baukunst. Doch nicht nur deswegen gilt Potsdam, Brandenburgs Hauptstadt, als eine der schönsten Städte Deutschlands – auch Hugenotten aus den Niederlanden haben mit ihren Bauten dazu beigetragen. Heute schmücken sich die Brandenburger mit Hollywood-Produktionen aus der Filmstadt Babelsberg, mit der Europa-Universität Viadrina in Frankfurt/Oder und mit mehr als 280 ausländischen Unternehmen, beispielsweise mit der Deutschlandzentrale von Ebay.

Bremen

Mit dem klassischen Seehandel, insbesondere mit Kaffee, ist die Hansestadt Bremen groß geworden. Im kleinsten Bundesland, unterteilt in die Stadt Bremen und das etwa 60 Kilometer entfernte Bremerhaven, sorgt der Hafen für jeden dritten Arbeitsplatz. Größter Arbeitgeber ist aber DaimlerChrysler; Autos spielen generell eine große Rolle: Hier werden jährlich 750 000 Fahrzeuge ex- oder importiert. Auch die Kultur ist vom Handel geprägt: Das Überseemuseum und das Schifffahrtsmuseum ziehen Besucher aus ganz Deutschland an. Der Wohlstand der Kaufleute sorgte überdies für eines der schönsten Städtebau-Ensembles, den Rathausmarkt mit seinen Barock- und Renaissance-Bauten. Ein Tribut an die reiche Geschichte, die 888 mit dem Marktrecht begann.

Maritim: Segelparade in Bremerhaven

Hamburg

Im Stadtstaat Hamburg sorgt der Hafen für den Herzschlag der Wirtschaft, wenngleich Airbus, Otto Versand und der Nivea-Konzern Beiersdorf dies nicht sofort erkennen lassen. Dass aber alle Ölkonzerne an der Elbe heimisch sind, ist den Tanker-Terminals zu verdanken. Seeleute und Sehleute preisen wohl eher das Vergnügungsquartier St. Pauli. Doch den Hanseaten ist gewiss ihr Rang als Medien- und Wissenschaftszentrum wichtiger. Entsprechend groß ist die Nachfrage nach Kultur, die befriedigt wird von renommierten Museen wie der Kunsthalle und von fast 40 Bühnen – einschließlich der Staatsoper mit Ballett-Weltstar John Neumeier. Nationaler Champion ist Hamburg bei den Musical-Theatern, die monatlich Tausende von Besuchern in die Stadt locken.

Freie und Hansestadt Hamburg
Hauptstadt: **Hamburg**
Einwohner: **1 734 000**
Fläche in km²: **755,16**
BIP in Mrd. Euro: **78,79**
www.hamburg.de

Kaufmännisch: Die Speicherstadt in Hamburg

Hessen

Wie eine Weltstadt wirkt in Deutschland eigentlich nur Frankfurt am Main: die höchsten Häuser, der größte Flughafen und die meisten Banken auf dem europäischen Festland (die Europäische Zentralbank inbegriffen). Die Superlative lassen sich fortsetzen, mit dem Bahnhof und dem Autobahnkreuz zum Beispiel – beide sind die verkehrsreichsten Deutschlands. Dabei hat die Metropole nur 655 000 Einwohner und ist nicht einmal die Hauptstadt von Hessen. Mit diesem Titel schmückt sich das elegante Wiesbaden. Ansonsten ist Hessen eher unscheinbar, mit dicht bewaldeten Mittelgebirgen, rieslingselig im

Hessen
Hauptstadt: **Wiesbaden**
Einwohner: **6 089 000**
Fläche in km²: **21 114,72**
BIP in Mrd. Euro: **195,17**
www.hessen.de

Weltläufig: Die Skyline von Frankfurt am Main

Rheingau und überall geschäftig. Opel in Rüsselsheim und VW bei Kassel sind die Industrie-Riesen, die ESA in Darmstadt steuert ein gut Teil der europäischen Weltraum-Aktivitäten.

Mecklenburg-Vorpommern
Hauptstadt: **Schwerin**
Einwohner: **1 732 000**
Fläche in km²: **23 174,17**
BIP in Mrd. Euro: **29,78**
www.mecklenburg-vorpommern.de

Imposant:
Die Kreidefelsen der
Insel Rügen

Mecklenburg-Vorpommern

Es muss nicht gleich das Weltall sein, schon vom Flugzeug her wirkt Mecklenburg-Vorpommern besonders einladend mit seinen mehr als 2000 Seen, den vielen Wasserläufen und dem satten Grün dazwischen. Die 350 Kilometer Ostseeküste mitgezählt ist das Bundesland im Nordosten das größte Wassersportrevier Mitteleuropas. Kein Wunder, dass der Tourismus die größte Einnahmequelle des Landes ist. Damit das so bleibt, steht rund ein Fünftel der Landesfläche unter Naturschutz. Der Schiffsbau an der Küste und die Landwirtschaft sind abseits der Urlaubszentren der Haupterwerb im dünnstbesiedelten Bundesland. Die beiden ältesten Universitäten Nordeuropas und eine Vielzahl innovativer Forschungs- und Entwicklungsbetriebe machen das Land zu einer der dynamischsten Regionen für Hightech, Biotech und Meditech.

Niedersachsen
Hauptstadt: **Hannover**
Einwohner: **7 993 000**
Fläche in km²: **47 618,24**
BIP in Mrd. Euro: **184,92**
www.niedersachsen.de

Futuristisch:
Die Autostadt in
Wolfsburg

Niedersachsen

Den Schiffsbauern von Papenburg verdankt Niedersachsen seine weltweiten TV-Auftritte – immer wenn die Meyer-Werft einen neuen Luxusliner durch die schmale Ems navigiert. Doch die Industrie Nummer eins ist zwischen den Urlaubsinseln an der Nordseeküste und den Bergen des Harz die Autobranche mit Namen wie Volkswagen in Wolfsburg und Continental in Hannover. Dort laufen auch alle Fäden eines der größten Reiseveranstalter der Welt, der TUI, zusammen. Die Landeshauptstadt findet darüber hinaus zweimal im Jahr globales Interesse, zur Hannover Messe und zur weltgrößten Messe für Informationstechnologie, der CeBIT. Aber international ist Hannover schon lange, schließlich regierten die hannoverschen Herrscher von 1714 bis 1837 zugleich als Könige von England.

Nordrhein-Westfalen

Nirgendwo in Deutschland leben mehr Menschen, entsprechend viele Städte gibt es hier: Köln mit seinem gotischen Meisterwerk, dem Dom, Bonn, die erste Hauptstadt der Bundesrepublik, Düsseldorf, die modebewusste Landeshauptstadt, Aachen, unter Kaiser Karl dem Großen die Hauptstadt Europas, Duisburg mit dem größten Binnenhafen des Kontinents, die Seidenstadt Krefeld, die Leinenstadt Bielefeld oder die Ruhrgebietsmetropolen Essen und Dortmund. An ihnen lässt sich der Wandel des immer noch größten deutschen IndustrQuel reviers ablesen: Kohle und Stahl werden nun flankiert von Biochemie und Hightech. Doch „NRW" hat nicht nur das dichteste Forschungsnetz Europas, es zählt laut UNESCO neben New York und Paris zu den wichtigsten Kulturregionen der Erde.

Nordrhein-Westfalen
Hauptstadt: **Düsseldorf**
Einwohner: **18 080 000**
Fläche in km²: **34 083,52**
BIP in Mrd. Euro: **481,42**
www.nordrhein-westfalen.de

Asymmetrisch: Die „Gehry-Bauten" in Düsseldorf

Rheinland-Pfalz

Ein wichtiger Posten auf der UNESCO-Liste der Welterbestätten ist das Rheintal zwischen Bingen und Koblenz, ein Juwel, das größtenteils zu Rheinland-Pfalz gehört. Weinland-Pfalz wird es auch genannt, dieses Zentrum der Wein- und Sektwirtschaft. Darüber könnte man vergessen, dass sich dieses Land schon früh der Spitzentechnologie verschrieben hat – der Chemiegigant BASF ist ein Beispiel. Innovativ war das Land schon immer, sei es mit dauerhafter Wirkung wie Johannes Gutenberg, der in der heutigen Landeshauptstadt Mainz den Buchdruck mit beweglichen Lettern erfand, sei es mit zeitweiliger Wirkung wie das Werk von Karl Marx aus Trier. Doch wo alle größeren Städte römische Gründungen sind, werden auch Kultur und Lebensfreude gepflegt. Davon zeugen jährlich mehr als 50 Festivals.

Rheinland-Pfalz
Hauptstadt: **Mainz**
Einwohner: **4 059 000**
Fläche in km²: **19 847,39**
BIP in Mrd. Euro: **95,39**
www.rheinland-pfalz.de

*Touristisch:
Die Weinberge am Rhein*

Saarland

Saarbrückens Filmfestival für den deutschsprachigen Nachwuchs hat Weltkarrieren gestartet, Franka Potente und Til Schweiger belegen es. Eine stolze Bilanz für das Bundesland, das binnen 200 Jahren achtmal die Nationalität wechselte. Das Grenzland ist geprägt von Frankreichs Ein-

Saarland
Hauptstadt: **Saarbrücken**
Einwohner: **1 061 000**
Fläche in km²: **2568,65**
BIP in Mrd. Euro: **26,05**
www.saarland.de

Welterbe der Menschheit

Zeugnisse der Vergangenheit und einzigartige Naturlandschaften: 31-mal hat die UNESCO Kultur- und Naturdenkmäler aus den verschiedensten Epochen in Deutschland als Welterbe der Menschheit unter Schutz gestellt

1 Bremen
Rolandstatue und Rathaus

2 Quedlinburg
Stiftskirche, Schloss und Altstadt

3 Essen
Industriekomplex
Zeche Zollverein

4 Aachen
Dom mit Pfalzkapelle

5 Köln
Dom der Hochgotik

6 Brühl
Schlösser Augustusburg
und Falkenlust

7 Oberes Mittelrheintal
Kulturlandschaft von großer
Vielfalt und Schönheit

8 Trier
Römische Baudenkmäler, Dom
und Liebfrauenkirche

9 Grube Messel bei Darmstadt
Fossilienlagerstätte mit reichen
Funden aus dem Eozän

10 Lorsch
Torhalle der ehemaligen
Benediktinerabtei und Ruinen
des Klosters Altenmünster

11 Völklingen
Das Eisenwerk Völklinger Hütte

12 Speyer
Romanischer Kaiserdom

13 Bamberg
Altstadt der Bischofs- und Kaiser-
stadt am Flüsschen Regnitz

14 Maulbronn
Kloster der Zisterzienser

15 Reichenau
Klosterinsel im Bodensee

Bremen
Die Rolandstatue auf
dem Rathausplatz ist das
Wahrzeichen der Stadt

Quedlinburg
Die Altstadt gilt als eines
der größten Flächendenk-
mäler Deutschlands

Essen
Der „Eiffelturm des Ruhrgebiets":
Die Zeche Zollverein, entstanden um 1850, ist
Industrie- und Architekturdenkmal

Aachen
Als „Wunder der Bau-
kunst" sahen Zeitge-
nossen die Pfalzkapel-
le Karls des Großen

Oberes Mittelrheintal
Das Tal zwischen Bingen,
Rüdesheim und Koblenz
gilt als Inbegriff der
romantischen Rhein-
landschaft

Völklingen
Die Völklinger Hütte
steht für ein Jahrhun-
dert Geschichte von
Arbeit und Stahl

Maulbronn
Das Kloster gilt als die am
besten erhaltene Kloster-
anlage des Mittelalters
nördlich der Alpen

Reichenau
Die Klosterinsel ist Zeugnis
der tragenden Rolle des
Benediktinerordens im
Mittelalter

Lübeck
Der mittelalterliche Stadt-
kern ist beispielhaft für die
Hansestädte im Ostseeraum

Stralsund und Wismar
Aufwändig gestaltete Kauf-
mannshäuser prägen die
beiden Ostseestädte

Berlin
Ein Eiland der Kultur:
Das einzigartige Ensemble
der Museumsinsel

Dessau
Walter Gropius' „Hoch-
schule für Gestaltung"
war ein Pilgerort für
die Avantgarde der
Architektur

Eisenach
Martin Luther, Sängerkrieg und
das Fest der Burschenschaften sind
mit der Wartburg verbunden

Weimar
Das Klassische Weimar ist die
Stadt Goethes und Schillers, Herders
und Wielands

Würzburg
Die fürstbischöfliche Residenz gilt als
Hauptwerk des süddeutschen Barock

Limes
Der deutsche Teil des Grenzwalls des
Römischen Imperiums bildet zusammen mit dem Hadrianswall eine grenz-
überschreitende Welterbestätte

Steingaden
Die Wieskirche am Fuß der Alpen
ist eines der vollendetsten Kunst-
werke des bayerischen Rokoko

www.unesco.de

16 Stralsund und Wismar
Die Altstädte der beiden
Hansestädte

17 Lübeck
Altstadt mit Rathaus, Burgklos-
ter, Holstentor und Salzspeicher

18 Berlin
Museumsinsel mit Pergamon-
Museum und Nationalgalerie

19 Potsdam und Berlin
Schlösser und Parks von
Potsdam-Sanssouci und Berlin

20 Hildesheim
Romanische Michaeliskirche
und Dom

21 Goslar
Altstadt und historisches Silber-
bergwerk Rammelsberg

22 Wittenberg und Eisleben
Luthergedenkstätten mit
Geburtshaus und Schlosskirche

23 Dessau und Weimar
Die Wirkungsstätten der Bau-
haus-Schule der Architektur

24 Dessau-Wörlitz
Gartenreich des Fürsten von
Anhalt-Dessau

25 Bad Muskau
Deutsch-polnisches Kulturerbe
Muskauer Park

26 Eisenach
Die Wartburg: Symbol deutscher
Einheit

27 Weimar
Einzigartige Zeugnisse der
Weimarer Klassik

28 Würzburg
Würzburger Residenz mit
prachtvollen Gärten

29 Dresden
Elbtal zwischen Schloss Übigau
und der Elbe-Insel im Südosten

30 Obergermanisch-rätischer Limes
Mit 550 Kilometern Länge das
längste Bodendenkmal Europas

31 Steingaden
Wallfahrtskirche „Die Wies"

Malerisch:
Die Saarschleife

fluss auf Küche und Lebensstil, dem „Saarvoir vivre". Die Kohle spielt im früheren Revier keine Rolle mehr, Stahl und Autobau konkurrieren nun mit der aufstrebenden Informatik um die Führungsrolle. Der Stahl hinterließ eine faszinierende Attraktion: die Völklinger Hütte, ein Weltkulturerbe der UNESCO. Der bekannteste Name dürfte aber der weltweit aktive Porzellankonzern Villeroy & Boch sein.

Freistaat Sachsen
Hauptstadt: **Dresden**
Einwohner: **4 321 000**
Fläche in km²: **18 413,91**
BIP in Mrd. Euro: **79,84**
www.sachsen.de

Prachtvoll: Das Elbufer
bei Dresden

Sachsen

Meißen ist zwar eine kleine, aber dank ihres Porzellans neben der Landeshauptstadt Dresden und der Messemetropole Leipzig wohl die bekannteste Stadt Sachsens. Der Freistaat gehört zu den dynamischen Wirtschaftsregionen im Osten Deutschlands, vor allem die IT-Branche, der feinmechanische Uhrenbau und der Autobau prägen den Aufbruch, dessen Symbol die wiedererbaute Frauenkirche im barocken Dresden ist. Sachsens Kultur setzt heute wie einst ihre größten Akzente in der Musik, repräsentiert durch Dresdens Semperoper und den fast 800 Jahre alte Thomanerchor in Leipzig, wo Johann Sebastian Bach als Kantor wirkte. Ist er der größte aller Sachsen? Mit Richard Wagner hat Bach zumindest einen gewichtigen Rivalen.

Sachsen-Anhalt
Hauptstadt: **Magdeburg**
Einwohner: **2 523 000**
Fläche in km²: **20 445,26**
BIP in Mrd. Euro: **45,80**
www.sachsen-anhalt.de

Sachsen-Anhalt

Seinem größten Sohn, Georg Friedrich Händel, richtet Halle alljährlich ein großes Festival aus. Dennoch muss der Barock-Komponist zurückstehen hinter Martin Luther. Der Reformator aus Eisleben veränderte die christliche Welt. Die „Lutherstadt" Wittenberg ist so einer der meistbesuchten Orte in dem an Burgen und Kirchen reichen Land. Bekannt ist aber auch das Chemiedreieck Halle-Merseburg-Bitterfeld: Seit der Wiedervereinigung hat Sachsen-Anhalt das meiste ausländische Kapital angezogen. Heute raffiniert Total in Leuna, Dow Chemical produziert in Schkopau, der Chemieriese Bayer in Bitterfeld. Naturfreunde zieht es hingegen zu dem 1141 Meter hohen Brocken. Sein Gipfel ist mythenumwoben: In der Walpurgisnacht vor dem 1. Mai treffen sich dort die Hexen zum Tanz.

Zentral: Das
Händel-Denkmal
in Halle

Schleswig-Holstein

Die gefürchtetste Mythenfigur ist in Schleswig-Holstein der Blanke Hans, steht er doch für die zerstörende Kraft der See. Und das nördlichste Bundesland grenzt gleich an zwei Meere, an Nord- und Ostsee. Entsprechend wichtig sind hier seit alters Schiffsbau und Fischfang, zwei Drittel der deutschen Fangflotte sind hier heimisch. Die Haupteinnahmequellen sind heute allerdings der Tourismus und die Landwirtschaft. Die Nordseeinsel Sylt gilt als mondäne Urlaubsinsel. Die Landeshauptstadt Kiel und die – durch Thomas Mann unsterblich gewordene – Hansestadt Lübeck streiten um den Rang der bedeutendsten Städte. Beide sind neben Puttgarden die wichtigsten Fährhäfen des Landes für die Skandinavienrouten. Parallel zur Entwicklung in Osteuropa profitiert das Land vom Wirtschaftsraum Ostsee.

Schleswig-Holstein
Hauptstadt: **Kiel**
Einwohner: **2 823 000**
Fläche in km²: **15 763,18**
BIP in Mrd. Euro: **66,51**
www.schleswig-holstein.de

Idyllisch: Der „weite Himmel" von Schleswig-Holstein

Thüringen

Die Berge des Thüringer Waldes liefern die Kulisse für einen der schönsten deutschen Wanderwege, den 169 Kilometer langen Rennsteig. Er ist ebenso Markenzeichen für das Land wie seine Rostbratwürste, die historische Wartburg oder die Weimarer Dichterfürsten Goethe und Schiller. Thüringen hat aber nicht nur eine kulinarische und literarische Tradition, es war auch stets ein Land der Forscher. In Jena begründeten Zeiss und Schott die moderne optische Industrie; Jenoptik ist – neben dem Autobauer Opel und dem Turbinenfertiger Rolls-Royce – heute wieder eine der wichtigsten Firmen. In der Landeshauptstadt Erfurt verweist man aber auch gerne auf die florierende Biotechnologie und die Solartechnik, zumal vier Universitäten eine gute Ausbildung bieten. ●

Freistaat Thüringen
Hauptstadt: **Erfurt**
Einwohner: **2 373 000**
Fläche in km²: **16 172,14**
BIP in Mrd. Euro: **42,27**
www.thueringen.de

Klaus Viedebantt
Der Journalist und promovierte Kulturanthropologe war Ressortleiter bei der „Zeit" und der „FAZ" und ist Autor zahlreicher Reisebücher.

3

Geschichte und Gegenwart

Deutschlands Weg zu einer freiheitlichen Demokratie und einem funktio-
nierenden parlamentarischen System
führte über viele historische Brüche:
über die Kleinstaaterei der frühen Neu-
zeit, das Scheitern der Märzrevolution
und der Weimarer Republik bis zum
„Sprung aus der Geschichte" durch den
Nationalsozialismus.

Einheit und Freiheit, seit dem 19. Jahrhundert zentrale Begriffe, bewegten die
Deutschen auch während der Teilung
nach dem Zweiten Weltkrieg. Erst
mit der Wiedervereinigung 1990 wurde
die „deutsche Frage" gelöst.

*Friedliche Revolution:
Am 9. November 1989 fällt
die Berliner Mauer,
das Symbol der deutschen
Teilung*

Abschied von der deutschen Frage – Rückblick auf einen langen Weg nach Westen

Von Heinrich August Winkler

184 JAHRE IST SIE ALT GEWORDEN, die deutsche Frage. Sie entstand, als sich am 6. August 1806 der letzte Kaiser des Heiligen Römischen Reiches Deutscher Nation, Franz II., einem Ultimatum Napoleons beugte, die Reichskrone niederlegte, die Reichsstände von ihren Pflichten entband und damit das „Alte Reich" auflöste. Gelöst wurde die deutsche Frage, als am 3. Oktober 1990 unter Zustimmung der ehemaligen vier Besatzungsmächte die Deutsche Demokratische Republik (DDR) der Bundesrepublik Deutschland beitrat. Die historische Bedeutung der **Wiedervereinigung** beschrieb beim Staatsakt in der Berliner Philharmonie Bundespräsident Richard von Weizsäcker mit einem Satz, der es verdient, in die Geschichtsbücher einzugehen: „Der Tag ist gekommen, an dem zum ersten Mal in der Geschichte das ganze Deutschland seinen dauerhaften Platz im Kreis der westlichen Demokratien findet."

Eine deutsche Frage hat es zwischen 1806 und 1990 nicht ununterbrochen gegeben. Niemand wäre auf den Gedanken gekommen, während der Zeit des deutschen Kaiserreiches, zwischen 1871 und 1918, von einer offenen deutschen Frage zu sprechen. Unstrittig ist, dass die deutsche Frage spätestens am 8. und 9. Mai 1945 wieder aufgeworfen wurde, als das Deutsche Reich vor den Siegern des Zweiten Weltkriegs bedingungslos kapitulierte. Die Teilung Deutschlands in zwei Staaten war eine vorläufige Antwort auf die deutsche Frage. Die endgültige Antwort war der Zusammenschluss der beiden Staaten, verbunden mit der völkerrecht-

Wiedervereinigung
Mit dem friedlichen Umsturz in der DDR 1989 rückte die Wiedervereinigung beider deutscher Staaten näher. Im Sommer 1990 begannen in Berlin die Beratungen über den Einigungsvertrag. Am 3. Oktober 1990 trat die DDR auf Grundlage des Artikels 23 des Grundgesetzes dem Geltungsbereich der Bundesrepublik Deutschland bei. Am 2. Dezember 1990 fand die erste gesamtdeutsche Bundestagswahl statt.

Das „Hambacher Fest", 1832: Höhepunkt der bürgerlichen Opposition des „Vormärz"

lichen Anerkennung der Grenzen von 1945. Seit dem 3. Oktober 1990 steht unverrückbar fest, wo Deutschland liegt, was dazu gehört und was nicht.

1830-1848: Vormärz und Paulskirchenbewegung

Für die Deutschen hatte die deutsche Frage immer zwei Seiten: Sie war eine Frage des Gebiets und eine Frage der Verfassung, genauer gesagt: des Verhältnisses von Einheit und Freiheit. Im Mittelpunkt der Gebietsfrage stand das Problem „großdeutsch" oder „kleindeutsch". Wenn es gelang, an die Stelle des **Heiligen Römischen Reiches** einen deutschen Nationalstaat zu setzen, musste dieser das deutschsprachige Österreich einschließen, oder ließ sich eine Lösung der deutschen Frage ohne diese Gebiete vorstellen? Die Verfassungsfrage betraf vor allem die Machtverteilung zwischen Volk und Thron. Wer sollte in einem einigen Deutschland das Sagen haben: die gewählten Vertreter der Deutschen oder die Fürsten beziehungsweise deren mächtigster?

Um Einheit und Freiheit ging es erstmals in den Befreiungskriegen gegen Napoleon. Der Kaiser der Franzosen wurde geschlagen, aber die Beseitigung der Fremdherrschaft brachte den Deutschen weder ein einheitliches Deutschland noch freiheitliche Verhältnisse in den Staaten des **Deutschen Bundes**, der 1815 an die Stelle des Alten Reiches trat. Aber dauerhaft unterdrücken ließ sich der Ruf nach Einheit und Freiheit nun nicht mehr. Er wurde zu Beginn der 1830er Jahre wieder laut, nachdem die Franzosen sich in der Julirevolution von 1830 eine bürgerlich-liberale Monarchie erkämpft hatten. Und wenn sich auch in Deutschland die alten Gewalten abermals durchsetzen konnten, so gaben doch die Liberalen und Demokraten fortan keine Ruhe mehr. Im März 1848 brach, angestoßen durch das französische Beispiel vom Februar, auch in Deutschland die Revolution aus: Einheit und Freiheit war erneut die Forderung der Kräfte, die sich auf der Seite des historischen Fortschritts wussten. Aus Deutschland einen Nationalstaat und gleichzeitig einen Verfassungsstaat zu machen: das war ein ehrgeizigeres Ziel als jenes, das sich die französischen Revolutionäre von 1789 gesetzt hatten. Denn die fanden einen wenn auch vormodernen Nationalstaat bereits vor, den sie auf eine völlig neue, eine bürgerliche Grundlage stellen wollten. Wer Einheit und Freiheit für die Deutschen forderte, musste vorab klären, was zu Deutschland gehören sollte. Dass ein deutscher Nationalstaat den deutschsprachigen Teil der Habsburgermonarchie umfassen musste, war im ersten frei gewählten Parlament, der Nationalversammlung in der **Frankfurter Paulskirche**, zunächst unumstritten. Erst seit dem Herbst 1848 setzte sich bei der Mehrheit der Abgeordneten die Einsicht durch, dass es nicht in ihrer Macht lag, das Vielvölkerreich an der Donau auseinanderzusprengen. Da sich ein großdeutscher Nationalstaat mit Österreich also nicht herbeizwingen ließ, war nur ein kleindeutscher Nationalstaat ohne Österreich möglich, und das hieß nach Lage der Dinge: ein Reich unter einem preußischen Erbkaiser.

Der deutsche Staat, an dessen Spitze nach dem Willen der Frankfurter Nationalversammlung Friedrich Wilhelm IV. von Preußen treten sollte, wäre ein freiheitlicher Verfassungsstaat mit einem starken, die Regierung kontrollierenden Parlament gewesen. Der König von Preußen hätte als Deutscher Kaiser auf sein Gottesgnadentum verzichten und sich als Vollzugsorgan des souveränen Volkswillens verstehen müssen: ein Ansinnen, das der Monarch aus dem Haus der Hohenzollern am 28. April 1849 endgültig zurückwies. Damit war die Revolution gescheitert: Sie hatte den Deutschen weder die Einheit noch die Freiheit gebracht. Was bei den bürgerlichen Liberalen zurückblieb, war ein Gefühl politischen Versagens: Sie hatten, so erschien es rückblickend, im „tollen Jahr" vielen Illusionen nachgejagt und waren von den Realitäten der Macht eines Besseren belehrt worden.

„Realpolitik" stieg nicht zufällig einige Jahre nach der Revolution von 1848 zum politischen Schlagwort auf: Die internationale Karriere dieses Begriffs begann mit einer Schrift des liberalen Publizisten Ludwig August von Rochau, die dieser 1853 unter dem Titel „Grundsätze der Realpolitik.

Paulskirche 1848
Die deutsche „Märzrevolution" zwischen März 1848 und Sommer 1849 war eine bürgerlich-demokratische und nationale Erhebung, wie sie zugleich in weiten Teilen Europas stattfand. Sie war ein erster Versuch, einen freien, demokratischen und einheitlichen deutschen Nationalstaat zu schaffen. Die „Deutsche Revolution" erzwang die Berufung liberaler Regierungen und Wahlen zu einer verfassunggebenden Nationalversammlung, die in der Paulskirche in Frankfurt am Main zusammentrat. Bis zum Juli 1849 wurde die Bewegung von den Truppen der deutschen Fürsten gewaltsam niedergeschlagen und die alten Verhältnisse weitgehend wiederhergestellt.

Die Einigung Deutschlands unter der Vormachtstellung Preußens war das erklärte Ziel des Staatsmannes Otto von Bismarck, den König Wilhelm I. 1862 zum Ministerpräsidenten Preußens berufen hatte. Nach dem Krieg 1866 gegen Österreich wurde der Deutsche Bund aufgelöst und der Norddeutsche Bund gegründet, dem sich 17 deutsche Kleinstaaten unter Führung Preußens anschlossen. Der Sieg über Frankreich 1870/71 führte zur Gründung des zweiten Deutschen Reichs und zur Kaiserproklamation Wilhelms I. in Versailles. Bismarck blieb Ministerpräsident und wurde zugleich Reichskanzler. Der Reichstag wurde als gewählte Volksvertretung – mit eingeschränkten Rechten – neu geschaffen. Bismarck bekämpfte erbittert den Linksliberalismus, den politischen Katholizismus und die Sozialdemokratie, sorgte aber in den 1880er Jahren auch für die fortschrittlichste Sozialgesetzgebung in Europa. Schwere Konflikte mit dem seit 1888 regierenden Kaiser Wilhelm II. führten 1890 zur Entlassung des „Eisernen Kanzlers".

Der „Eiserne Kanzler": Otto von Bismarck prägte über knapp drei Jahrzehnte die Politik

Angewendet auf die staatlichen Zustände Deutschlands" herausbrachte. Der Sache nach hatte sich freilich die Paulskirche durchaus schon in „Realpolitik" geübt, als sie das Selbstbestimmungsrecht anderer Völker – der Polen im preußischen Großherzogtum Posen, der Dänen in Nordschleswig, der Italiener in „Welschtirol" – ignorierte und die Grenzen des künftigen Deutschen Reiches dort zu ziehen beschloss, wo es das vermeintliche nationale Interesse Deutschlands gebot. Damit war der Einheit erstmals ein höherer Rang zuerkannt worden als der Freiheit. Noch war es die Freiheit anderer Nationen, die hinter dem Ziel der deutschen Einheit zurückzustehen hatte.

1871: Die Reichsgründung

In den sechziger Jahren des 19. Jahrhunderts aber fiel die Entscheidung für den Vorrang der Einheit vor der Freiheit auch in Deutschland. Das war das Ergebnis jener „Revolution von oben", mit der der preußische Ministerpräsident **Otto von Bismarck** die deutsche Frage auf seine Weise löste. Die innenpolitische Machtfrage entschied er durch den preußischen Verfassungskonflikt der Jahre 1862 bis 1866 zugunsten der Exekutive und gegen das Parlament; die außenpolitische Machtfrage wurde durch den Krieg von 1866 im kleindeutschen Sinn, also unter Ausschluss Österreichs, und im Deutsch-Französischen Krieg von 1870/71 gegen die Macht beantwortet, die bis dahin ein Veto gegen die Errichtung eines deutschen Nationalstaats eingelegt hatte: das Frankreich Napoleons III.

Ein Ziel der Revolution von 1848 war damit erreicht: das der Einheit. Die Forderung nach Freiheit aber, sofern man darunter vor allem eine dem Parlament verantwortliche Regierung verstand, blieb unerfüllt. Die Freiheitsfrage hätte Bismarck selbst dann nicht im Sinne der Liberalen lösen können, wenn das seine Absicht gewesen wäre: Eine Parlamentarisierung widersprach nicht nur elementar den Interessen der Trägerschichten des alten Preußen – seiner Dynastie, seines Heeres, seiner Rittergutsbesitzer, seines hohen Beamtentums. Sie widersprach auch den Interessen der anderen deutschen Staaten, obenan Bayern, Sachsen, Württemberg. Ihnen stand in Gestalt des Bundesrates ein wesentlicher Anteil an der Exekutivgewalt im Deutschen Reich zu, und diese Macht wollten sie nicht zugunsten des Reichstags aufgeben.

Der Reichstag wurde aufgrund des allgemeinen und gleichen Wahlrechts für Männer gewählt, die das 25. Lebensjahr vollendet hatten. Das entsprach den Bestimmungen der niemals in Kraft getretenen Reichsverfassung von 1849 und gab den Deutschen mehr demokratische Rechte, als sie damals die Bürger liberaler Mustermonarchien wie Großbritannien oder Belgien genossen. Man kann infolgedessen von einer Teildemokratisierung Deutschlands im 19. Jahrhundert oder, bezogen auf die Gesamtdauer des Kaiserreiches, von einer ungleichzeitigen Demokratisierung sprechen: Das Wahlrecht wurde vergleichsweise früh, das Regierungssystem im engeren Sinn spät demokratisiert.

*Vor der „Schlacht um Verdun",
1916: Über 700000 Deutsche und
Franzosen verloren ihr Leben*

1914–1918: Der Erste Weltkrieg

Erst im Oktober 1918, als es an der militärischen Niederlage Deutschlands im **Ersten Weltkrieg** keinen Zweifel mehr gab, erfolgte die entscheidende Verfassungsänderung, die den Reichskanzler vom Vertrauen des Reichstags abhängig machte. Die Parlamentarisierung sollte die siegreichen westlichen Demokratien einem milden Frieden geneigt machen und einer Revolution von unten zuvorkommen. Beide Ziele wurden nicht erreicht, aber den Gegnern der Demokratie war es fortan ein Leichtes, das parlamentarische System als „westlich" und „undeutsch" zu denunzieren.

Die Revolution von unten brach im November 1918 aus, weil die Oktoberreform ein Stück Papier blieb: Das Militär war zu großen Teilen nicht bereit, sich der politischen Führung durch die parlamentarisch verantwortliche Reichsleitung zu unterstellen. Zu den großen oder klassischen Revolutionen der Weltgeschichte kann man die deutsche von 1918/19 aber nicht rechnen: Für einen radikalen politi-

Erster Weltkrieg
Der Erste Weltkrieg (1914–1918) wurde zunächst zwischen dem Deutschen Reich und Österreich-Ungarn auf der einen und den Entente-Mächten Frankreich, Großbritannien, Russland und Serbien auf der anderen Seite ausgetragen. In seinem Verlauf traten weitere Staaten in Europa, Asien, Afrika und Amerika in den Krieg ein, darunter 1917 die USA, deren Kriegseintritt entscheidend werden sollte. Der Krieg forderte fast 15 Millionen Menschenleben. Dem militärischen Zusammenbruch des Deutschen Reiches folgte die politische Umwälzung: Als Folge der Revolution im November 1918 unterzeichnete Kaiser Wilhelm II. die Abdankungserklärung. Die Monarchie wich der Republik.

Weimarer Republik
Am 9. November 1918 rief der Sozialdemokrat Philipp Scheidemann die Republik aus. Benannt wurde sie später nach der Stadt Weimar, wo die verfassunggebende Nationalversammlung tagte. Während der Weimarer Republik (1919–1933) war das Deutsche Reich – wie das Land weiterhin hieß – ein demokratischer Bundesstaat, eine Mischform aus präsidentiellem und parlamentarischem Regierungssystem. Auch dieser zweite Versuch, eine liberale Demokratie nach westlichem Muster in Deutschland zu etablieren, scheiterte. Innerlich zerrissen endete sie mit der Machtübernahme durch die Nationalsozialisten, die in eine totalitäre Diktatur führte.

schen und gesellschaftlichen Umbruch nach Art der Französischen Revolution von 1789 oder der russischen Oktoberrevolution von 1917 war Deutschland um 1918 bereits zu „modern". In einem Land, das auf der nationalen Ebene seit rund einem halben Jahrhundert das allgemeine gleiche Wahlrecht für Männer kannte, konnte es nicht um die Einrichtung einer revolutionären Erziehungsdiktatur, sondern nur um mehr Demokratie gehen. Das hieß konkret: Einführung des Frauenwahlrechts, Demokratisierung des Wahlrechts in den Einzelstaaten, Kreisen und Gemeinden, volle Durchsetzung des Prinzips parlamentarisch verantwortlicher Regierungen.

1919–1933: Die Weimarer Republik

Die Kontinuität zwischen dem Kaiserreich und der **Weimarer Republik**, wie sie aus dem Sturz der Monarchie im November 1918 und den Wahlen zur verfassunggebenden Deutschen Nationalversammlung im Januar 1919 hervorging, war in der Tat beträchtlich. In gewisser Weise lebte sogar die Institution des Monarchen in veränderter Form fort: Das Amt des vom Volk gewählten Reichspräsidenten war mit so starken Befugnissen ausgestattet, dass schon Zeitgenossen von einem „Kaiserersatz" oder einem „Ersatzkaiser" sprachen.

Streiterin für die Arbeiterbewegung: Rosa Luxemburg wurde 1919 während der Revolutionswirren in Berlin ermordet

Auch moralisch gab es keinen Bruch mit dem Kaiserreich. Eine ernsthafte Auseinandersetzung mit der Kriegsschuldfrage fand nicht statt, obwohl (oder weil) die deutschen Akten eine klare Sprache sprachen: Die Reichsleitung hatte nach der Ermordung des österreichisch-ungarischen Thronfolgers in Sarajevo am 28. Juni 1914 die internationale Krise bewusst zugespitzt und trug damit die Hauptverantwortung für den Ausbruch des Ersten Weltkrieges. Die Folge der fehlenden Kriegsschulddiskussion war eine deutsche Kriegsunschuldlegende. Zusammen mit der Dolchstoßlegende (der zufolge der Verrat in der Heimat zur Niederlage Deutschlands geführt hatte) trug sie dazu bei, die Legitimität der ersten deutschen Demokratie zu untergraben.

Tanz auf dem Vulkan:
Der Maler Otto Dix hielt das
mondäne Leben in Berlin
fest („Großstadt", 1927)

Der Friedensvertrag von Versailles, den Deutschland am 28. Juni 1919 unterzeichnen musste, wurde von fast allen Deutschen als schreiendes Unrecht empfunden. Das lag an den Gebietsabtretungen, vor allem an denen zugunsten des neu entstandenen Polen, an den materiellen Belastungen in Form der Reparationen, dem Verlust der Kolonien und den militärischen Beschränkungen, die allesamt mit der Kriegsschuld des Deutschen Reiches und seiner Verbündeten begründet wurden. Als ungerecht galt auch, dass Österreich die Vereinigung mit Deutschland untersagt wurde. Nachdem mit dem Untergang der Habsburgermonarchie das Haupthindernis für die Verwirklichung der großdeutschen Lösung entfallen war, hatten sich die Revolutionsregierungen in Wien und **Berlin** für den sofortigen Zusammenschluss der beiden deutschsprachigen Republiken ausgesprochen. Der Popularität dieser Forderung konnten sie sich in beiden Ländern gewiss sein.

Die Anschlussverbote in den Friedensverträgen von Versailles und Saint-Germain vermochten das Wiedererstarken des großdeutschen Gedankens nicht zu verhindern. Er verband sich mit einer Renaissance der alten Reichsidee: Gerade weil Deutschland militärisch geschlagen war und an den Folgen der Niederlage litt, war es empfänglich für die Lockungen, die von einer verklärten Vergangenheit ausgingen. Das Heilige Römische Reich des Mittelalters war kein

Berlin der „Goldenen Zwanziger"
Die Phase wirtschaftlicher Aufwärtsentwicklung und politischer Beruhigung führte von 1924-1929 zu einer kurzen intensiven Blütezeit, die am ausgeprägtesten in der Reichshauptstadt Berlin zu spüren war. Die Metropole entwickelte sich zu einem der kulturellen und wissenschaftlichen Mittelpunkte Europas. Technischer Fortschritt und künstlerische Experimentierfreudigkeit in Architektur, Theater, Literatur und Film beflügelten das Lebensgefühl. Mit der Weltwirtschaftskrise von 1929 zeichnete sich das Ende der „Goldenen Zwanziger" und der Niedergang der Weimarer Republik ab.

Deutsche Geschichte

Vom frühen Mittelalter über das Zeitalter der Glaubens-
spaltung und die Katastrophen des 20. Jahrhunderts
bis zur Wiedervereinigung: Etappen deutscher Geschichte

962
Otto I., der Große
Mit der Kaiserkrönung Ottos beginnt die
Geschichte des „Heiligen Römischen Reichs"

1452–1454
Buchdruck
Der Erfinder des Buchdrucks
mit beweglichen Lettern,
Johannes Gutenberg (um
1400–1468), druckt in Mainz erstmals die Bibel in einer Auflage
von etwa 180 Exemplaren

1024–1125/1138–1268
Salier und Staufer
Die Dynastien der Salier,
Erbauer des **Doms
zu Speyer**, und Staufer
prägen die Geschicke
Europas

	800	900	1000	1100	1200	1300
8. Jh.	**9. Jh.**	**10. Jh.**	**11. Jh.**	**12. Jh.**	**13. Jh.**	

800
Karl der Große
Der Herrscher des Fränkischen
Reiches wird von Papst Leo III.
zum Römischen Kaiser gekrönt.
Später wird der Karolinger,
der 814 in Aachen stirbt, zum
„Vater Europas" erklärt

1179
Hildegard von Bingen
Die Äbtissin und Heil-
kundige, eine der
bedeutendsten Frauen
des deutschen Mittelal-
ters, stirbt 81-jährig bei
Bingen am Rhein

1493
Aufstieg des Hauses Habsburg
Mit der Regentschaft **Maximilians I.** beginnt der Aufstieg des Hauses Habsburg. Es war jahrhundertelang eines der dominierenden Adelsgeschlechter in Mitteleuropa und stellte die meisten Kaiser und Könige des Heiligen Römischen Reiches Deutscher Nation und von 1504-1700 die Könige von Spanien

1803
Säkularisierung
Die Säkularisation geistlicher Herrschaften und Auflösung freier Reichsstädte durch den Reichsdeputationshauptschluss leiten das Ende des „Heiligen Römischen Reichs Deutscher Nation" ein

1618-1648
Dreißigjähriger Krieg
Zugleich Religionskrieg und Staatenkonflikt endet der Dreißigjährige Krieg mit dem Westfälischen Frieden: Die katholische, lutherische und reformierte Konfession werden als gleichberechtigt anerkannt

1740-1786
Friedrich der Große
Während der Regierungszeit Friedrichs II., Schöngeist und Feldherr, steigt Preußen zur europäischen Großmacht auf. Seine Herrschaft gilt als exemplarisch für das Zeitalter des „aufgeklärten Absolutismus"

1848/49
Märzrevolution
Ihren Anfang nimmt die „Deutsche Revolution" im Großherzogtum Baden. In kurzer Zeit greift sie auf die übrigen Staaten des Deutschen Bundes über und führt zur ersten deutschen Nationalversammlung, die in der **Frankfurter Paulskirche** tagt

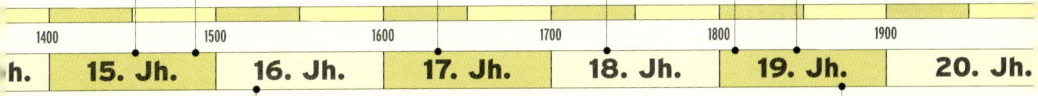

1400	1500	1600	1700	1800	1900
h.	**15. Jh.**	**16. Jh.**	**17. Jh.**	**18. Jh.**	**19. Jh.**	**20. Jh.**

1517
Glaubensspaltung
Das Zeitalter der Reformation beginnt, als **Martin Luther** (1483-1546) in Wittenberg seine 95 Thesen gegen das Ablasswesen in der katholischen Kirche öffentlich macht

1871
Reichsgründung
Am 18. Januar wird noch während des Deutsch-Französischen Krieges **Wilhelm I.** in **Versailles** zum Deutschen Kaiser proklamiert. Das (zweite) Deutsche Reich ist eine konstitutionelle Monarchie. Kurz nach der Reichsgründung kam es zum Wirtschaftsaufschwung, den so genannten Gründerjahren

Deutsche Geschichte

1914–1918
Erster Weltkrieg
Kaiser Wilhelm II. isoliert das
Land außenpolitisch und führt
es in die Katastrophe des
Ersten Weltkrieges, der fast
15 Millionen Menschen-
leben fordert. Im Juni 1919
wird der Friedensvertrag von
Versailles unterzeichnet

1948
Berlin-Blockade
Die Einführung der D-Mark in den
westlichen Besatzungszonen nimmt die
Sowjetunion zum Anlass, am 24. Juni
1948 die Zufahrtswege nach West-Berlin
zu sperren. Die Alliierten antworten mit
einer „Luftbrücke", über die bis September 1949 die Bevölkerung in West-
Berlin versorgt wird

1945
Ende des Zweiten
Weltkrieges
Mit der Kapitulation
der deutschen Wehr-
macht am 7./9. Mai
1945 endet der Zweite
Weltkrieg in Europa.
Die Siegermächte tei-
len das Land in vier
Besatzungszonen und
Berlin in vier Sektoren

1957
Römische Verträge
Die Bundesrepublik
Deutschland gehört zu
den sechs Ländern, die
Rom die Gründungsver-
träge der Europäischen
Wirtschaftsgemeinscha
unterzeichnen

1939
Beginn des Zweiten Weltkrieges
Hitler entfesselt am 1. September 1939
mit dem Überfall auf Polen den Zweiten
Weltkrieg. Er kostet 60 Millionen Menschen das Leben und verwüstet weite
Teile Europas und Ostasiens. Der nationalsozialistischen Vernichtungspolitik
fallen sechs Millionen Juden zum Opfer

1910   1920   1930   1940   1950

20. Jh.

1918/19
Weimarer Republik
Am 9. November 1918 dankt Kaiser
Wilhelm II. ab, der Sozialdemokrat
Philipp Scheidemann ruft die Republik
aus. Am 19. Januar 1919 finden
Wahlen zur Nationalversammlung
statt

1933
Nationalsozialismus
Die NSDAP wird bei
den Reichstagswahlen
1932 stärkste Partei, am
30. Januar 1933 wird **Adolf
Hitler** Reichskanzler. Mit
dem „Ermächtigungs-
gesetz" beginnt die NS-
Diktatur

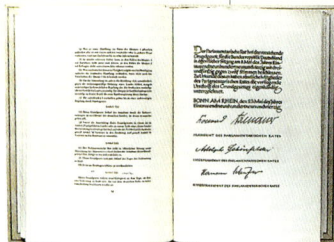

1949
Gründung der Bundesrepublik Deutschland
Am 23. Mai 1949 wird das Grundgesetz der Bundes-
republik Deutschland in Bonn verkündet. Am 14. August
finden die ersten Bundestagswahlen statt. **Konrad Adenauer**
(CDU) wird Bundeskanzler. Am 7. Oktober 1949 vollzieht
sich die Trennung zwischen Ost und West mit der
Inkraftsetzung der Verfassung der DDR

1963
Elysée-Vertrag
Der Deutsch-Französische Freundschaftsvertrag wird von Bundeskanzler **Konrad Adenauer** (rechts) und vom französischen Staatspräsidenten **Charles de Gaulle** unterzeichnet

1972
Kniefall in Warschau
Die Geste von Bundeskanzler **Willy Brandt** (SPD) am Mahnmal für die Opfer des jüdischen Gettoaufstands in Warschau wird Symbol für die Bitte Deutschlands um Versöhnung

1990
Wiedervereinigung Deutschlands
Am 3. Oktober endet die Existenz der DDR. Die staatliche Einheit Deutschlands ist wiederhergestellt. Am 2. Dezember 1990 findet die erste gesamtdeutsche Bundestagswahl statt, **Helmut Kohl** (CDU) wird erster Bundeskanzler des wiedervereinten Deutschlands

| 1970 | 1980 | 1990 | 2000 | 2010 |

21. Jh.

1961
Mauerbau
Die DDR schottet sich am 13. August 1961 mit dem Mauerbau mitten durch Berlin und einem „Todesstreifen" entlang der Grenze zwischen beiden deutschen Staaten ab

1989
Mauerfall
Die friedliche Revolution der DDR bringt in der Nacht des 9. Novembers die Mauer in Berlin und damit die Grenze zwischen Ost- und Westdeutschland zu Fall

2004
EU-Erweiterung
Nach dem Zerfall der Sowjetunion und dem Sturz des Kommunismus treten im Mai acht weitere Länder Mittel- und Osteuropas sowie Zypern und Malta der EU bei

Nationalsozialismus

Der Nationalsozialismus ist entstanden aus einer völkisch-antisemitischen, nationalistischen Bewegung, die sich von 1920 an in der Nationalsozialistischen Deutschen Arbeiterpartei (NSDAP) organisierte. Die Hauptmerkmale der nationalsozialistischen Ideologie sind Rassismus, insbesondere Antisemitismus und die Propagierung einer arischen Herrenrasse, Sozialdarwinismus mit der Rechtfertigung von Euthanasie und Eugenik, Totalitarismus und die Ablehnung von Demokratie, die „Ausrichtung des Volkes" im Sinne des Führerprinzips, Militarismus, Chauvinismus und die Ideologie einer biologisch begründeten „Volksgemeinschaft", der als „Lebensraumpolitik" verbrämte Imperialismus sowie die propagandistische Inszenierung zur Herstellung einer Massenbasis.

Erinnerungskultur: Soldaten der Bundeswehr gedenken der Opfer der Hitlerdiktatur

Nationalstaat, sondern ein übernationales Gebilde mit universalem Anspruch gewesen. Auf dieses Erbe beriefen sich nach 1918 vor allem Kräfte auf der politischen Rechten, die Deutschland eine neue Sendung zuschrieben: Es sollte in Europa als Ordnungsmacht im Kampf gegen westliche Demokratie und östlichen Bolschewismus voranschreiten.

Als parlamentarische Demokratie ist die Weimarer Demokratie nur elf Jahre alt geworden. Ende März 1930 zerbrach die letzte, von dem Sozialdemokraten Hermann Müller geführte Mehrheitsregierung an einem Streit um die Sanierung der Arbeitslosenversicherung. An die Stelle der bisherigen Großen Koalition trat ein bürgerliches Minderheitskabinett unter dem katholischen Zentrumspolitiker Heinrich Brüning, das seit dem Sommer 1930 mit Hilfe von Notverordnungen des Reichspräsidenten, des greisen Generalfeldmarschalls Paul von Hindenburg, regierte. Nachdem bei den Reichstagswahlen vom 14. September 1930 Adolf Hitlers **Nationalsozialisten** (NSDAP) zur zweitstärksten Partei aufgestiegen waren, ging die Sozialdemokratie (SPD), die immer noch stärkste Partei, dazu über, das Kabinett Brüning zu tolerieren. Auf diese Weise sollte ein weiterer Rechtsruck im Reich verhindert und die Demokratie im größten Einzelstaat, in Preußen, gewahrt werden, wo die SPD zusammen mit dem katholischen Zentrum, der Partei Brünings, und den bürgerlichen Demokraten regierte.

Der Reichstag hatte seit dem Übergang zum präsidialen Notverordnungssystem als Gesetzgebungsorgan weniger zu sagen als in der konstitutionellen Monarchie des Kaiserreichs. Die Entparlamentarisierung bedeutete eine weitgehende Ausschaltung der Wähler, und ebendies gab antiparlamentarischen Kräften von rechts und links Auftrieb. Am meisten profitierten davon die Nationalsozialisten. Seit die Sozialdemokraten Brüning stützten, konnte Hitler seine Bewegung als die einzige volkstümliche Alternative zu allen Spielarten des „Marxismus", der bolschewistischen wie der reformistischen, präsentieren. Er war nun in der Lage, an beides zu appellieren: an das verbreitete Ressentiment gegenüber der parlamentarischen Demokratie, die ja inzwischen tatsächlich gescheitert war, und an den seit Bismarcks Zeiten verbrieften Teilhabeanspruch des Volkes in Gestalt des allgemeinen gleichen Wahlrechts, das von den drei Präsidialregierungen – Brüning, Papen und Schleicher in den frühen dreißiger Jahren – um seine politische Wirkung gebracht wurde. Hitler wurde so zum Hauptnutznießer der ungleichzeitigen Demokratisierung Deutschlands: der frühen Einführung eines demokratischen Wahlrechts und der späten Parlamentarisierung des Regierungssystems.

1933–1945: Die Zeit des Nationalsozialismus

Hitler ist nicht im Gefolge eines großen Wahlsieges an die Macht gelangt, aber er wäre nicht Reichskanzler geworden, hätte er im Januar 1933 nicht an der Spitze der stärksten Partei gestanden. Bei den letzten Reichstagswahlen der Weimarer Republik, am 6. November 1932, hatten die Nationalsozialisten gegenüber der Wahl vom 31. Juli 1932 zwei Millionen Stimmen verloren, während die Kommunisten 600 000 Stimmen hinzugewannen und die magische Zahl von 100 Reichstagsmandaten erreichten. Der Erfolg der Kommunisten (KPD) schürte die Angst vor dem Bürgerkrieg, und diese Angst wurde zu Hitlers mächtigstem Verbündeten, vor allem bei den konservativen Machteliten. Ihrer Fürsprache bei Hindenburg verdankte er es, dass ihn der Reichspräsident am 30. Januar 1933 als Reichskanzler an die Spitze eines überwiegend konservativen Kabinetts berief.

Um sich während der zwölf Jahre des **Dritten Reiches** an der Macht zu behaupten, reichte Terror gegen alle Andersdenkenden nicht aus. Hitler gewann die Unterstützung großer Teile der Arbeiterschaft, weil er, vorwiegend mit Hilfe der Rüstungskonjunktur, die Massenarbeitslosigkeit binnen weniger Jahre beseitigen konnte. Er behielt diese Unterstützung auch während des Zweiten Weltkrieges, weil es ihm dank der rücksichtslosen Ausbeutung der Arbeitskräfte und Ressourcen der besetzten Gebiete möglich war, den Massen der Deutschen soziale Härten nach Art des Ersten Weltkrieges zu ersparen. Die großen außenpoliti-

Drittes Reich
Als so genanntes „Drittes Reich" werden die zwölf Jahre nationalsozialistischer Herrschaft von 1933 bis 1945 bezeichnet. Sie begann mit der Ernennung Hitlers zum Reichskanzler am 30. Januar 1933 und endete mit der bedingungslosen Kapitulation der deutschen Wehrmacht am 7. Mai 1945. Das „Dritte Reich" ist Synonym für die hemmungslose Propaganda rassistischer und antisemitischer Ideologie, die Gleichschaltung politischer und gesellschaftlicher Organisationen, die ideologische Durchdringung des öffentlichen Lebens, den Terror gegen Juden und Andersdenkende, für euphorische Massenunterstützung und industrialisierte Massenmorde, Expansionsgelüste sowie die Anzettelung des Zweiten Weltkrieges.

60 Jahre Kriegsende: Als erster Bundeskanzler nahm Gerhard Schröder (links) im Mai 2005 an den Feierlichkeiten zum Ende des Zweiten Weltkriegs in Moskau teil

*Zentrale Gedenkstätte:
Im Mai 2005 wurde das
Denkmal für die ermorde-
ten Juden Europas in
Berlin eröffnet*

Holocaust

Als Holocaust wird die systematische, bürokratisch durchorgani-
sierte und industriell perfektio-
nierte Ermordung von sechs Millionen europäischen Juden
bezeichnet. Opfer wurden auch
Sinti und Roma, Homosexuelle
und andere von den Nazis als
„unerwünscht" oder als „lebens-
unwert" erachtete Menschen. In
einem unvorstellbaren Vernich-
tungsprogramm wurden die Menschen in Todesfabriken und Kon-
zentrationslagern ausgebeutet,
gequält, gedemütigt und ermordet. Dem Morden vorausgegangen waren die propagandistische
Durchsetzung einer rassistischen
und antisemitischen Ideologie,
die fortschreitende Entrechtung
der Juden, ihre Enteignung und
Gettoisierung. An der Umsetzung
des Holocaust wirkten direkt
oder indirekt nicht nur sämtliche
Staatsorgane mit, sondern auch
die Eliten des Militärs, der Industrie, der Banken, der Wissenschaft
und der Medizin.

schen Erfolge der Vorkriegsjahre, obenan die Besetzung des entmilitarisierten Rheinlandes im März 1936 und der „Anschluss" Österreichs im März 1938, ließen Hitlers Popularität in allen Bevölkerungsschichten auf Rekordhöhen ansteigen. Der Mythos vom Reich und seiner historischen Sendung, dessen sich Hitler virtuos zu bedienen wusste, wirkte vor allem bei den gebildeten Deutschen. Der charismatische „Führer" brauchte ihre Mithilfe, wenn er Deutschland dauerhaft zur europäischen Ordnungsmacht machen wollte, und sie brauchten ihn, weil niemand außer ihm in der Lage schien, den Traum vom großen Reich der Deutschen Wirklichkeit werden zu lassen.

Seine Judenfeindschaft hatte Hitler in den Wahlkämpfen der frühen dreißiger Jahre nicht verleugnet, aber auch nicht in den Vordergrund gerückt. In der heftig umworbenen Arbeiterschaft wären mit entsprechenden Parolen auch nicht viele Stimmen zu gewinnen gewesen. In den gebildeten und besitzenden Schichten, bei kleinen Gewerbetreibenden und Bauern waren antijüdische Vorurteile weit verbreitet, ein „Radau-Antisemitismus" jedoch verpönt. Die Entrechtung der deutschen Juden durch die Nürnberger Rassengesetze vom September 1935 stieß, weil die Gesetzesform gewahrt blieb, auf keinen Widerspruch. Die gewaltsamen Ausschreitungen der so genannten „Reichskristallnacht" vom 9. November 1938 waren unpopulär, die

„Arisierung" von jüdischem Eigentum, eine gewaltige, bis heute nachwirkende Umverteilung von Vermögen, hingegen durchaus nicht. Über den **Holocaust**, die systematische Vernichtung der europäischen Juden im Zweiten Weltkrieg, wurde mehr bekannt, als dem Regime lieb war. Aber zum Wissen gehört auch das Wissenwollen, und daran fehlte es, was das Schicksal der Juden betrifft, im Deutschland des „Dritten Reiches".

Der Untergang von Hitlers Großdeutschem Reich im Mai 1945 bedeutet in der deutschen Geschichte eine viel tiefere Zäsur als der Untergang des Kaiserreiches im November 1918. Das Reich als solches blieb nach dem Ersten Weltkrieg erhalten. Nach der bedingungslosen Kapitulation am Ende des **Zweiten Weltkriegs** ging mit der Regierungsgewalt auch die Entscheidung über die Zukunft Deutschlands an die vier Besatzungsmächte, die Vereinigten Staaten, die Sowjetunion, Großbritannien und Frankreich, über. Anders als 1918 wurde 1945 die politische und militärische Führung entmachtet und, soweit ihre Vertreter noch lebten, vor Gericht, das Internationale Militärtribunal in Nürnberg (Nürnberger Prozesse), gestellt. Die ostelbischen Rittergutsbesitzer, die mehr als jede andere Machtelite zur Zerstörung der Weimarer Republik und zur Machtübertragung an Hitler beigetragen hatten, verloren Grund und Boden – zum einen durch die Abtrennung der Ostgebiete jenseits von Oder und Görlitzer Neiße und ihre Unterstellung unter polnische beziehungsweise, im Falle des nördlichen Ostpreußen, sowjetische Verwaltung, zum anderen durch die „Bodenreform" in der Sowjetischen Besatzungszone.

Kriegsunschuld- und Dolchstoßlegenden fanden nach 1945, im Gegensatz zur Zeit nach 1918, kaum Widerhall. Zu offenkundig war, dass das nationalsozialistische Deutschland den Zweiten Weltkrieg entfesselt hatte und nur von außen, durch die überlegene Macht der Alliierten, niedergeworfen werden konnte. Im Ersten wie im Zweiten Weltkrieg hatte die deutsche Propaganda die demokratischen Westmächte als imperialistische Plutokratien, die eigene Ordnung aber als Ausdruck höchster sozialer Gerech-

Zweiter Weltkrieg
Am 1. September 1939 um 4.45 Uhr überfiel Hitler ohne Kriegserklärung das Nachbarland Polen. Großbritannien und Frankreich erklärten daraufhin Deutschland den Krieg. Der Zweite Weltkrieg hatte begonnen und sollte 60 Millionen Menschen das Leben kosten. Die meisten Opfer – etwa 25 Millionen Tote – hatte die Sowjetunion zu beklagen. Das Scheitern der Blitzkriegsstrategie vor Moskau und der Kriegseintritt der USA brachten das Ende der gnadenlosen Expansionspolitik Deutschlands und seiner Verbündeten. Am 7. Mai 1945 ließ Hitlers Nachfolger Karl Dönitz im alliierten Hauptquartier in Reims (Frankreich) die bedingungslose deutsche Gesamtkapitulation durch den Chef des Wehrmachtführungsstabes, Generaloberst Alfred Jodl, unterzeichnen.

Nürnberger Prozesse:
Die Verfahren gegen die NS-Kriegsverbrecher begannen im November 1945

Grundgesetz

Das Grundgesetz ist die rechtliche und politische Grundordnung der Bundesrepublik Deutschland. Ursprünglich war es bis zur Schaffung einer gesamtdeutschen Verfassung als Übergangslösung und Provisorium gedacht. Mit dem Beitritt der DDR zum Geltungsbereich des Grundgesetzes am 3. Oktober 1990 wurde es zur gesamtdeutschen Verfassung. Das Grundgesetz steht für die demokratische Erfolgsgeschichte Deutschlands nach der Herrschaft des Nationalsozialismus und gilt als Glücksfall der deutschen Geschichte.

DDR

Die Deutsche Demokratische Republik wurde 1949 in der sowjetischen Besatzungszone Deutschlands und dem Ostsektor Berlins gegründet und bestand bis zum 2. Oktober 1990. Sie war Teil des unter der Hegemonie der Sowjetunion stehenden Ostblocks. Beim Volksaufstand von 1953 kam es landesweit zu Demonstrationen, die mit Hilfe der DDR-Volkspolizei vom sowjetischen Militär gewaltsam niedergeschlagen wurden.

17. Juni 1953: In über 400 Orten wurde gegen die DDR-Führung demonstriert

tigkeit dargestellt. Nach 1945 wären neuerliche Angriffe auf die westliche Demokratie aberwitzig gewesen: Der Preis, den man für die Verachtung der politischen Ideen des Westens bezahlt hatte, war zu hoch, als dass ein Rückgriff auf die Parolen der Vergangenheit Erfolg versprochen hätte.

1949–1990: Die „Zweistaatlichkeit" Deutschlands

Eine zweite Chance in Sachen Demokratie erhielt nach 1945 nur ein Teil Deutschlands: der westliche. Vertreter der frei gewählten Länderparlamente der amerikanischen, der britischen und der französischen Besatzungszone arbeiteten 1948/49 im Parlamentarischen Rat in Bonn eine Verfassung aus, die systematische Konsequenzen aus den Konstruktionsfehlern der Reichsverfassung von 1919 und dem Scheitern der Weimarer Republik zog: das **Grundgesetz** für die Bundesrepublik Deutschland. Die zweite deutsche Demokratie sollte eine funktionstüchtige parlamentarische Demokratie mit einem starken, nur durch ein „konstruktives Misstrauensvotum", also die Wahl eines Nachfolgers, stürzbaren Bundeskanzler und einen kompetenzarmen Bundespräsidenten sein. Eine konkurrierende Gesetzgebung durch das Volk war, anders als in Weimar, nicht vorgesehen. Offenen Gegnern der Demokratie sagte das Grundgesetz vorsorglich einen Kampf bis hin zur Verwirkung der Grundrechte und zum Verbot verfassungsfeindlicher Parteien durch das Bundesverfassungsgericht an. Die Grundlagen des Staates wurden so festgeschrieben, dass sie dem Willen auch einer verfassungsändernden Mehrheit entzogen waren, eine „legale" Beseitigung der Demokratie wie 1933 also unmöglich war.

Während der Westen Deutschlands „antitotalitäre" Lehren aus der jüngsten deutschen Vergangenheit zog, musste sich der Osten, die Sowjetische Besatzungszone und spätere **DDR**, mit „antifaschistischen" Folgerungen begnügen. Sie dienten der Legitimierung einer Parteidiktatur marxistisch-leninistischer Prägung. Der Bruch mit den Grundlagen der nationalsozialistischen Herrschaft sollte vor allem

auf klassenpolitischem Weg, durch Enteignung von Groß-
grundbesitzern und Industriellen, vollzogen werden. Einsti-
ge „Mitläufer" des Nationalsozialismus konnten sich dagegen beim „Aufbau des Sozialismus" bewähren. Frühere „Par-
teigenossen" der NSDAP, die nach Abschluss der „Entnazifi-
zierung" in führende Positionen gelangten, gab es auch in
der DDR. Ihre Zahl war jedoch geringer und ihre Fälle waren
weniger spektakulär als in der Bundesrepublik.

Von einer „Erfolgsgeschichte der Bundesrepublik"
würde man rückblickend wohl kaum sprechen können,
wenn es nicht das **„Wirtschaftswunder"** der fünfziger und
sechziger Jahre, die längste Boomperiode des 20. Jahrhunderts, gegeben hätte. Die Hochkonjunktur verschaffte der
von Ludwig Erhard, dem ersten Bundeswirtschaftsminister,
durchgesetzten Sozialen Marktwirtschaft die Legitimation
durch Erfolg. Sie erlaubte die rasche Eingliederung der fast
acht Millionen Heimatvertriebenen aus den früheren Ostge-
bieten des Deutschen Reiches, dem Sudetengebiet und anderen Teilen Ostmittel- und Südosteuropas. Sie trug entscheidend dazu bei, dass Klassen- und Konfessionsgegensätze
abgeschliffen wurden, dass die Anziehungskraft radikaler
Parteien beschränkt blieb und die großen demokratischen
Parteien, erst die Christlich Demokratische (CDU) und die
Christlich Soziale Union (CSU), dann die Sozialdemokratie
(SPD), sich in Volksparteien verwandelten. Die Prosperität
hatte freilich auch ihre politische und moralische Kehrseite:
Sie erleichterte es vielen Bundesbürgern, sich bohrende Fragen nach der eigenen Rolle in den Jahren 1933 bis 1945
weder selbst zu stellen noch von anderen stellen zu lassen.
„Kommunikatives Beschweigen" hat der Philosoph Hermann Lübbe diesen Umgang mit der jüngsten Vergangenheit genannt (und als für die Stabilisierung der westdeutschen Demokratie notwendig bewertet).

In der Weimarer Republik war die Rechte nationa-
listisch und die Linke internationalistisch gewesen. In der
Bundesrepublik war es anders: Die Kräfte der rechten Mitte
unter dem ersten Bundeskanzler **Konrad Adenauer** standen für
eine Politik der Westbindung und der supranationalen Inte-

*Symbol auf Rädern: Der VW-
Käfer stand für den Aufschwung
der fünfziger Jahre*

Wirtschaftswunder
Mit dem Begriff „Wirtschaftswunder" wird der schnelle wirtschaftliche Wiederaufbau der
Bundesrepublik Deutschland
nach dem Zweiten Weltkrieg
bezeichnet. Die Voraussetzungen
dafür waren der Neuaufbau der
Produktionsstätten nach neues-
tem technischen Stand, die Einführung der D-Mark sowie die
massive finanzielle Unterstützung durch den „Marshall-Plan"
der US-Amerikaner. Bis zum Ende
der fünfziger Jahre entwickelte
sich Deutschland zu einer der
führenden Wirtschaftsnationen.

Konrad Adenauer (1876–1967)
Der Christdemokrat war der
erste Bundeskanzler der Bundesrepublik Deutschland. Von 1949
bis 1963 war er Regierungschef.
Mit einer konsequenten Politik
der Westorientierung ermöglich-
te er die Integration Deutschlands in die internationale Staatengemeinschaft, die NATO
und die Europäische Wirtschaftsgemeinschaft (EWG). Zu seinen
Leistungen gehören auch die
Aussöhnung mit Frankreich und
seine Bemühungen um eine
Versöhnung mit Israel.

Willy Brandt (1913–1992)
Der Sozialdemokrat war von 1969 bis 1974 Bundeskanzler der Bundesrepublik Deutschland. Für seine Ostpolitik, die auf Entspannung und Ausgleich mit den osteuropäischen Staaten gerichtet war („Politik der kleinen Schritte"), erhielt Brandt 1971 den Friedensnobelpreis. Seine Entspannungspolitik war ein Beitrag zum Zustandekommen der Konferenz über Sicherheit und Zusammenarbeit in Europa (KSZE).

gration Westeuropas; die gemäßigte Linke, die Sozialdemokratie unter ihrem ersten Nachkriegsvorsitzenden Kurt Schumacher und seinem Nachfolger Erich Ollenhauer, gab sich ein betont nationales Profil, indem sie der Wiedervereinigung den Vorrang vor der Westintegration zuerkannte. Erst im Jahre 1960 stellte sich die SPD auf den Boden der Westverträge, die 1955 den Beitritt der Bundesrepublik zur NATO ermöglicht hatten. Die Sozialdemokraten mussten diesen Schritt tun, wenn sie Regierungsverantwortung in der Bundesrepublik übernehmen wollten. Nur auf dem Boden der Westverträge konnten sie 1966 als Juniorpartner in eine Regierung der Großen Koalition eintreten und drei Jahre später unter dem ersten sozialdemokratischen Bundeskanzler **Willy Brandt** jene „neue Ostpolitik" beginnen, die es der Bundesrepublik erlaubte, einen eigenen Beitrag zur Entspannung zwischen West und Ost zu leisten, das Verhältnis zu Polen durch eine (wenn auch de jure nicht vorbehaltlose) Anerkennung der Oder-Neiße-Grenze auf eine neue Grundlage zu stellen und ein vertraglich geregeltes Verhältnis zur DDR einzugehen. Auch das 1971 abgeschlossene Vier-Mächte-Abkommen über Berlin, das tatsächlich nur West-Berlin und sein Verhältnis zur Bundesrepublik betraf, wäre ohne die feste Westintegration des größeren der beiden deutschen Staaten unmöglich gewesen.

Träger des Friedensnobelpreises 1971: Willy Brandt

Die Ostverträge (1970–1973) der sozialliberalen Regierung Brandt-Scheel waren vor allem eines: eine Antwort auf die Verfestigung der deutschen Teilung durch den Bau der Berliner Mauer am 13. August 1961. Nachdem die Wiedervereinigung in immer weitere Ferne gerückt war, musste es der Bundesrepublik darauf ankommen, die Folgen der Teilung erträglicher zu gestalten und dadurch den Zusammenhalt der Nation zu sichern. Die Wiederherstellung der deutschen Einheit blieb ein offizielles Staatsziel der Bundesrepublik Deutschland. Aber die Erwartung, dass es jemals wieder einen deutschen Nationalstaat geben würde, ging nach Abschluss der Ostverträge kontinuierlich zurück – bei den jüngeren Westdeutschen sehr viel stärker als bei den älteren.

*Weltpolitik im Kaukasus:
Bundeskanzler Kohl, Kremlchef
Gorbatschow und Bundes-
außenminister Genscher (von
rechts) klärten im Sommer
1990 offene Fragen der Wiedervereinigung*

In den achtziger Jahren aber geriet die Nachkriegsordnung allmählich ins Wanken. Die Krise des Ostblocks begann 1980 mit der Gründung der unabhängigen Gewerkschaft „Solidarnosc" in Polen, gefolgt von der Verhängung des Kriegsrechts Ende 1981. Dreieinhalb Jahre später, im März 1985, kam in der Sowjetunion Michail Gorbatschow an die Macht. Der neue Generalsekretär der Kommunistischen Partei der Sowjetunion sprach im Januar 1987 die geradezu revolutionäre Erkenntnis aus: „Wir brauchen die Demokratie wie die Luft zum Atmen." Diese Botschaft beflügelte die Bürgerrechtler in Polen und Ungarn, in der Tschechoslowakei und in der DDR. Im Herbst 1989 wurde der Druck der Proteste im ostdeutschen Staat so stark, dass das kommunistische Regime allenfalls noch durch eine militärische Intervention der Sowjetunion zu retten gewesen wäre. Dazu aber war Gorbatschow nicht bereit. Die Folge war die Kapitulation der Ost-Berliner Parteiführung vor der **friedlichen Revolution** in der DDR: Am 9. November 1989 fiel die Berliner Mauer – ein Symbol der Unfreiheit, wie es 1789, zwei Jahrhunderte zuvor, die Pariser Bastille gewesen war.

Friedliche Revolution

Mit einer spontanen und gewaltfreien Revolution von unten eroberten sich die Bürger der DDR im Herbst 1989 innerhalb von wenigen Wochen die Macht. Am 9. November 1989 fiel die Berliner Mauer, Wahrzeichen der Teilung Deutschlands und Symbol des Kalten Krieges. Vorausgegangen war dem Mauerfall die Massenflucht von DDR-Bürgern, die über Prag, Warschau und die mittlerweile offene ungarische Grenze zu Österreich ihr Land verließen, sowie Großdemonstrationen, insbesondere in Leipzig, öffentliche Proteste von Prominenten und Bürgerrechtlern und die zunehmenden Forderungen nach Reisefreiheit.

1990: Die Wiedervereinigung

Nach der Öffnung der Mauer 1989 vergingen noch elf Monate bis zur Wiedervereinigung Deutschlands. Sie entsprach dem Willen der Deutschen in beiden deutschen Staaten. In der ersten (und letzten) freien Volkskammerwahl am 18.

Zwei-plus-Vier-Vertrag
Die Bezeichnung steht für die „abschließende Regelung im Bezug auf Deutschland" vom 12. September 1990, die zur außenpolitischen Absicherung der deutschen Einheit zwischen den beiden deutschen Staaten und den vier Siegermächten des Zweiten Weltkriegs (Frankreich, Großbritannien, Sowjetunion, USA) in Moskau geschlossen wurde. Durch den Vertrag wurde die volle Souveränität Deutschlands wieder hergestellt. Die deutschen Außengrenzen wurden unter Verzicht auf deutsche Gebietsansprüche als endgültig anerkannt.

Große Sammlung: Das Deutsche Historische Museum, Berlin, besitzt rund 700 000 Objekte zur deutschen Geschichte

März 1990 stimmten die Ostdeutschen mit großer Mehrheit für die Parteien, die einen raschen Beitritt der DDR zur Bundesrepublik forderten. Dieser wurde im Sommer 1990, wie zuvor schon die deutsch-deutsche Währungsunion, zwischen beiden deutschen Staaten vertraglich ausgehandelt. Parallel dazu verständigten sich die Bundesrepublik und die DDR mit den vier Mächten, die Verantwortung für Berlin und Deutschland als Ganzes trugen, also den Vereinigten Staaten, der Sowjetunion, Großbritannien und Frankreich, im **Zwei-plus-Vier-Vertrag** über die außen- und sicherheitspolitischen Bedingungen der deutschen Einheit.

Die deutsche Frage wurde 1990 gelöst im Sinne der alten Forderung „Einheit in Freiheit". Sie konnte nur im Einvernehmen mit allen Nachbarn gelöst werden, und das heißt auch: nur zeitgleich mit der Lösung eines anderen Jahrhundertproblems, der polnischen Frage. Die endgültige, völkerrechtlich verbindliche Anerkennung der polnischen Westgrenze an Oder und Neiße war eine Voraussetzung der Wiedervereinigung Deutschlands in den Grenzen von 1945.

Das wiedervereinigte Deutschland ist seinem Selbstverständnis nach keine „postnationale Demokratie unter Nationalstaaten", wie 1976 der Politikwissenschaftler Karl Dietrich Bracher die „alte" Bundesrepublik genannt hatte, sondern ein postklassischer demokratischer Nationalstaat unter anderen – fest eingebunden in den supranationalen Staatenverbund der Europäischen Union (EU), in dem Teile

Das Thema im Internet

www.dhm.de
Das Deutsche Historische Museum in Berlin gibt Einblicke in die Geschichte (Deutsch, Englisch). Interessant auch das „Lebendige Museum Online" www.dhm.de/lemo (Deutsch)

www.hdg.de
Das Haus der Geschichte der Bundesrepublik Deutschland informiert über

Zeitgeschichte, auch in virtuellen Ausstellungen (Deutsch, Englisch, Französisch)

www.wege-der-erinnerung.de
Gemeinsames europäisches Webprojekt zu den Kriegen und Konflikten in der ersten Hälfte des 20. Jahrhunderts (Deutsch, Englisch, Französisch, Italienisch, Niederländisch, Spanisch)

www.holocaust-mahnmal.de
Die Gedenkstätte für die ermordeten Juden Europas im Netz (Deutsch, Englisch)

www.historikerverband.de
Die Seite des Verbands der Historiker und Historikerinnen Deutschlands, des größten historischen Fachverbandes in Europa (Deutsch)

der nationalen Souveränität gemeinsam mit anderen Mitgliedstaaten ausgeübt werden. Von dem ersten deutschen Nationalstaat trennt den zweiten vieles – nämlich alles, was das Bismarckreich zu einem Militär- und Obrigkeitsstaat gemacht hat. Doch es gibt auch Kontinuitäten zwischen dem ersten und dem zweiten Nationalstaat. Als Rechts- und Verfassungsstaat, als Bundes- und Sozialstaat steht das wiedervereinigte Deutschland in Traditionen, die weit ins 19. Jahrhundert zurückreichen. Dasselbe gilt vom allgemeinen gleichen Wahlrecht und der Parlamentskultur, die sich schon im Reichstag des Kaiserreichs entwickelt hatte. Unübersehbar ist auch eine räumliche Kontinuität: Der Zwei-plus-Vier-Vertrag, die völkerrechtliche Gründungsurkunde des wiedervereinigten Deutschland, hat die kleindeutsche Lösung, die getrennte Staatlichkeit für Deutschland und Österreich, nochmals festgeschrieben.

Die deutsche Frage ist seit 1990 gelöst, aber die europäische Frage ist nach wie vor offen. Die EU umfasst seit dem 1. Mai 2004 acht ostmitteleuropäische Staaten, die bis zur Epochenwende von 1989/91 kommunistisch regiert wurden. Es sind allesamt Staaten, die zum alten Okzident gehören – geprägt durch eine weithin gemeinsame Rechtstradition, durch die frühe Trennung von geistlicher und weltlicher wie von fürstlicher und ständischer Gewalt, aber auch durch die Erfahrung der mörderischen Folgen von religiöser und nationaler Verfeindung und Rassenhass. Das Zusammenwachsen der getrennten Teile Europas erfordert Zeit. Es wird nur gelingen, wenn die Vertiefung der europäischen Einigung mit der Erweiterung der Union Schritt hält. Vertiefung verlangt mehr als institutionelle Reformen. Sie macht gemeinsames Nachdenken über die europäische Geschichte und die Folgerungen notwendig, die sich aus ihr ergeben. Die Folgerung, die alle anderen überragt, ist die Einsicht in die Allgemeinverbindlichkeit der westlichen Werte, an ihrer Spitze der unveräußerlichen Menschenrechte. Es sind die Werte, die Europa und Amerika gemeinsam hervorgebracht haben, zu denen sie sich bekennen und an denen sie sich jederzeit messen lassen müssen. ●

Heinrich August Winkler
Der Historiker, seit 1991 Professor für Neueste Geschichte an der Humboldt-Universität Berlin, ist einer der führenden deutschen Geschichtswissenschaftler. Mit seinem Werk „Der lange Weg nach Westen" hat er sich internationales Renommee erworben.

4

Politisches System

Es wurde ein Erfolgsmodell und ein Exportschlager: Das Grundgesetz brachte nach dem Zweiten Weltkrieg Freiheit und Stabilität – wenn auch zunächst nur für die Deutschen im Westen des bis 1990 geteilten Landes.

Der Vorrang der Grundrechte, die Festschreibung der Prinzipien des demokratischen und sozialen Bundesstaats sowie die Etablierung eines höchsten Gerichts, das über die Einhaltung der Verfassung wacht, sind die Grundpfeiler der deutschen Demokratie.

*Symbol für offene
Einblicke: Die Kuppel
über dem Reichstags-
gebäude*

Staat, Recht, Bürger in der Demokratie

Von Jürgen Hartmann

DAS POLITISCHE SYSTEM DER Bundesrepublik Deutschland verkörpert das zweite demokratische System in der deutschen Geschichte. Im **Parlamentarischen Rat** zogen die Gründungsmütter und -väter der Bundesrepublik in ihrer neuen Verfassung, dem Grundgesetz, die Lehren aus dem Scheitern der ersten Demokratie, der Weimarer Republik, und der nationalsozialistischen Diktatur. Die Bundesrepublik Deutschland war ein Kind des Krieges. Und die Demokratie sollte 1949 zunächst nur im westlichen Teil des in zwei Staaten gespaltenen Deutschlands Fuß fassen. Doch das zunächst als Provisorium konzipierte Grundgesetz hielt am Ziel der Wiedervereinigung „in freier Selbstbestimmung" fest.

Die zweite deutsche Demokratie erwies sich als Erfolg. Für diesen Erfolg gab es viele Gründe: Die Wertschätzung der freiheitlichen Lebensweise nach der Diktatur und das Streben nach Akzeptanz durch die demokratischen Nachbarn gehörten dazu. Aber auch das Grundgesetz hat seinen Anteil an diesem Erfolg. Als die Teilung Deutschlands nach über 40 Jahren zu Ende ging, wurde das Grundgesetz 1990 zur Verfassung des vereinigten Deutschlands.

Das Grundgesetz

Das **Grundgesetz** bindet die Gesetzgebung an die verfassungsmäßige Ordnung und die Staatsverwaltung an Recht und Gesetz. Besondere Bedeutung besitzt der Artikel 1 des Grundgesetzes. Er postuliert als höchstes Gut der Verfassungsordnung die Respektierung der Menschenwürde: „Die Würde des Menschen ist unantastbar. Sie zu achten und zu schützen ist Verpflichtung aller staatlichen Gewalt." Die wei-

Parlamentarischer Rat
Die verfassungsberatende Versammlung tagte erstmals am 1. September 1948. Sie bestand aus 65 von den elf westdeutschen Landtagen gewählten Abgeordneten. Zuvor hatte ein Ausschuss aus Sachverständigen auf der Insel Herrenchiemsee in Bayern die Diskussionsgrundlage für die Beratungen geschaffen.

Grundgesetz
Nach seiner Verabschiedung durch den Parlamentarischen Rat trat das Grundgesetz am 23. Mai 1949 in Kraft. Es ist die rechtliche und politische Grundordnung der Bundesrepublik Deutschland. Besondere Bedeutung haben die im Grundgesetz verankerten Grundrechte.

Das Bundeswappen: Schwarzer Adler, rot bewehrt auf goldgelbem Grund

teren Grundrechte garantieren unter anderem die Freiheit des Handelns im Rahmen der Gesetze, die Gleichheit der Menschen vor dem Gesetz, die Presse- und Medienfreiheit, die Vereinigungsfreiheit sowie den Schutz der Familie.

Mit der Feststellung, dass das Volk die Herrschaft durch besondere Organe ausübt, schreibt das Grundgesetz die Herrschaftsform der repräsentativen Demokratie fest. Darüber hinaus bestimmt es Deutschland als Rechtsstaat: Alles Handeln staatlicher Behörden unterliegt der richterlichen Kontrolle. Ein weiteres Verfassungsprinzip ist der **Bundesstaat**, das heißt die Aufteilung der Herrschaftsgewalt auf eine Reihe von Gliedstaaten und auf den Zentralstaat. Schließlich definiert das Grundgesetz Deutschland als einen Sozialstaat. Der **Sozialstaat** verlangt, dass die Politik Vorkehrungen trifft, um den Menschen auch bei Erwerbslosigkeit, Behinderung, Krankheit und im Alter ein menschenwürdiges materielles Auskommen zu gewährleisten. Eine Besonderheit des Grundgesetzes ist der so genannte „Ewigkeitscharakter" dieser tragenden Verfassungsgrundsätze. Die Grundrechte, die demokratische Herrschaftsform, der Bundesstaat und der Sozialstaat dürfen auch durch spätere Änderungen des Grundgesetzes oder durch eine komplett neue Verfassung nicht angetastet werden.

Bundesstaat
Die Bundesrepublik Deutschland besteht aus 16 Bundesländern. Die Staatsgewalt ist zwischen dem Gesamtstaat, dem Bund, und den Bundesländern aufgeteilt. Diese verfügen über eigenständige, wenn auch beschränkte Staatsgewalt.

Sozialstaat
Der Sozialstaat kann in Deutschland auf eine lange Tradition zurückblicken. 1883 wurden die Gesetze zur Krankenversicherung, 1884 zur Unfallversicherung, 1889 zur Invaliditäts- und Altersversicherung erlassen. Während damals nur ein Zehntel der Bevölkerung durch diese Versicherungen geschützt war, sind es heute rund 90 Prozent.

✚ Im Deutschen Bundestag vertretene Parteien

SPD
Sozialdemokratische Partei Deutschlands
Vorsitz: **Matthias Platzeck**
Gründung: 1863/1875
Mitglieder: 598 000

CDU
Christlich Demokratische Union Deutschlands
Vorsitz: **Dr. Angela Merkel**
Gründung: 1945
1950 auf Bundesebene
Mitglieder: 580 000

CSU
Christlich-Soziale Union in Bayern
Vorsitz: **Dr. Edmund Stoiber**
Gründung: 1945
Mitglieder: 173 000

FDP
Freie Demokratische Partei
Vorsitz: **Dr. Guido Westerwelle**
Gründung: 1948
Mitglieder: 65 000

Die politischen Parteien

Die politischen Parteien haben nach dem Grundgesetz die Aufgabe, an der politischen Willensbildung des Volkes mitzuwirken. Die Aufstellung von Kandidaten für politische Funktionen und die Organisation von Wahlkämpfen gewinnen dadurch den Rang einer Verfassungsaufgabe. Aus diesem Grunde erhalten die Parteien vom Staat einen Ausgleich für die im Wahlkampf entstehenden Kosten. Die in Deutschland erstmals praktizierte **Wahlkampfkostenerstattung** ist heute in den meisten Demokratien gebräuchlich. Der Aufbau der politischen Parteien muss nach dem Grundgesetz demokratischen Grundsätzen folgen (Mitgliederdemokratie). Es wird von ihnen erwartet, dass sie sich zum demokratischen Staat bekennen.

Parteien, deren demokratische Gesinnung in Zweifel steht, können auf Antrag der Bundesregierung verboten werden. Sie müssen aber nicht verboten werden. Hält die Bundesregierung ein Verbot für angebracht, weil solche Parteien eine Gefahr für das demokratische System darstellen, so kann sie lediglich einen Verbotsantrag stellen. Das Verbot selbst darf ausschließlich vom Bundesverfassungsgericht ausgesprochen werden. So wird verhindert, dass die regierenden Parteien eine Partei verbieten, die ihnen im politi-

Wahlkampfkostenerstattung
Sie ist Teil der Parteienfinanzierung, die aus Beiträgen der Parteimitglieder, Einnahmen aus Parteivermögen, aus Spenden und staatlichen Zuschüssen besteht. Die Parteien erhalten eine staatliche Wahlkampfkostenpauschale, die sich bemisst an der Zahl ihrer Wählerstimmen und am Umfang der erhaltenen Beiträge und Spenden.

Die Grünen
Bündnis 90/Die Grünen
Vorsitz: **Claudia Roth, Reinhard Bütikofer**
Gründung: 1980
Mitglieder: 45 000

Die Linke
Die Linkspartei.PDS
Vorsitz: **Prof. Dr. Lothar Bisky**
Gründung: 1989
Mitglieder: 62 000

Im Bundestag vertretene Parteien: **SPD** und **CDU/CSU** sowie **FDP** sind seit Gründung der Bundesrepublik 1949 im Parlament vertreten. CDU und CSU bilden im Bundestag eine Fraktionsgemeinschaft. Die CSU tritt bei Wahlen in Bayern an, die CDU in allen anderen Ländern. 1984 zogen erstmals **Die Grünen** in den Bundestag ein; nach der deutschen Einheit schlossen sie sich mit dem ostdeutschen Bündnis 90 zusammen. 1990 gelang auch der Nachfolgepartei der Sozialistischen Einheitspartei, SED, der DDR unter dem Namen Partei des Demokratischen Sozialismus (PDS) der Einzug in den Bundestag. Die PDS benannte sich 2005 um in **Die Linkspartei.PDS** und öffnete ihre Listen für Kandidaten der Wahlalternative Arbeit & Soziale Gerechtigkeit.

Wahlen
Alle vier Jahre stellen sich die Parteien zur Bundestagswahl. Die Wahlbeteiligung ist in Deutschland traditionell hoch und liegt – nach einer Hochphase mit über 90 Prozent in den siebziger Jahren – seit der Wiedervereinigung bei um die 80 Prozent. Bei der Wahl zum 16. Deutschen Bundestag am 18. September 2005 beteiligten sich 77,7 Prozent der Wahlberechtigten.

schen Wettbewerb unbequem werden könnte. Die Regierungsparteien ziehen es vor, undemokratische Parteien im regulären politischen Wettbewerb zu bekämpfen. In der Geschichte der Bundesrepublik hat es wenige Verbotsverfahren und noch weniger Parteienverbote gegeben. Das Grundgesetz privilegiert zwar die politischen Parteien. Die Parteien bleiben aber im Kern Ausdrucksformen der Gesellschaft. Sie tragen alle Risiken des Scheiterns bei **Wahlen**, bei der Abwanderung von Mitgliedern und bei der Zerstrittenheit in Personal- und Sachfragen.

Das deutsche Parteiensystem ist überschaubar. Im Bundestag vertreten waren bis 1983 ausschließlich Parteien, die auch schon 1949 mit der ersten Wahl ins Parlament eingezogen waren: die Unionsparteien, die SPD und die FDP. Die Unionsparteien, die zur europäischen Parteienfamilie der christlichen Demokraten gehören, treten überall in Deutschland – mit Ausnahme Bayerns – als Christlich Demokratische Union (CDU) auf. Im Bundesland Bayern verzichtet die CDU

Die deutsche Bundesregierung

Am 22. November 2005 hat der Deutsche Bundestag Dr. Angela Merkel (CDU) zur Bundeskanzlerin der Bundesrepublik Deutschland gewählt. Sie führt eine Große Koalition aus CDU/CSU und SPD. Angela Merkel ist die erste Frau an der Spitze einer deutschen Bundesregierung. Vizekanzler und Arbeits- und Sozialminister ist Franz Müntefering (SPD). Der Regierung gehören

fünf Frauen und zehn Männer als Bundesminister an. CDU und CSU stellen als Fraktionsgemeinschaft sechs Minister sowie den Chef des Bundeskanzleramtes. Die SPD ist für acht Ressorts verantwortlich, darunter das Auswärtige Amt, an dessen Spitze Bundesaußenminister Dr. Frank-Walter Steinmeier steht. Die Bundesregierung hat sich für die 16. Legislaturperiode zum Ziel gesetzt, den Staatshaushalt zu sanieren. Mit einem 25-Milliarden-Euro-Zukunftsfonds soll die Wirtschaft gezielt angekurbelt werden. Investiert werden soll vor allem in die Verkehrsinfrastruktur, in Forschung und Technologie und in die Familienförderung. Ein weiteres Kernthema der Großen Koalition ist der Abbau der Arbeitslosigkeit. Auf der politischen Agenda stehen außerdem die Reform des Föderalismus, eine Steuerreform sowie die Reform der Sozialen Sicherungssysteme.

auf ein eigenes Auftreten und überlässt das Feld der mit ihr eng verbundenen Christlich-Sozialen Union (CSU). Im Bundestag haben sich die Abgeordneten beider Parteien dauerhaft zu einer **Fraktionsgemeinschaft** zusammengeschlossen.

Die Sozialdemokratische Partei Deutschlands (SPD) ist die zweite große Kraft im deutschen Parteiensystem. Sie gehört zur europäischen Parteienfamilie der Sozialdemokraten und demokratischen Sozialisten. CDU/CSU und SPD gelten als Volksparteien, das heißt, sie haben in der Vergangenheit mit Erfolg einen breiten Querschnitt der **Wählerschaft** umworben. Beide stehen grundsätzlich positiv zum Sozialstaat mit seinen Einkommensgarantien für Alte, Kranke, Behinderte und Erwerbslose. CDU/CSU integrieren eher die Schichten der Selbstständigen, Gewerbetreibenden und Unternehmer, die SPD steht den Gewerkschaften nahe.

Die Freie Demokratische Partei (FDP) gehört zur Familie der liberalen europäischen Parteien. Ihr politisches Credo ist das geringstmögliche Eingreifen des Staates in den Markt. Die FDP ist keine Volkspartei. Sie genießt Rückhalt vor allem in den höheren Einkommens- und Bildungsschichten.

Die auf das Gründungsjahr 1980 zurückgehende Partei Bündnis 90/Die Grünen, kurz als „Grüne" bezeichnet, war die erste dauerhaft erfolgreiche Neugründung nach 1949. Die Grünen gehören zur europäischen Parteienfamilie der grünen und ökologischen Parteien. Ihr programmatisches Merkmal ist die Kombination der Marktwirtschaft mit den vom Staat zu überwachenden Geboten des Natur- und Umweltschutzes. Auch sie vertreten eher gut verdienende und überdurchschnittlich gebildete Wählerinnen und Wähler.

Mit der Wiedervereinigung betrat die Partei des Demokratischen Sozialismus (PDS) die politische Bühne der Bundesrepublik Deutschland. Sie ist 1989 aus der sozialistischen Staatspartei der früheren Deutschen Demokratischen Republik, der SED, hervorgegangen. Die PDS hat sich zu einer demokratischen Partei gewandelt. Politisch erfolgreich war sie zunächst ausschließlich in den fünf östlichen Ländern der Bundesrepublik, dem ehemaligen Staatgebiet der DDR. Zur Bundestagswahl 2005 kandidierten Mitglieder

Fraktionsgemeinschaft
Mindestens fünf Prozent der Mitglieder des Bundestags, die derselben Partei oder solchen Parteien angehören, die aufgrund gleichgerichteter politischer Ziele in keinem Bundesland miteinander im Wettbewerb stehen, können eine Fraktion bilden. Nach der Fraktionsstärke bemisst sich auch ihr Anteil an der Zusammensetzung der Ausschüsse und des Ältestenrates.

Wählerschaft
Knapp 62 Millionen Deutsche über 18 Jahre sind aufgerufen, an der Wahl zum Bundestag teilzunehmen. Dabei stellen die mehr als 32 Millionen Frauen die Mehrheit. Bei der Bundestagswahl 2005 waren 2,6 Millionen Erstwähler wahlberechtigt.

Das politische System

Die Bundesrepublik Deutschland ist
ein demokratischer, föderaler und
sozialer Rechtsstaat. Diese
Prinzipien bilden zusammen
mit den Grundrechten den
unantastbaren Kern der Verfassung, über dessen Einhaltung das Bundesverfassungsgericht wacht

ernennt

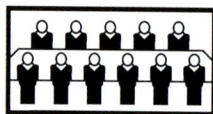

Bundesregierung
Die Exekutive besteht aus
dem Bundeskanzler und den Bundes-
ministern. Jeder Minister leitet
sein Ressort eigenverantwortlich im
Rahmen der Richtlinien

schlägt Minister vor

Bundeskanzler
Er bildet das Kabinett
und leitet die Regierung.
Er erlässt die Richtlinien der
Politik und trägt die
Regierungsverantwortung

Die deutschen Bundeskanzler

Der Plenarsaal des
Deutschen Bundestags

wählt

wählt

stellt

Bundestag
Das Parlament ist auf vier Jahre
gewählt und setzt sich aus 598
Abgeordneten zusammen. Je nach
Wahlergebnis kommen „Überhang-
mandate" hinzu. Zentrale Aufgaben
sind die Gesetzgebung und die
Kontrolle der Regierung

¹ **Konrad Adenauer (CDU)**
  1949-1963
² **Ludwig Erhard (CDU)**
  1963-1966
³ **Kurt Georg Kiesinger (CDU)**
  1966-1969
⁴ **Willy Brandt (SPD)**
  1969-1974
⁵ **Helmut Schmidt (SPD)**
  1974-1982
⁶ **Helmut Kohl (CDU)**
  1982-1998
⁷ **Gerhard Schröder (SPD)**
  1998-2005
⁸ **Angela Merkel (CDU)**
  seit 2005

Wahlberechtigte Bevölkerung
Wahlberechtigt sind alle
Staatsbürger über 18 Jahre. Sie
wählen die Abgeordneten in
allgemeiner, unmittelbarer, freier,
gleicher und geheimer Wahl

wählt

Schloss Bellevue, Amtssitz des Bundespräsidenten

Bundespräsident
Er ist das Staatsoberhaupt der Bundesrepublik Deutschland. Der Bundespräsident hat in erster Linie repräsentative Aufgaben und vertritt die Bundesrepublik nach innen und außen

Bundesverfassungsgericht
Das oberste Gericht besteht aus 16 Richterinnen und Richtern. Sie werden zur Hälfte von Bundestag und Bundesrat gewählt. Eine Wiederwahl ist ausgeschlossen

Die deutschen Bundespräsidenten

wählt auf 5 Jahre

wählt

Bundesversammlung
Sie wählt den Bundespräsidenten und besteht aus den Mitgliedern des Bundestages und gleich vielen Mitgliedern, die von den Parlamenten der Länder gewählt werden

Bundesrat
Die 69 von den Landesregierungen entsandten Mitglieder sind an der Gesetzgebung beteiligt. Sie vertreten die Länderinteressen beim Bund

stellen

stellen

Landesparlamente
Die Abgeordneten werden direkt gewählt, sie erlassen Gesetze und kontrollieren die Regierungen

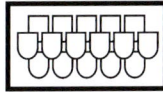

Landesregierungen
Die Regierungen der Bundesländer bestehen aus den Ministerpräsidenten und den Landesministern. Regierungsbildung und Kompetenzen sind unterschiedlich geregelt

wählt

- **1** **Theodor Heuss (FDP)** 1949-1959
- **2** **Heinrich Lübke (CDU)** 1959-1969
- **3** **Gustav Heinemann (SPD)** 1969-1974
- **4** **Walter Scheel (FDP)** 1974-1979
- **5** **Karl Carstens (CDU)** 1979-1984
- **6** **Richard v. Weizsäcker (CDU)** 1984-1994
- **7** **Roman Herzog (CDU)** 1994-1999
- **8** **Johannes Rau (SPD)** 1999-2004
- **9** **Horst Köhler (CDU)** seit 2004

der neu gegründeten und bislang erst bei einer Landtagswahl angetretenen Partei Wahlalternative Arbeit & Soziale Gerechtigkeit (WASG) auf der Liste der PDS, die sich in Die Linkspartei.PDS unbenannte. Geplant ist die Gründung einer gemeinsamen Partei.

Das Wahlsystem

Das deutsche **Wahlsystem** macht es für eine einzelne Partei sehr schwierig, allein die Regierung zu bilden. Diese Möglichkeit ergab sich in 56 Jahren erst einmal. Das Parteienbündnis ist der Regelfall. Damit die Wähler wissen, mit welchem Partner die von ihnen gewählte Partei zu regieren gedenkt, beschließen die Parteien Koalitionsaussagen, bevor sie in den Wahlkampf ziehen. Mit der Wahl einer Partei drückt der Bürger also zum einen die Präferenz für ein Parteienbündnis aus, zum anderen bestimmt er damit das Kräfteverhältnis der erwünschten künftigen Regierungspartner.

Der Bundestag

Der Bundestag ist die gewählte Vertretung des deutschen Volkes. In technischer Hinsicht wird die Hälfte der 598 Bundestagsmandate durch die Wahl von Landeslisten der Parteien (Zweitstimmen) zugeteilt und die andere Hälfte durch die Wahl von Personen in 299 Wahlkreisen (Erststimmen). Diese Aufteilung ändert nichts an der Schlüsselstellung der Parteien im Wahlsystem. Nur jene Wahlkreiskandidaten haben Aussichten auf Erfolg, die einer Partei angehören. Die Parteizugehörigkeit der Bundestagsabgeordneten soll die Verteilung der Wählerstimmen widerspiegeln. Um die Mehrheitsbilder aber nicht durch die Präsenz kleiner und kleinster Parteien zu komplizieren, schließt sie eine **Sperrklausel,** die so genannte Fünf-Prozent-Hürde, von der Vertretung im Bundestag aus.

Der Bundestag ist das deutsche Parlament. Seine Abgeordneten organisieren sich in Fraktionen und wählen aus ihrer Mitte einen Präsidenten. Der Bundestag hat die

Versammlungsort der Volksvertretung: Der Plenarsaal des Deutschen Bundestags

Aufgabe, den Bundeskanzler zu wählen und ihn dann durch Zustimmung zu seiner Politik im Amt zu halten. Der Bundestag kann den Kanzler ablösen, indem er ihm das Vertrauen verweigert. Darin gleicht er anderen Parlamenten. Es macht auch keinen großen Unterschied, dass in Deutschland der Kanzler gewählt, in Großbritannien oder anderen parlamentarischen Demokratien aber vom Staatsoberhaupt ernannt wird. In anderen parlamentarischen Demokratien wird stets ein Parteiführer zum Regierungschef ernannt, der sich auf eine Parlamentsmehrheit stützen kann.

Die zweite große Aufgabe der **Abgeordneten** im Bundestag ist die Gesetzgebung. Seit 1949 sind im Parlament rund 8400 Gesetzesvorlagen eingebracht und mehr als 6000 Gesetze verkündet worden. Überwiegend handelt es sich dabei um Gesetzesänderungen. Die meisten Entwürfe stammen von der Bundesregierung. Ein kleinerer Teil wird aus dem Parlament oder vom Bundesrat eingebracht. Auch hier gleicht der Bundestag den Parlamenten anderer parlamentarischer Demokratien darin, dass er hauptsächlich Gesetze verabschiedet, die von der Bundesregierung vorgeschlagen werden. Der Bundestag verkörpert allerdings weniger den Typ des Debattierparlaments, wie es die britische Parlamentskultur kennzeichnet. Er entspricht eher dem Typ des Arbeitsparlaments.

Abgeordnete

Die Abgeordneten des Deutschen Bundestags werden in allgemeiner, unmittelbarer, freier, gleicher und geheimer Wahl gewählt. Sie sind Vertreter des ganzen Volkes, an Aufträge und Weisungen nicht gebunden. Ein Ausschluss oder Austritt aus einer Partei hat daher keine Auswirkungen auf das Mandat. In der Praxis spielt aber die Parteizugehörigkeit die entscheidende Rolle, denn die Abgeordneten einer gleichen Partei schließen sich, sofern sie eine Mindestzahl an Sitzen errungen haben, zu Fraktionen zusammen und prägen dadurch das parlamentarische Geschehen.

Der 16. Deutsche Bundestag

Am 18. September 2005 wurde der 16. Deutsche Bundestag gewählt. Vorausgegangen war der Wahl die Auflösung des Bundestages nach einer gescheiterten Vertrauensfrage des Bundeskanzlers. In seiner neuen Zusammensetzung gehören dem Parlament fünf Fraktionen an. SPD und die Unionsparteien CDU/CSU stellen die Regierung in einer Großen Koalition. Bundestagspräsident – und damit zweithöchster Repräsentant des Staates – ist der CDU-Abgeordnete Norbert Lammert. 32 Prozent der Abgeordneten sind Frauen.

Fachausschüsse
Die Ausschüsse des Bundestages sind Organe des ganzen Parlaments. In der 16. Legislaturperiode hat das Parlament 22 ständige Ausschüsse eingesetzt. Von der Verfassung vorgeschrieben sind die Einsetzung des Auswärtigen Ausschusses, des EU-Ausschusses, des Verteidigungs- und des Petitionsausschusses. Ihre Aufgabe ist es, die Verhandlungen des Bundestages vorzubereiten. Im Beisein der Regierungs- und der Bundesratsvertreter werden Gesetzentwürfe untersucht und die Gegensätze zwischen Regierung und Opposition, soweit möglich, ausgeglichen.

Das Staatsoberhaupt: Bundespräsident Horst Köhler vertritt Deutschland auch nach außen, wie hier während einer Afrikareise

Die **Fachausschüsse** des Bundestages beraten sehr intensiv und sachkundig über die dem Parlament vorgelegten Gesetzentwürfe. Darin ähnelt die Tätigkeit des Bundestages ein Stück weit dem Zuschnitt des US-amerikanischen Kongresses, der den Prototyp des Arbeitsparlaments bildet.

Die dritte große Aufgabe des Bundestages ist die Kontrolle der Regierungsarbeit. Die in der Öffentlichkeit sichtbare parlamentarische Kontrolle übt die parlamentarische Opposition aus. Der weniger sichtbare, dafür aber nicht weniger wirksame Teil der Kontrollfunktion wird von den Abgeordneten der Regierungsparteien übernommen, die hinter den verschlossenen Türen der Sitzungsräume kritische Fragen an ihre Regierungsvertreter richten.

Der Bundespräsident

Der Bundespräsident repräsentiert die Bundesrepublik Deutschland als Staatsoberhaupt. Er vertritt das Land nach außen und ernennt die Regierungsmitglieder, die Richter und die hohen Beamten. Mit seiner Unterschrift setzt er die Gesetze in Kraft. Er entlässt die Regierung und darf, wie im Sommer 2005 geschehen, das Parlament in Ausnahmefällen vorzeitig auflösen. Ein Vetorecht, wie es der US-amerikanische Präsident oder andere Staatspräsidenten gegen Gesetzesbeschlüsse der parlamentarischen Körperschaften besitzen, gesteht das Grundgesetz dem Bundespräsidenten nicht zu. Der Bundespräsident bestätigt zwar die parlamentarischen Beschlüsse und die Personalvorschläge der Regierung. Aber er prüft nur ihr korrektes Zustandekommen nach den Vorschriften des Grundgesetzes.

Der Bundespräsident übt sein Amt über eine Periode von fünf Jahren aus; er kann für eine weitere Periode wiedergewählt werden. Er wird von der Bundesversammlung gewählt. Diese besteht zum einen aus den Mitgliedern des Bundestages und zum anderen aus einer gleichen Anzahl von Mitgliedern, die von den Parlamenten der 16 Länder gewählt werden.

Der Bundeskanzler und die Regierung

Der Bundeskanzler ist das einzige gewählte Mitglied der **Bundesregierung**. Die Verfassung räumt ihm das Recht ein, selbst die Minister als die Leiter der wichtigsten politischen Behörden auszuwählen. Der Kanzler bestimmt ferner die Anzahl der Ministerien und er legt deren Zuständigkeiten fest. Er besitzt die Richtlinienkompetenz. Sie umschreibt das Recht des Kanzlers, verbindlich die Schwerpunkte der Regierungstätigkeit vorzuschreiben. Mit diesen Befugnissen besitzt der Bundeskanzler ein Arsenal von Führungsinstrumenten, das dem Vergleich mit der Regierungsmacht der Präsidenten in präsidialen Demokratien standhält.

Dem Parlamentarischen Rat, der 1949 das Grundgesetz beschloss, stand als Vorbild für den Bundeskanzler das Bild des britischen Premierministers vor Augen. Dieser verfügt über exakt die gleichen Machtmittel wie der Kanzler, doch tatsächlich fällt dessen Macht weit hinter die des britischen Premiers zurück. Im parlamentarischen System Großbritanniens regiert immer nur eine Partei, denn das britische Mehrheitswahlsystem begünstigt die stärkste Partei. Im Bundestag besitzt im Regelfall keine Partei die Mehrheit. Für die Kanzlerwahl ist deshalb üblicherweise eine **Koalition**, das heißt ein Bündnis verschiedener Parteien, erforderlich.

Bundesregierung
Bundeskanzler und Bundesminister bilden die Bundesregierung, das Kabinett. Neben der Richtlinienkompetenz des Kanzlers gilt das Ressortprinzip, nach dem die Minister ihren Bereich im Rahmen dieser Richtlinien eigenständig leiten, sowie das Kollegialprinzip, nach dem die Bundesregierung mit Mehrheitsbeschluss über Streitfragen entscheidet. Die Geschäfte leitet der Kanzler.

Koalitionen
Seit der ersten Bundestagswahl 1949 gab es in Deutschland 21 Koalitionsregierungen. Dauerhafte Bündnisse waren beispielsweise die sozialliberale Koalition aus SPD und FDP von 1969 bis 1982, die Koalition von CDU/CSU und FDP von 1982 bis 1998 und das rot-grüne Bündnis von SPD und Bündnis 90/Die Grünen von 1998 bis 2005. Zurzeit regiert in Deutschland eine Große Koalition aus CDU/CSU und SPD.

Bundeskanzler
Der Bundeskanzler wird vom Bundestag auf Vorschlag des Bundespräsidenten gewählt. Er schlägt dem Bundespräsidenten die Ernennung und Entlassung der Ministerinnen und Minister vor. Der Bundeskanzler leitet die Bundesregierung nach einer vom Bundespräsidenten genehmigten Geschäftsordnung. Er trägt die Regierungsverantwortung gegenüber dem Bundestag und besitzt im Verteidigungsfall die Befehls- und Kommandogewalt über die Streitkräfte.

Eines der meistbesuchten Gebäude in Deutschland: Der Reichstag, Sitz des Deutschen Bundestags

Der Kanzlerwahl gehen ausführliche Beratungen zwischen den Parteien voraus, die gemeinsam regieren wollen. Hier geht es dann im Einzelnen darum, wie die Ministerien zwischen den Parteien aufgeteilt werden, welche Ministerien beibehalten und welche neu geschaffen werden sollen. Der stärkeren Partei im Regierungsbündnis wird das Recht zugebilligt, den **Bundeskanzler** zu stellen. Des Weiteren verständigen sich die Parteien auf die Vorhaben, die sie in den nächsten Jahren in Angriff nehmen wollen. Die Ergebnisse dieser Koalitionsverhandlungen werden in einem Koalitionsvertrag niedergelegt. Erst nach diesen Schritten wird der Bundeskanzler gewählt. Verhandlungen zwischen den Regierungsparteien bereiten die Entscheidungen der Bundesregierung vor und begleiten sie. Wenn sich der Vorrat an politischen Gemeinsamkeiten noch vor der Wahl eines neuen Bundestages erschöpft, wird die Ablösung des Bundeskanzlers aktuell. Mit der Ablösung des amtierenden Kanzlers durch ein – konstruktives – Misstrauensvotum muss gleichzeitig ein neuer Kanzler gewählt werden. Diese offensive Aufkündigung des parlamentarischen Vertrauens zwingt die im Bundestag vertretenen Parteien, eine neue, arbeitsfähige Regierungsmehrheit zu bilden, bevor sie den Kanzler stürzt. Ein Kanzlersturz ist erst zweimal versucht worden, nur einmal, 1982, gelang er: Dem damaligen Kanzler Helmut Schmidt (SPD) wurde das Misstrauen ausgesprochen und Helmut Kohl (CDU) gewählt.

Der Bundeskanzler kann aber auch im Bundestag jederzeit die Vertrauensfrage stellen, um zu prüfen, ob er noch den uneingeschränkten Rückhalt der Regierungsparteien genießt. Verliert der Kanzler diese Vertrauensabstimmung, wenden sich also Teile der Regierungsmehrheit vom Kanzler ab, dann liegt die Entscheidung, ob der Bundestag aufgelöst wird und damit Neuwahlen stattfinden sollen, beim Bundespräsidenten. Der Bundespräsident kann die im Bundestag vertretenen Parteien auch auffordern, die Bildung einer neuen Regierung zu versuchen.

Eine wirkliche Niederlage bei einer Vertrauensabstimmung hat es in der Geschichte der Bundesrepublik nicht gegeben. Dreimal gab es jedoch verabredete Niederlagen: Die Abgeordneten der Regierungsparteien oder die Minister enthielten sich der Stimme, um die Regierung zu Fall zu bringen (1972, 1982, 2005). Dieser Weg wurde beschritten, um die nach der Verfassung sonst nicht mögliche vorzeitige Neuwahl des Bundestages zu veranlassen. Er lässt sich nur mit Zustimmung des Bundespräsidenten beschreiten und ist nicht unumstritten. Bereits 1983 hat das Verfassungsgericht betont, dass es sich um ein bedenkliches, von der Verfassung nicht gewolltes Verfahren handle. 2005 wurde das oberste Gericht ebenfalls angerufen, doch auch hier wiesen die Verfassungsrichter die Klage zweier Abgeordneter zurück.

Das Grundgesetz als Kunstwerk: Installation von Dani Karavan nahe dem Reichstagsgebäude

Der Bundesstaat

Der deutsche Bundesstaat ist ein komplexes Gebilde. Er besteht aus der zentralstaatlichen Ebene des Bundes und 16 Ländern. Das Grundgesetz legt in einer detaillierten Zuständigkeitsordnung fest, welche Angelegenheiten vom Bund und welche von den Ländern wahrgenommen werden. Insofern ähnelt das bundesstaatliche System Deutschlands dem anderer Bundesstaaten. Das öffentliche Leben Deutschlands fußt maßgeblich auf den Bundesgesetzen. Die Bürgerinnen und Bürger hingegen haben es – nach dem **Subsidiaritätsprinzip** – fast ausschließlich mit Landesbehörden oder mit kommunalen Verwaltungen zu tun, die im Auftrag der Länder handeln. Der Grund dafür liegt im Bemühen des Grundgesetzes, die Vorteile des Einheitsstaates mit denen des Bundesstaates zu kombinieren. Die Bürger anderer Staaten begegnen in ihrem Alltag weit häufiger Vertretern der Bundesbehörden.

Das Grundgesetz verlangt die Vergleichbarkeit der Lebensverhältnisse in ganz Deutschland. Diese Lebensverhältnisse werden wesentlich von der Wirtschafts- und Sozialpolitik bestimmt. Deshalb regeln diesen Bereich hauptsächlich Bundesgesetze. Insoweit ähnelt der deutsche Bundesstaat einem Einheitsstaat. Dennoch kontrollieren die Länder

Subsidiaritätsprinzip
Die Subsidiarität gehört zu den Kerngedanken des Föderalismus. Danach haben Verantwortung und Entscheidungen bei der kleinsten sozialen Gemeinschaft zu liegen, die zur Problembewältigung in der Lage ist – zunächst beim Individuum, dann bei der Familie, den Vereinigungen, den Kommunen, Ländern und dem Gesamtstaat bis hin zur Europäischen Union und den Vereinten Nationen.

Mitwirkung bei der Gesetzgebung: Plenarsitzung des Bundesrats

den Großteil der gesamtstaatlichen Verwaltungskapazität. In der deutschen Verwaltung herrschen also föderalistische Elemente vor. Die Länderverwaltungen führen zum einen, wie es für einen Bundesstaat typisch ist, die jeweiligen Landesgesetze aus. Sie exekutieren darüber hinaus – in durchaus untypischer Weise für bundesstaatliche Systeme – noch die meisten Bundesgesetze. Die Charakterisierung des deutschen Bundesstaates bedient sich deshalb solcher Formulierungen wie „unitarischer" oder „verkappter" Bundesstaat.

Drei gesamtstaatliche Aufgaben erfüllen die Länder ganz in eigener Regie: die Angelegenheiten der Schulen – weitgehend auch die der Hochschulen –, die innere Sicherheit, darunter die Aufgaben der Polizei, sowie die Ausgestaltung der **kommunalen Selbstverwaltung**. Die Länder finden in den weit gefassten Mitwirkungsrechten des Bundesrates einen Ausgleich für den Vorrang des Bundes in der Gesetzgebung.

Der Bundesrat

Der Bundesrat ist die Vertretung der Länder, eine Art Zweite Kammer neben dem Bundestag. Er muss jedes Bundesgesetz beraten. Als Länderkammer hat der Bundesrat die gleiche Funktion wie die Zweiten Kammern in anderen Bundesstaaten, die meist als Senat bezeichnet werden. Dem Bundesrat

Sitzverteilung im Bundesrat

Baden-Württemberg
Bayern — 6
Berlin — 6
Brandenburg — 4
Bremen — 3
Hamburg — 3
Hessen
Mecklenburg-Vorpommern

Anzahl der Stimmen je Bundesland

5 3 6

Thüringen
Schleswig-Holstein — 4
Sachsen-Anhalt — 4
Sachsen — 4
Saarland — 3
Rheinland-Pfalz — 4
Nordrhein-Westfalen — 6
Niedersachsen

Der Bundesrat ist eines der fünf ständigen Verfassungsorgane der Bundesrepublik Deutschland. Er ist an der Gesetzgebung beteiligt und entscheidet so mit über die Politik des Bundes und die Angelegenheiten der Europäischen Union. Seine 69 Mitglieder werden von den 16 Landesregierungen entsandt. Dabei haben die Länder ein abgestuftes Stimmgewicht, das sich an der Einwohnerzahl orientiert. Jedes Land kann seine Stimmen nur einheitlich abgeben. Als Präsident des Bundesrats amtiert für jeweils ein Jahr der Ministerpräsident eines Landes; die Reihenfolge wird durch die Einwohnerzahl der Länder bestimmt.

gehören ausschließlich Vertreter der Landesregierungen an. Das Stimmengewicht der Länder trägt in sehr moderater Form der Bevölkerungsstärke Rechnung: Jedes Land hat mindestens drei, die einwohnerstärkeren Länder bis zu sechs Stimmen. Das kleinste Land Bremen zählt 660 000, das größte Land Nordrhein-Westfalen über 18 Millionen Einwohner.

Der Bundesrat wirkt am Zustandekommen der Bundesgesetze mit. Dabei unterscheidet er sich von den Zweiten Kammern anderer Bundesstaaten. Das Grundgesetz sieht zwei Arten von Mitwirkung vor. Bundesgesetze, die den Ländern zusätzliche Verwaltungskosten verursachen oder die an die Stelle bisheriger Landesgesetze treten, unterliegen der Zustimmungspflicht des Bundesrates: Der Bundesrat muss einem Gesetzesbeschluss des Bundestages zustimmen, damit dieser wirksam werden kann. Hier hat der Bundesrat den Status einer mit dem Bundestag gleichberechtigten gesetzgebenden Körperschaft. Gegenwärtig sind mehr als 50 Prozent aller Gesetzesbeschlüsse zustimmungspflichtig.

Bindeglied zwischen Bund und Ländern: Der Bundesrat im ehemaligen Preußischen Herrenhaus im Zentrum von Berlin

Gerichtsbarkeit

Die Bundesrepublik Deutschland ist ein Rechtsstaat, der Rechtssicherheit, den Schutz der Freiheitsrechte und Rechtsgleichheit gewährleistet. Dazu trägt ganz wesentlich das Grundgesetz bei, denn die Rechtsstaatsprinzipien haben Verfassungsrang. Über die Einhaltung dieser Rechte wacht das oberste Gericht, das Bundesverfassungsgericht.

Die Rechtspflege in Deutschland ist in fünf Zweigen organisiert: die ordentliche, die Arbeits-, die Verwaltungs-, die Sozial- sowie die Finanzgerichtsbarkeit. Im Normalfall gibt es drei Instanzen zur Überprüfung gerichtlicher Entscheidungen. Prozessbeteiligte können das Urteil eines Gerichts anfechten. Dann wird über den Rechtsstreit noch einmal in einer „höheren Instanz" verhandelt und entschieden. Erst die letzte Instanz stellt unanfechtbar fest, was in dem jeweiligen Fall Recht ist, und beendet damit den Prozess.

Die Rechtsprechung ist etwa 21 000 unabhängigen und nur dem Gesetz unterworfenen Berufsrichtern anvertraut, die in der Regel auf Lebenszeit bestellt sind. Sie dürfen grundsätzlich nicht ihres Amtes enthoben werden. Daneben gibt es in Deutschland etwa 5000 Staatsanwälte und mehr als 100 000 Rechtsanwälte.

Nach politischer Stabilität und Rechtssicherheit befragt, geben ausländische Investoren Deutschland den zweiten Platz hinter Großbritannien. Diese Rechtssicherheit zieht ausländische Firmen an und begünstigt Investitionen und unternehmerisches Handeln in Deutschland.

Weil die Bundesgesetze grundsätzlich von den Länderverwaltungen ausgeführt werden, bringen die wichtigsten und kostenintensiven Gesetze die Verwaltungshoheit der Länder ins Spiel. Von diesen Zustimmungsgesetzen sind die „Einspruchsgesetze" zu unterscheiden. Diese kann der Bundesrat zwar ablehnen. Der Bundestag kann den Einspruch aber mit der gleichen Mehrheit wie im Bundesrat – einfache, absolute oder Zweidrittel-Mehrheit – zurückweisen.

Bedenkt man, dass die Tätigkeit des Bundesrates auf den Schultern der 16 Landesregierungen ruht, so wird deutlich, dass die Landesregierungen bedeutende bundespolitische Akteure sind. Diesem Umstand verdanken die Ministerpräsidenten als Regierungschefs der Länder ihre weit über die eigenen Länder hinaus reichende Sichtbarkeit. Mit einer **Föderalismusreform** sollen in den kommenden Jahren die Zuständigkeiten von Bund und Ländern neu geordnet werden. Im Zuge der Verhandlungen über eine große Koalition einigten sich die Parteien auf eine Neuordnung des Bund-Länder-Verhältnisses.

Bundesverfassungsgericht
Es hat seinen Sitz in Karlsruhe und besteht aus zwei Senaten mit je acht Richtern, die je zur Hälfte vom Bundestag und vom Bundesrat gewählt werden. Die Amtszeit beträgt zwölf Jahre. Eine Wiederwahl ist nicht möglich.

Das Bundesverfassungsgericht

Das **Bundesverfassungsgericht** ist eine charakteristische Institution der deutschen Nachkriegsdemokratie. Es wurde vom Grundgesetz mit dem Recht ausgestattet, demokratisch korrekt zustande gekommene Gesetzesbeschlüsse außer Kraft zu setzen, wenn es zu der Feststellung gelangt, dass sie

Das Thema im Internet

www.bundespraesident.de
Die Website informiert über Person und Amt des Bundespräsidenten und veröffentlicht Reden und Interviews (Deutsch, Englisch, Französisch, Spanisch)

www.bundestag.de
Das Internetangebot des Deutschen Bundestags informiert über die Fraktionen, die Abgeordneten und bietet

Zugang zu Internet-Übertragungen der Plenardebatten (Deutsch, Englisch, Französisch)

www.bundesrat.de
Tagesordnungen und Parlamentsdrucksachen finden sich auf der Homepage ebenso wie umfangreiche Informationen zur Arbeit des Bundesrats (Deutsch, Englisch, Französisch)

www.bundesverfassungsgericht.de
Neben den allgemeinen Informationen sind auf der Website des Bundesverfassungsgerichts sämtliche Urteile seit 1998 online abrufbar (Deutsch)

www.bundesregierung.de
Das Portal stellt Informationen zu den wichtigsten Politikthemen zur Verfügung (Deutsch, Englisch, Französisch)

gegen das Grundgesetz verstoßen. Das Verfassungsgericht kann nur dann tätig werden, wenn es mit einer Klage befasst wird. Der Kreis der Klageberechtigten umfasst die Bundesorgane Bundespräsident, Bundestag, Bundesrat, Bundesregierung oder deren Teile – Abgeordnete oder Fraktionen – sowie Landesregierungen. Das Verfassungsgericht wird im „Verfassungsstreit" zum Schutz der im Grundgesetz garantierten Gewaltenteilung und des Bundesstaates aktiv. Um auch einer parlamentarischen Minderheit die Anrufung des Verfassungsgerichts zu ermöglichen, genügt ein Drittel der Mitglieder des Bundestages, um Klage gegen eine Rechtsnorm zu erheben („abstrakte Normenkontrollklage").

Das Grundgesetz legitimiert auch den einzelnen Bürger zur „Verfassungsbeschwerde", wenn er sich durch das Handeln einer Behörde in seinen Grundrechten verletzt sieht. Schließlich ist jedes deutsche Gericht verpflichtet, mit einer „konkreten Normenkontrollklage" an das Verfassungsgericht heranzutreten, wenn es ein Gesetz für verfassungswidrig hält. Das Bundesverfassungsgericht hat das Monopol auf die Verfassungsauslegung für die gesamte Gerichtsbarkeit.

Deutschland und Europa

Deutschland teilt mit den meisten Mitgliedsstaaten der Europäischen Union (EU) grundlegende Eigenschaften des politischen Systems. Es besitzt das Regierungssystem der parlamentarischen Demokratie, das heißt, die Regierungspolitik wird vom Regierungschef und seinen Ministern, aber nicht vom Staatsoberhaupt bestimmt. Durch die hohen Standards des Grundgesetzes für Rechtsstaatlichkeit und Demokratie wird bisweilen auch das Bundesverfassungsgericht zu einem europapolitischen Akteur. Das Gericht hat mehrfach verdeutlicht, dass die europäische Rechtsordnung den Kriterien des Grundgesetzes genügen muss, bevor Deutschland politische Gestaltungsrechte an die EU abtritt. Die „Ewigkeitsgarantie" der tragenden Grundgesetzprinzipien gerät hier in ein gewisses Spannungsverhältnis zum Bekenntnis des Grundgesetzes zur europäischen Integration. ●

Föderalismusreform
Die Reform des Föderalismus soll einer Entflechtung der Zuständigkeiten von Bund und Ländern dienen. So soll die Zahl der Bundesgesetze, die der Zustimmung des Bundesrates bedürfen um mindestens ein Drittel reduziert werden. Statt wie derzeit rund 50 Prozent aller Bundesgesetze sollen dann nur noch etwa 40 Prozent zustimmungspflichtig sein. Im Gegenzug sollen die Länder mehr eigene Gestaltungsspielräume erhalten, vor allem in der Bildungspolitik. Der Bund wird künftig nur noch die Hochschulzulassung sowie die Abschlüsse regeln. Im Umweltrecht hingegen soll eine Bundeskompetenz mit Abweichungsmöglichkeiten der Länder begründet werden. Im Jahr 2006 soll zudem geprüft werden, wie die Finanzbeziehungen zwischen Bund und Länder neu geordnet werden können.

Jürgen Hartmann
Professor Dr. Jürgen Hartmann lehrt Politikwissenschaft an der Helmut-Schmidt-Universität der Bundeswehr Hamburg. Er ist Autor zahlreicher Lehrbücher und Einführungen in die verschiedenen Teilgebiete der Politikwissenschaft.

5

Außenpolitik

Im Zeitalter der Globalisierung ist die Außenpolitik mehr denn je Weltinnenpolitik. Staaten, Gesellschaften und Wirtschaftsräume vernetzen sich. Mit dem Ende des Ost-West-Konfliktes haben sich für die deutsche Außenpolitik neue Chancen eröffnet – in Europa, wie auch weltweit. Deutschland hat die gewachsene internationale Verantwortung, die dem Land mit den weltpolitischen Umbrüchen zugewachsen ist, angenommen und setzt sich – gemeinsam mit den europäischen und transatlantischen Partnern – engagiert für Demokratie, Menschenrechte und den Dialog der Kulturen ein. Vorrangiges Ziel der deutschen Außenpolitik ist der Erhalt von Frieden und Sicherheit in der Welt.

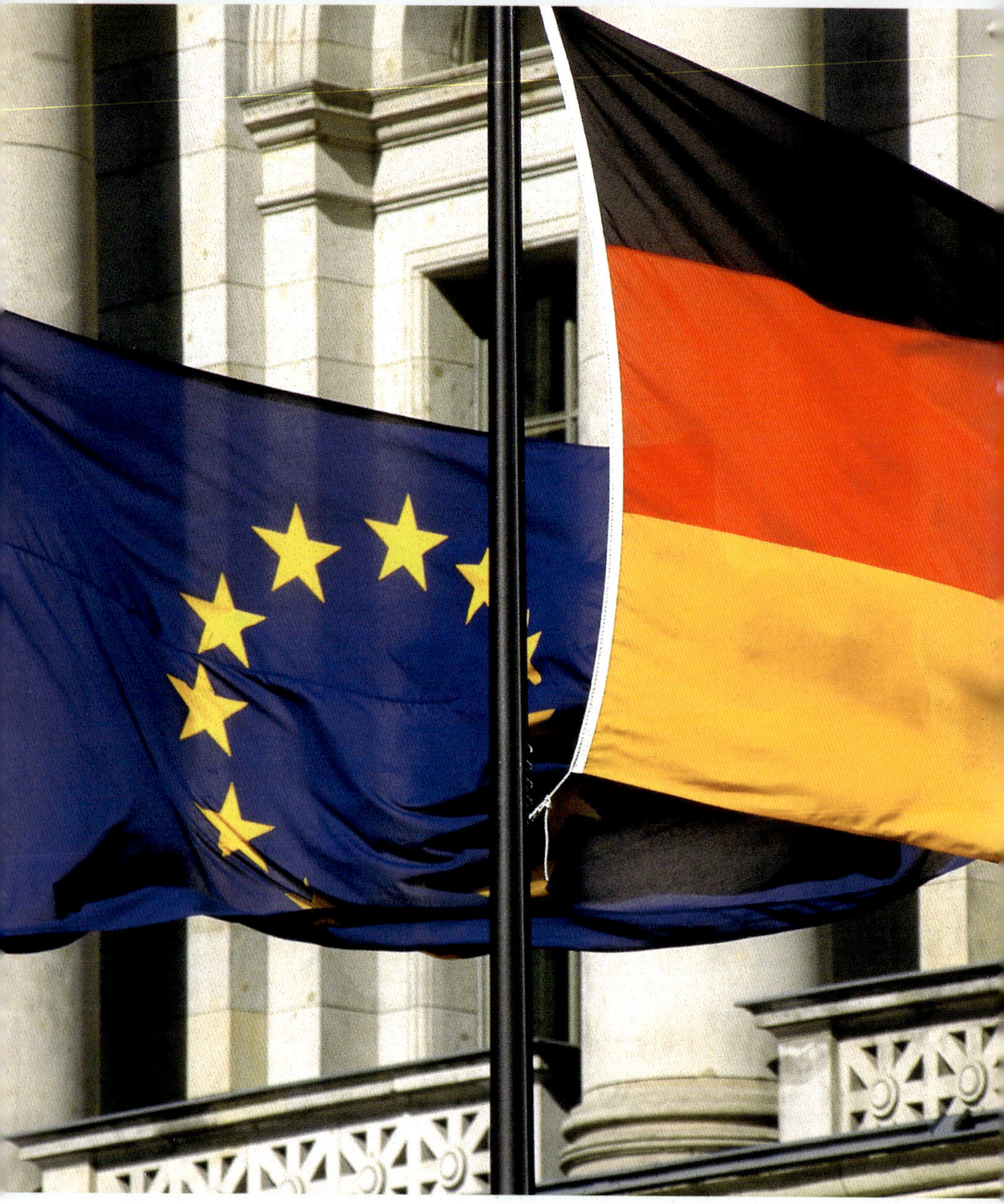

Deutschland – Partner in der Welt

Von Gregor Schöllgen

DAS 20. JAHRHUNDERT WAR ein Jahrhundert beispielloser Verwerfungen. Drei globale Konflikte – die beiden Weltkriege, der Kalte Krieg – und eine Serie revolutionärer Umbrüche haben im Leben der Staaten und Völker tiefe Spuren hinterlassen. Das gilt in besonderem Maße für Deutschland, schon weil das Land in der Mitte Europas entweder für die Entwicklungen, wie den Ausbruch der beiden Weltkriege, verantwortlich gewesen ist oder aber von den Ereignissen, wie dem Kalten Krieg und dem Beginn der Auflösung der bipolaren Weltordnung am Ende der achtziger Jahre, ungewöhnlich betroffen war. Die Deutschen sahen sich beim Zusammenbruch der alten Weltordnung mit einer grundlegend neuen innen- und außenpolitischen Situation konfrontiert. In diesem Falle profitierten sie von der politischen Dynamik, die in der Auflösung der Sowjetunion Ende 1991 ihren Abschluss fand. Denn die Entwicklung brachte ihnen nicht nur die Vereinigung ihrer beiden Teilstaaten, sondern mit dieser auch erstmals seit fast einem halben Jahrhundert wieder die volle Souveränität.

Für das vereinigte Deutschland begann damit eine Zeit außerordentlicher Herausforderungen. Zum einen musste die neue Lage im Innern gemeistert werden, zum anderen sahen sich die Deutschen zeitgleich mit einer neuen, ungewohnten Rolle in der **Außenpolitik** konfrontiert. Eben weil sie von der globalen Entwicklung besonders profitiert und mit der Wiedervereinigung ihr erklärtes Ziel erreicht hatten, waren die Erwartungen an das Land beträchtlich. Das galt für die jahrzehntelangen Verbündeten, es galt für die

Außenpolitik
Das vorrangige Ziel der deutschen Außenpolitik ist der Erhalt von Frieden und Sicherheit in der Welt. Der erweiterte Sicherheitsbegriff umfasst neben Fragen der Konfliktprävention, Verteidigung, Abrüstung und der Rüstungskontrolle auch menschenrechtliche, wirtschaftliche, ökologische und soziale Aspekte. Dazu gehören der Einsatz für Menschenrechte weltweit, eine Weltwirtschaft mit Chancen für alle, grenzüberschreitender Umweltschutz und ein offener Dialog zwischen den Kulturen. Die auswärtige Kultur- und Bildungspolitik ist ein integraler Bestandteil der deutschen Außenpolitik. Ihre praktische Umsetzung übernehmen größtenteils Mittlerorganisationen wie das Goethe-Institut, der Deutsche Akademische Austauschdienst, die Alexander von Humboldt-Stiftung, das Institut für Auslandsbeziehungen und die Deutsche UNESCO-Kommission (siehe Seite 152).

Kooperation in den Vereinten Nationen: Außenminister Frank-Walter Steinmeier mit UN-Generalsekretär Kofi Annan

Grundzüge der Außenpolitik

Die deutsche Außenpolitik steht im Zeichen von Kontinuität und Zuverlässigkeit. Sie ist geprägt von partnerschaftlicher Zusammenarbeit und vom Interessenausgleich. Die Orientierungsvorgaben deutscher Außenpolitik lassen sich mit den Axiomen „Never again" und „Never alone" umreißen. „Never again" steht vor dem Hintergrund der deutschen Geschichte für die Abkehr von autoritärer und expansionsorientierter Politik sowie für eine profunde Skepsis gegenüber militärischen Machtmitteln. „Never alone" bedeutet die feste Einbindung in die Gemeinschaft der westlichen Demokratien. Die Integration Deutschlands in ein immer enger zusammenwachsendes Europa und seine feste Verankerung im Nordatlantischen Verteidigungsbündnis sind die Eckpfeiler der außenpolitischen Orientierung. In den Organisationen der multilateralen Zusammenarbeit ist Deutschland vielfältig engagiert.

vormaligen Staaten des Ostblocks, und es galt nicht zuletzt für die Völker und Staaten der südlichen Halbkugel, die seit dem ausgehenden 20. Jahrhundert einen grundlegenden Transformationsprozess durchleben. Dass sich der Blick jener Völker und Staaten gerade auf Deutschland richtete, war ebenfalls kein Zufall, sondern eine Folge der weltpolitischen Oszillationen: Da das Deutsche Reich mit dem Ersten Weltkrieg seinen gesamten kolonialen Besitz verloren hatte, musste nach dem Zweiten Weltkrieg kein Volk Asiens, Afrikas oder des pazifischen Raums seine Unabhängigkeit von einem der beiden deutschen Staaten erkämpfen.

Grundzüge deutscher Außenpolitik

So kam es, dass sich das vereinigte Deutschland quasi über Nacht im Zentrum des weltpolitischen Geschehens wiederfand. Dass diese Neuorientierung gelang, lag an den **Grundzügen der deutschen Außenpolitik,** wie sie sich seit der Gründung der Bundesrepublik entwickelt und verfestigt hatten. Das Einpendeln auf den breiten außenpolitischen Konsens und auf bestimmte Kontinuitäten war und ist eines der hervorstechenden Merkmale der politischen Kultur. Dazu gehören seit den Tagen Konrad Adenauers, des ersten Bundeskanzlers, die **transatlantische Partnerschaft** und die europäische Integration, der Wunsch nach gutnachbarschaftlichen Beziehungen – allen voran mit Frankreich, um die sich die deutsche Außenpolitik schon seit Anfang der fünfziger Jahre bemühte – ebenso wie der schon früh begonnene schwierige Prozess der Aussöhnung mit Israel. Das klingt selbstverständlich, bedeutete aber vor dem Hintergrund der deutschen Politik und Kriegführung während der ersten Hälfte des 20. Jahrhunderts und angesichts der starren Konstellationen des Kalten Krieges eine beträchtliche Herausforderung. Seit den ausgehenden sechziger Jahren, insbesondere seit der Kanzlerschaft Willy Brandts (1969–1974), wurde diese Orientierung nach Westen von einer Politik des Ausgleichs mit Polen und den anderen Staaten Ost- und Mittelosteuropas ergänzt und stetig weiterentwickelt. Mit Russland wiederum verbindet Deutschland heute eine strategische Partnerschaft.

Das von sämtlichen Bundesregierungen ausgebaute Fundament deutscher Außenpolitik aber war und ist die umfassende Integration des Landes in die Strukturen der multilateralen Zusammenarbeit. Dafür sprach nach den Erfahrungen zweier Weltkriege der unbedingte Wille der Nachbarn, die Deutschen durch ihre Einbindung und Kontrolle vor Ausbrüchen und Alleingängen abzuhalten; dafür sprach aber auch das elementare Bedürfnis der Deutschen nach Frieden, Sicherheit, Wohlstand und Demokratie sowie die Erkenntnis, dass die Integration ihres Landes die Voraussetzung für seine Wiedervereinigung sei.

Die Geschichte gab ihnen Recht, und daher war es kein Zufall, dass sich gerade die Deutschen, als es nach dem Ende des Ost-West-Konflikts um Halt und Orientierung ging, auf jene internationalen Organisationen konzentrierten, die schon der „alten" Bundesrepublik Halt und Perspektive

Transatlantische Partnerschaft
Die transatlantische Partnerschaft ist die Grundlage deutscher und europäischer Sicherheit. Ein enges und vertrauensvolles Verhältnis zu den USA ist für die Sicherheit Deutschlands weiterhin von überragender Bedeutung. Die transatlantische Partnerschaft ist allerdings weit mehr als ein rein politisches und militärisches Bündnis. Die engen Beziehungen zu den USA sind historisch gewachsen, beruhen auf gemeinsamen kulturellen Wurzeln und sind der Ausdruck einer tief gehenden Werte- und Interessengemeinschaft.

ⓘ Internationale Friedenseinsätze

Deutschland engagiert sich an zahlreichen Orten der Welt, um zur Lösung internationaler Konflikte beizutragen und den Aufbau von Zivilgesellschaften zu fördern. Sowohl im multilateralen Rahmen als auch auf nationaler Ebene unternimmt Deutschland große Anstrengungen zur Verbesserung der Instrumente der Krisenprävention. Dazu gehören unter anderem Friedensmissionen der Vereinten Nationen, Projekte der Demokratisierungshilfe und die Ausbildung von zivilem Friedenspersonal. 2002 hat das Auswärtige Amt in Berlin das Zentrum für Internationale Friedenseinsätze (ZIF) gegründet, das gezielt zivile Helfer auf internationale Einsätze der VN, der OSZE oder der Europäischen Union vorbereitet. Bewaffnete Einsätze der Bundeswehr als Beitrag Deutschlands zur schnellen Krisen- und Konfliktreaktion finden nur gemeinsam mit Verbündeten und Partnern im Rahmen der NATO, der EU oder den VN statt. Im Jahr 2005, im 50. Jahr des Bestehens der Bundeswehr, befanden sich mehr als 6000 deutsche Soldatinnen und Soldaten in weltweit zehn Auslandseinsätzen. Das Spektrum reicht vom Kampf gegen den Terrorismus im Rahmen von „Enduring Freedom" am Horn von Afrika über friedenserhaltende Einsätze auf dem Balkan (KFOR, EUFOR) oder in Afghanistan (ISAF), den Einsatz der Bundeswehr im Sudan an der Beobachtermission UNMIS bis hin zu humanitären Hilfeleistungen. Seit dem ersten Einsatz deutscher Streitkräfte 1992 in Kambodscha haben sich 152 000 Soldatinnen und Soldaten der Bundeswehr für Frieden und Stabilität in Krisengebieten eingesetzt. **www.bundeswehr.de**

Das Krisenreaktionszentrum im Auswärtigen Amt organisiert Hilfe, informiert, koordiniert

Sicherheitsrat

Im Dezember 2004 ging die vierte Mitgliedschaft Deutschlands als nicht ständiges Mitglied im Sicherheitsrat der Vereinten Nationen seit dem Beitritt des Landes 1973 zu Ende. Um die Vereinten Nationen den neuen politischen Realitäten anzupassen, tritt Deutschland im Rahmen einer umfassenden Reform der Weltorganisation dafür ein, dass der Sicherheitsrat erweitert und seine Beratungen noch transparenter gestaltet werden.

gegeben hatten. Das galt für die Europäische Union (EU) ebenso wie für die Nordatlantische Allianz (NATO), für die Vereinten Nationen (VN) – als den zentralen Ort der Konfliktlösung – und für die Konferenz über Sicherheit und Zusammenarbeit in Europa (KSZE). Allerdings waren alle diese Zusammenschlüsse vom Ost-West-Konflikt geprägt, also eines inzwischen abgeschlossenen Zeitalters. Während die Organisationen der kommunistischen Welt 1991 aufgelöst und die KSZE in die Organisation für Sicherheit und Zusammenarbeit in Europa (OSZE) überführt wurde, sehen sich die westlichen Gemeinschaften und die Vereinten Nationen seit Ende des Kalten Krieges mit der Frage einer mehr oder weniger durchgreifenden Reform konfrontiert.

Außenpolitik im Zeichen der Globalisierung

Deutschland gehört zu den Befürwortern angemessener Reformen der internationalen Organisationen. Dafür gibt es gute Gründe: Einmal ist kein zweites vergleichbares Land politisch, wirtschaftlich und auch militärisch so umfassend in die multilaterale Zusammenarbeit eingebunden. Zum anderen trägt die deutsche Außenpolitik der enorm gestiegenen Verantwortung Rechnung, die Deutschland auf Bit-

✚ Engagement in internationalen Organisationen

Europäische Union

Deutschland gehörte 1957 zu den sechs Gründungsmitgliedern der heutigen EU. Deutschlands Beitrag zum EU-Haushalt von 101,9 Milliarden Euro beträgt 21,3 Milliarden Euro (2005). Günter Verheugen ist Vizepräsident der EU-Kommission und Kommissar für Industrie- und Unternehmenspolitik. Im ersten Halbjahr 2007 übernimmt Deutschland die EU-Ratspräsidentschaft. www.eu.int

Vereinte Nationen

Die Staatenverbindung wurde 1945 mit dem Ziel gegründet, den Weltfrieden zu schützen. Mit 191 Staaten gehören fast alle Staaten den VN an. Deutschland ist seit 1973 VN-Mitglied und nach den USA und Japan der drittgrößte Beitragszahler. Seit 1996 ist Deutschland einer der Sitzstaaten der Vereinten Nationen; in Bonn ist unter anderem das Klimasekretariat UNFCCC ansässig. www.un.org

NATO

Die Nordatlantische Allianz wurde 1949 gegründet. Mittlerweile gehören dem Verteidigungsbündnis 26 Staaten an, Deutschland ist seit 1955 NATO-Mitglied. Die Bundeswehr beteiligt sich seit März 1999 am NATO-geführten Einsatz im Kosovo mit 2560 stationierten Soldaten (Ende 2005). Sitz der NATO ist Brüssel, höchstes Gremium ist der NATO-Rat. www.nato.int

ten der Völkergemeinschaft heute international übernimmt: In diesem Kontext setzt sich Deutschland für eine umfassende Reform der VN-Strukturen ein, die auch das Anliegen eines Ständigen Sitzes im **Sicherheitsrat** einschließt.

Darüber hinaus ist die Herausbildung einer eigenen europäischen Sicherheitsidentität für die deutsche Außenpolitik ein wesentlicher Beitrag zur Stärkung und Stabilisierung des europäischen Pfeilers der NATO. Als im Dezember 2004 die NATO die Führung der fortan als EUFOR firmierenden Truppe in Bosnien-Herzegowina in die Verantwortung der **ESVP** (Europäische Sicherheits- und Verteidigungspolitik) übergab und sich die Europäer damit erstmals anschickten, einen Brandherd im Wesentlichen aus eigenen Mitteln und aus eigener Kraft selbst unter Kontrolle zu halten, war das eine Etappe im transatlantischen Wandlungsprozess.

Den neuen außenpolitischen Spielraum, den Deutschland aufgrund der Wiederherstellung der staatlichen Einheit 1990 erlangt hatte, nutzte die Bundesregierung erst nach der Jahrtausendwende – wenn es auch zunächst nicht danach aussah: Die deutsche Stellungnahme nach den Terroranschlägen des 11. September 2001 kam nicht nur umgehend, Kanzler Schröder ging auch so weit wie keiner seiner Vorgänger und versprach Amerika die

ESVP/GASP

Ein gemeinsames Vorgehen auf dem Gebiet der Außen- und Sicherheitspolitik soll es den EU-Mitgliedsstaaten ermöglichen, bei internationalen Krisen und Konflikten schneller zu reagieren, außenpolitisch mit einer Stimme zu sprechen und ihre internationalen Interessen wirkungsvoller durchzusetzen. Im Rahmen der Gemeinsamen Außen- und Sicherheitspolitik (GASP) entwickelt die EU eine Europäische Sicherheits- und Verteidigungspolitik (ESVP). Für humanitäre Aufgaben und Rettungseinsätze, friedenserhaltende Maßnahmen und Kampfeinsätze stellen die Mitgliedsstaaten eine „Schnelle Eingreiftruppe" von bis zu 60 000 Mann zur Verfügung.

OSCE **OSZE**

Mit 55 Teilnehmerstaaten ist die Organisation für Sicherheit und Zusammenarbeit in Europa (OSZE) ein umfassendes Forum für die gesamteuropäische Zusammenarbeit. OSZE-Missionen sind operativ vor allem bei der Prävention und Bewältigung von Konflikten aktiv; Deutschland beteiligt sich finanziell und personell in erheblichem Maße.
www.osce.org

WTO

WTO OMC

Die Welthandelsorganisation (WTO), gegründet 1995, dient der Durchführung der bestehenden Abkommen über den internationalen Handel und ist ein Forum für Verhandlungen zur Liberalisierung des Welthandels. Deutschland setzt sich im Rahmen der Welthandelsrunde nachdrücklich für eine bessere Eingliederung der Entwicklungsländer in den Welthandel ein. **www.wto.org**

IWF

Kernaufgabe des Internationalen Währungsfonds (IWF) in Washington, D. C., ist es, die makroökonomische Stabilität der 184 Mitgliedsstaaten zu fördern. Deutschland ist mit einem Kapitalanteil von 6,1 Prozent einer der wichtigen Anteilseigner des IWF und wirkt über einen deutschen Exekutivdirektor an den Entscheidungen des Gremiums mit.
www.imf.org

Die NATO – zentrales Forum der Sicherheit und Zusammenarbeit

ISAF
Anfänglich handelte es sich bei dem Einsatz der Internationalen Schutztruppe für Afghanistan grundsätzlich um einen Kampfeinsatz. Mit seinen Urteilen vom April 1993 und vom Juni 1994 hatte das Bundesverfassungsgericht in Karlsruhe den Weg auch für solche Einsätze der Bundeswehr freigemacht; seit Dezember 2004 regelt das Parlamentsbeteiligungsgesetz die Kompetenzen des Bundestages in diesen Fällen. Die ISAF unterstützt heute im Auftrag der VN die afghanische Regierung bei der Herstellung und Wahrung der inneren Sicherheit und der Auslieferung von Hilfsgütern.

Gregor Schöllgen
Der Historiker lehrt an der Universität Erlangen-Nürnberg Neuere und Neueste Geschichte und hatte unter anderem Gastprofessuren in Oxford, New York und an der London School of Economics inne.

„uneingeschränkte Solidarität" Deutschlands. Selbstverständlich trug die Bundesregierung auch die Entscheidung der NATO mit, die am 2. Oktober 2001 – erstmals in ihrer Geschichte – den Bündnisfall ausrief. Das darauf folgende deutsche Engagement am Hindukusch hatte mit der Bonner Afghanistan-Konferenz und ihren abschließenden Vereinbarungen über die rechtlichen und politischen Grundlagen für eine Übergangsregierung eine politische Komponente, und es hatte eine militärische. So beteiligt sich die Bundeswehr seit Januar 2002 in erheblichem Umfang an der **ISAF** (Internationale Schutztruppe für Afghanistan). Insgesamt waren in den verschiedenen Missionen der Staatengemeinschaft am Anfang des Jahrzehnts bis zu zehntausend Bundeswehrsoldaten im Einsatz – und das, obgleich der Umbau der Bundeswehr von der Territorialarmee zu einer flexibel einsetzbaren Streitkraft noch keineswegs abgeschlossen war. Diese Bereitschaft zur Übernahme umfassender Verantwortung war zugleich ein entscheidendes Argument, als es darum ging, die Nichtteilnahme am Irak-Feldzug des Jahres 2003 zu begründen. Dass die deutsche Außenpolitik dieser Lage Rechnung tragen und souverän Prioritäten setzten konnte, wirft ein Licht auf die neue Rolle, die dem Land zugewachsen ist.

Zugleich fördert die deutsche Außenpolitik die Schaffung zivilgesellschaftlicher Strukturen; sie engagiert sich bei der Bewältigung von Katastrophen, bei der Durchsetzung von Demokratie und Menschenrechten, im Anti-Terror-Kampf. Tatsächlich nutzt Deutschland seine neue Rolle auch zur Durchsetzung und Sicherung der Menschenrechte, des Friedens und des Dialogs – im Nahen Osten wie in anderen Konfliktregionen. Dass Deutschland diese Rolle ausfüllen kann, liegt an dem Vertrauen, das über Jahrzehnte angesammelt und sorgfältig verwaltet wurde. Nicht am Vernichtungswerk des Dritten Reiches wird die deutsche Politik gemessen, sondern an ihren Aufbau- und Integrationsleistungen. Ohne diese Erkenntnis hätten die Alliierten die Deutschen kaum in die „Freiheit" entlassen. Deutschland hat gezeigt, dass es mit der Verantwortung umzugehen vermag. ●

Deutschland in Europa

Von Josef Janning

KANN SICH EIN LAND, das zu allen Seiten Grenzen mit anderen europäischen Staaten teilt, kann sich Deutschland mit seinen neun Nachbarn leisten, keine aktive Europapolitik zu betreiben? Die Antwort liegt auf der Hand: In der Zentrallage im Schnittpunkt der heutigen Europäischen Union (EU) haben die Deutschen ein besonderes Interesse an friedlicher und guter Nachbarschaft. Als bevölkerungsreichster und zugleich wirtschaftlich starker wie zentral gelegener Staat besitzt das vereinte Deutschland ein vorrangiges Interesse an der Einbindung in die europäische Integration und der Fortentwicklung wie Ausdehnung dieses Rahmens.

Deutschland und Europa:
Die Einbindung in ein vereintes
Europa ist im Grundgesetz
festgehalten

Aus deutscher Sicht stehen drei Faktoren im Vordergrund: Der Integrationsprozess hat sich in der Vergangenheit als eine geeignete Rahmenbedingung zur Absicherung von Frieden, Wohlstand und Sicherheit erwiesen; zweitens haben seine Strukturen die Artikulation wie die erfolgreiche

Entwicklungspolitik

Deutsche Entwicklungspolitik als Baustein einer globalen Struktur- und Friedenspolitik will dazu beitragen, die Lebensbedingungen in den Partnerländern zu verbessern. Sie orientiert sich am Leitbild der nachhaltigen Entwicklung und unterstützt gezielt Länder, die dafür die politischen Voraussetzungen schaffen – durch gute Regierungsführung (Demokratie, Rechtsstaatlichkeit und die Achtung der Menschenrechte) und Konfliktvorbeugung. Die entwicklungspolitischen Ziele Deutschlands konzentrieren sich darauf, soziale Gerechtigkeit durch Armutsminderung und sozialen Ausgleich zu schaffen, die wirtschaftliche Leistungsfähigkeit durch Wachstum und wirtschaftliche Zusammenarbeit zu verbessern sowie politische Stabilität durch Frieden, Menschenrechte, Demokratie und Gleichberechti-

gung zu erreichen. Die Wahrung des ökologischen Gleichgewichts durch den Schutz der natürlichen Ressourcen ist ein zentrales Anliegen. In diesem Rahmen bekennt sich Deutschland zu den auf internationaler Ebene eingegangenen Verpflichtungen und Zielen der Millenniumserklärung der Vereinten Nationen, dem Monterrey-Konsensus und dem Aktionsplan von Johannesburg.
Die Leitlinien und Konzepte der deutschen Entwicklungspolitik für die Zusammenarbeit mit derzeit rund 70 Kooperationsländern entwickelt das Bundesministerium für wirtschaftliche Zusammenarbeit und Entwicklung (BMZ). Deutschland hat sich international verpflichtet, bis zum Jahr 2010 mindestens 0,51 Prozent des Bruttonationaleinkommens für die öffentliche Entwicklungszusammenarbeit aufzubringen und das Ziel der VN von 0,7 Prozent bis 2015 zu erfüllen.

www.bmz.de

Europäische Integration

Der Europäische Einigungsprozess ist eines der zentralen Anliegen der deutschen Außenpolitik. Die Mitwirkung der Bundesrepublik an einem vereinten Europa hat schon das Grundgesetz festgehalten. Seit dem Beitritt der acht mittel- und osteuropäischen Länder sowie von Malta und Zypern am 1. Mai 2004 ist die Europäische Union auf 25 Mitgliedsstaaten angewachsen. Die Aufnahme Bulgariens und Rumäniens ist für 2007 vorgesehen.

Vertretung deutscher Interessen in Europa ermöglicht und, drittens, hat Deutschland über die gemeinsame Politik feste Partner in seinen Nachbarn gefunden.

Im März 2007 jährt sich der Abschluss der Römischen Verträge zum fünfzigsten Mal. Mit diesen Verträgen zum Aufbau einer Europäischen Wirtschaftsgemeinschaft begann 1957 die Erfolgsgeschichte der **europäischen Integration**. Anders als die ersten Schritte von der Montanunion bis zur Europäischen Verteidigungsgemeinschaft konzentrierten sich die Römischen Verträge nicht auf die Kontrolle früher kriegswichtiger Industrien wie Kohle und Stahl oder die Bündelung der Verteidigungskräfte. Im Mittelpunkt stand vielmehr die Entwicklung der Wirtschaften Westeuropas durch eine Vertiefung der Zusammenarbeit und die Förderung des Handels unter den Gründern. Der Grundgedanke der Entscheidung von 1957 wirkt heute noch fort – die Römischen Verträge bildeten die Basis einer Zollunion und der gemeinsamen Handelspolitik der EU. In der Logik der Ver-

ⓘ Umweltpolitik

Der Klimawandel, das Ozonloch oder die Verschmutzung der Meere machen nicht vor nationalen Grenzen Halt, der Umweltschutz ist daher eine bedeutende Aufgabe der internationalen Staatengemeinschaft. Deutschland setzt sich aktiv für den Umweltschutz ein, etwa bei der Verhandlung internationaler Abkommen und bei der Vorbereitung von Konferenzen zum Schutz der Umwelt. Zu den Meilensteinen zählen die Konferenzen über Umwelt und Entwicklung von Rio de Janeiro (1992) und der Weltgipfel für Nachhaltige Entwicklung in Johannesburg (2002). Schwerpunkte deutscher Umweltpolitik sind unter anderem die Förderung nachhaltiger Entwicklung und der Schutz des Weltklimas. So erfüllt Deutschland bereits seine Verpflichtungen zur Reduktion von Treibhausemissionen im Rahmen des Kioto-Protokolls voll: Das Land hat schon heute seinen Ausstoß an Treibhausgasen um 18,5 Prozent gegenüber 1990 verringert und ist damit seinem Kioto-Ziel von 21 Prozent bis 2012 schon sehr nahe. Weltweit sollen die Emissionen bis 2012 insgesamt um 5,2 Prozent reduziert werden. Deutschland setzt sich außerdem international für klimafreundliche Entwicklungsstrategien ein. Auf deutsche Initiative hin schufen zum Beispiel die sieben großen Industrienationen das umfangreiche Programm zum Schutz der brasilianischen Regenwälder „PPG7", das wirtschaftliche Entwicklung und Naturschutz in Einklang bringen soll. Mit einem Volumen von bisher 360 Millionen US-Dollar und einem umfassenden Konzept ist dieses Programm ein Modellfall globaler Umweltpolitik geworden. Die deutschen Auslandsvertretungen unterstützen zudem den Export moderner deutscher Umwelttechnologie. **www.bmu.de**

Die Organe der Europäische Union

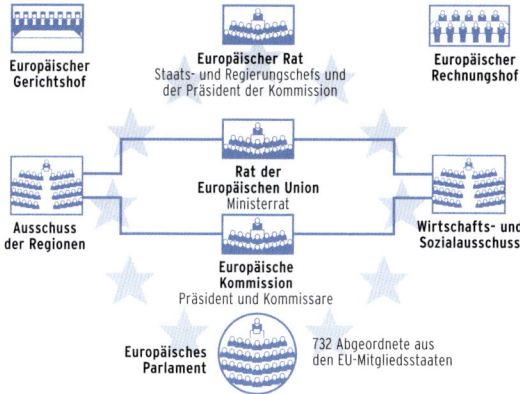

- Europäischer Gerichtshof
- Europäischer Rat — Staats- und Regierungschefs und der Präsident der Kommission
- Europäischer Rechnungshof
- Rat der Europäischen Union — Ministerrat
- Ausschuss der Regionen
- Wirtschafts- und Sozialausschuss
- Europäische Kommission — Präsident und Kommissare
- Europäisches Parlament — 732 Abgeordnete aus den EU-Mitgliedsstaaten

Europäischer Rat
Der Europäische Rat legt die allgemeinen politischen Leitlinien der Europäischen Union fest. Im Europäischen Rat kommen mindestens zweimal jährlich die Staats- und Regierungschefs der Mitgliedsstaaten sowie der Kommissionspräsident zusammen.

träge lag die Entwicklung eines Gemeinsamen Marktes ohne Handelshemmnisse. Diese Entscheidung bestimmte die Entwicklungsdynamik der europäischen Einigung wohl stärker als jede politische Erklärung der vergangenen Jahrzehnte: Das Ziel des Gemeinsamen Marktes erforderte eine ordnungspolitische Instanz – die **Europäische Kommission** als über den Interessen der Staaten angesiedelte Verwaltung und Hüterin der Verträge. Er erforderte die Beseitigung der Binnengrenzen im Sinn einer vollen Freizügigkeit von Waren, Dienstleistungen, Kapital und Arbeit – das Programm zur Vollendung des Binnenmarktes 1992. Auf der Basis dieses Marktes entstand die Notwendigkeit seiner währungspolitischen Sicherung – dies führte über zahlreiche Etappen bis hin zum Euro, der 2002 als Bargeld eingeführt wurde.

Die institutionellen Folgen dieser wirtschaftlichen Verflechtung setzten die Impulse für die verschiedenen Reformetappen der Integration – vom Ausbau der Kommission und dem Einstieg in Mehrheitsentscheidungen im Rat der Europäischen Union (siehe S. 87) über die Direktwahl des Europäischen Parlaments und die Ausweitung der gemeinschaftlichen Zuständigkeiten bis zu den großen Vertragsreformen in den Verträgen von Maastricht, Amsterdam

Europäische Kommission
Die Europäische Kommission mit Sitz in Brüssel ist ein politisch unabhängiges supranationales Organ, das die Interessen der gesamten EU vertritt und wahrt. Die EU-Kommission hat ein Vorschlagsrecht (Initiativrecht) für alle gemeinschaftlichen Rechtsakte, als „Hüterin der Verträge" achtet sie auf die Einhaltung des Gemeinschaftsrechts und verfügt zudem über exekutive Befugnisse, beispielsweise beim Haushalt oder dem Kartellrecht. Schließlich vertritt sie die Gemeinschaftsinteressen nach außen. An der Spitze der Kommission steht der Kommissionspräsident, seit 2004 ist dies José Manuel Barroso aus Portugal. Einer der Vizepräsidenten ist der Deutsche Günter Verheugen. Jeder Mitgliedsstaat ist mit einem Kommissionsmitglied vertreten. Die Aufteilung der Aufgaben der Kommissare folgt dem Kollegialprinzip – das heißt: Jedem Mitglied sind bestimmte Aufgaben zugeschrieben.

Etappen europäischer Einigung

Über fünfzig Jahre europäischer Einigung sind eine Erfolgsgeschichte der besonderen Art. Sie haben einem Kontinent, auf dem seit Jahrhunderten fast jeder Staat gegen jeden Krieg geführt hatte, dauerhaft Frieden und Wohlstand gebracht

1958
Die Römischen Verträge treten in Kraft. Die Gemeinschaften EWG, EURATOM und EGKS haben zwei gemeinsame Organe: den Gerichtshof und die Parlamentarische Versammlung. Sie hat zu diesem Zeitpunkt 142 Abgeordnete und nennt sich von 1962 an **Europäisches Parlament**

1950
Am 9. Mai verkündet der französische Außenminister **Robert Schuman** seinen Plan, Europa friedlich zu einigen

1979
Die Abgeordneten des **Europäischen Parlaments** werden zum ersten Mal direkt gewählt

1967
Aus Rat und Kommission, die bis dahin noch für jede der drei Gemeinschaften getrennt aufgetreten waren, werden **einheitliche Organe**

| 1950 | 1960 | 1970 |

20. Jh.

1951
Belgien, die Bundesrepublik Deutschland, Frankreich, Italien, Luxemburg und die Niederlande unterzeichnen in Paris den Vertrag zur Gründung der **Europäischen Gemeinschaft für Kohle und Stahl** (EGKS)

1957
In Rom unterzeichnen die sechs EGKS-Staaten die Verträge zur Gründung der **Europäischen Wirtschaftsgemeinschaft** (EWG) und der Europäischen Atomgemeinschaft (EURATOM), die als die **Römischen Verträge** bekannt geworden sind

1973
Die Europäische Gemeinschaft wächst von sechs auf neun Staaten: **Dänemark, Großbritannien** und **Irland** treten ihr bei

2003
Der Konvent zur Zukunft
Europas legt einen Entwurf
des Vertrages über eine
Verfassung für Europa vor

2004
Die **Ost-Erweiterung** der EU: Am 1. Mai
treten Estland, Lettland, Litauen,
Polen, Tschechien, die Slowakei,
Slowenien, Ungarn sowie Malta
und Zypern der EU bei. Mit mehr
als 450 Millionen Einwohnern und
einer Wirtschaftskraft von 10,7
Billionen Euro ist die EU damit der
größte Binnenmarkt der Welt. Am
29. Oktober 2004 unterzeichnen
die Staats- und Regierungschefs
in Rom den Vertrag über eine
Verfassung für Europa

2001
Mit dem **Vertrag von Nizza**
bereitet sich die Europäische
Union auf die Aufnahme von
zehn weiteren Beitrittsländern
vor. Er sieht zudem neue
Regeln für die Organe der
Europäischen Union und ihre
Funktionsweise vor.
Griechenland tritt als zwölfter
Staat der Eurozone bei

1992
Durch den **Vertrag von Maastricht** wird die
Europäische Union (EU) gegründet. Das
„Gemeinschaftssystem" erstreckt sich seit-
dem auch auf die Zusammenarbeit zwischen den Regierungen der Mitgliedsstaaten auf den Gebieten „Gemeinsame Außen-
und Sicherheitspolitik" sowie „Justiz und
Inneres"

2007
Deutschland über-
nimmt im ersten
Halbjahr 2007 die
**EU-Ratspräsident-
schaft**

1981
Die Gemeinschaft wird
nach Süden erweitert:
Griechenland wird Mitglied

1990   2000   2010

21. Jh.

1986
Mit der Einigung auf die **Einheitliche
Europäische Akte** wird die Grundlage
für die Vollendung des Binnen-
markts und für den Einstieg in die
Europäische Politische Zusammenarbeit geschaffen. Die „Süd-Erweite-
rung" wird 1986 mit den Beitritten
von **Spanien** und **Portugal** fortgesetzt

2005
Im April werden die Beitritts-
verträge mit **Bulgarien** und
Rumänien unterzeichnet. Am
29. Mai und 1. Juni stimmt die
Bevölkerung in Frankreich
und den Niederlanden gegen
den Verfassungsvertrag. Die
negativen Referenden lösen
eine Reflexionsphase über
die Zukunft der Union aus.
Im Oktober nimmt die Europäische Union Beitrittsverhandlungen mit der **Türkei** und
Kroatien auf

1999
Der **Euro** wird offiziell in elf
Mitgliedsstaaten als Buchgeld eingeführt, 2002
kommt er auch als Bargeld
in Umlauf. Im Mai tritt der
Vertrag von Amsterdam in Kraft.
Die Befugnisse des Europäischen Parlaments werden
erneut bedeutend erweitert

1995
Die Gemeinschaft
wächst auf 15 Staaten:
Finnland, Österreich und
Schweden treten bei

Euro

Der Euro ist die Währung der Europäischen Währungsunion und nach dem US-Dollar der zweitwichtigste Vertreter im Weltwährungssystem. Die geldpolitische Verantwortung für den Euro trägt die Europäische Zentralbank (EZB) in Frankfurt am Main zusammen mit den nationalen Notenbanken. In zwölf der 25 EU-Staaten ist der Euro offizielle Währung. Der Euro wurde in der „Eurozone", darunter auch in Deutschland, am 1. Januar 2002 als Bargeld eingeführt, nachdem er schon seit Anfang 1999 als Buchgeld fungierte.

und Nizza. So ist auch der im Ratifizierungsprozess befindliche Vertrag über die Europäische Verfassung eine Konsequenz der Römischen Verträge und Folge des so genannten „spill over" ökonomischer Verflechtung in den politischen Raum.

Ohne die Bedeutung des politischen Zusammenwachsens Europas unterschätzen zu wollen, dürfte die wirtschaftliche Dynamik der Integration und die Attraktivität des großen Marktes als das stärkste Motiv für den Beitrittswunsch anderer europäischer Staaten anzusehen sein. Dies gilt für die Beitritte von Großbritannien, Dänemark und Irland in den siebziger Jahren, die Beitritte Griechenlands, Spaniens und Portugals in den achtziger Jahren, Österreichs, Schwedens und Finnlands in den neunziger Jahren – es gilt aber auch für den Magnetismus, mit dem die EU die neuen marktwirtschaftlichen Demokratien Ostmittel- und Südosteuropas an sich zog. Wie für die junge Bundesrepublik

Die Europäische Union im Überblick

Erweiterung der Europäischen Union
Der Europäischen Union ist es gelungen, sich von 6 auf 25 Mitglieder zu vergrößern. Bulgarien und Rumänien werden voraussichtlich 2007 beitreten. Kroatien und die Türkei sind Bewerberländer, mit denen Beitrittsverhandlungen aufgenommen wurden.

■ EU-Staaten
■ Beitritt vereinbart
■ Beitrittsverhandlungen aufgenommen

Die Mitgliedsstaaten der Europäischen Union

❶ Schweden	❼ Lettland	⓭ Luxemburg	⓳ Kroatien	㉕ Bulgarien
❷ Finnland	❽ Litauen	⓮ Tschechien	⓴ Frankreich	㉖ Griechenland
❸ Irland	❾ Polen	⓯ Slowakei	㉑ Portugal	㉗ Malta
❹ Vereinigtes Königreich	❿ Deutschland	⓰ Österreich	㉒ Spanien	㉘ Türkei
❺ Dänemark	⓫ Niederlande	⓱ Ungarn	㉓ Italien	㉙ Zypern
❻ Estland	⓬ Belgien	⓲ Slowenien	㉔ Rumänien	

Deutschland in den fünfziger Jahren erwies sich für die jungen Demokratien im Süden und Osten Europas der Beitritt zur EU dabei auch als Anerkennung und Rückversicherung der politischen Leistung in der Überwindung von Diktatur und Willkürherrschaft.

Die deutsche Europapolitik hat die Vertiefung der Integration, ihre Erweiterung nach Norden, Süden und Osten wie ihren institutionellen Aufbau vorbehaltlos unterstützt. Die Stärke deutscher EU-Politik lag dabei in der Ausrichtung der deutsch-französischen Beziehungen auf die EU einerseits und der engen Verbindung gerade zu den kleineren Mitgliedsstaaten andererseits. Zahlreiche Entscheidungsblockaden und Schlüsselstationen in der EU wurden durch die Kompromissbereitschaft und den Leistungsbeitrag Deutschlands wiederholt erfolgreich überwunden.

Deutschland – konstruktiver Partner in der EU

Auch heute kennzeichnet ein überparteilicher Konsens die Grundlinien deutscher EU-Politik. Die Deutschen wünschen ein handlungsfähiges, aber auch demokratisch verfasstes und transparentes Europa mit einem gestärkten **Europäischen Parlament**. Wie viele andere Europäer, lehnen sie einen europäischen Superstaat ab und bevorzugen eine eindeutigere Abgrenzung der Zuständigkeiten. Deutschland hat 2005 die parlamentarische Ratifikation des Verfassungsvertrages mit großer Mehrheit in Bundestag und Bundesrat abgeschlossen und bleibt an der Weiterentwicklung Europas in ihrem Sinne interessiert.

Deutschland hat von Europa, vom Gemeinsamen Markt, dem **Euro** und von den Erweiterungen wirtschaftlich wie politisch profitiert. Die zentrale Stellung im größten einheitlichen Markt der Erde erklärt ein gut Teil der Exportstärke der deutschen Wirtschaft. Heute können zudem die Wirtschaftsbeziehungen zur ostmitteleuropäischen Nachbarschaft nach den Regeln der Integration gestaltet werden. Auf diesen Märkten ist die deutsche Wirtschaft der jeweils größte Handelspartner und zumeist der wichtigste Investor.

Europäisches Parlament

Das Europäische Parlament ist das parlamentarische Organ der Europäischen Gemeinschaften. Es besteht aus 732 Abgeordneten, die durch die Bevölkerung der Mitgliedsländer auf fünf Jahre direkt gewählt werden. Jedes Land besetzt aufgrund seiner Bevölkerungsgröße eine bestimmte Anzahl an Sitzen. Deutschland, als größtes EU-Mitgliedsland, entsendet 99 Abgeordnete, aus Malta, dem kleinsten Land, kommen 5. Die endgültige, im Vertrag von Nizza festgelegte Regelung, die nach wie vor 732 Sitze vorsieht, wird erst mit dem Beitritt Bulgariens und Rumäniens im Jahre 2007 in Kraft treten. Bis dahin sind die für die beiden neuen EU-Länder vorgesehenen Sitze auf andere Länder verteilt, die dadurch gegenwärtig eine höhere Zahl von Sitzen haben, als ihnen ab 2007 zusteht. Die Europaparlamentarier bilden unabhängig von ihrer Nationalität Fraktionen. Das Parlament verfügt über Gesetzgebungs-, Haushalts- und Kontrollbefugnisse, allerdings über kein Initiativrecht bei der Rechtsetzung. Sitz des Parlamentes ist Straßburg; Plenums- und Ausschusssitzungen finden auch in Brüssel statt.

*Die Europäische Union
vor großen Herausforderungen:
Bundeskanzlerin Merkel und
EU-Kommissionspräsident Barroso*

Zugleich trägt Deutschland in besonderer Weise die Folgen der Einigung Europas. Es kann seinen ostdeutschen Markt nicht vor dem Wettbewerb der EU-Partner schützen. Deutschland trägt einen großen Teil der Infrastrukturlasten der neuen Offenheit, denn die großen Transportachsen Europas verlaufen durch Deutschland. Die Deutschen bestreiten entsprechend ihrem Bruttoinlandsprodukt zudem rund 21 Prozent des EU-Haushalts, obgleich die öffentlichen Haushalte erhebliche Belastungen aus der deutschen Einheit zu tragen haben. Die deutsche Politik setzt im Interesse ihrer eigenen Haushaltsdisziplin auf ein sparsames, aber dennoch eine dynamische Fortentwicklung der Union ermöglichendes EU-Budget sowie auf eine schrittweise Reform der alten Ausgabenstrukturen der Europäischen Union. Sie bleibt aber zu besonderen Anstrengungen und Zugeständnissen bereit – wie die Einigung auf einen Finanzrahmen bis 2013 während des EU-Gipfels im Dezember 2005 in Brüssel zeigte.

Zukunftsaufgaben der EU

Zu den deutschen Anliegen in der EU zählt seit der Entwicklung der Europäischen Politischen Zusammenarbeit die Stärkung der weltpolitischen Rolle der Europäischen Union. Die Sicherheit der EU-Mitglieder vor den Bedrohungen neuer Art ist aus deutscher Sicht eine gemeinsame Aufgabe. Auf der weltpolitischen Bühne besitzt die Stimme Europas mehr Gewicht als die seiner Staaten. Wie kaum ein anderer

Das Thema im Internet

www.auswaertiges-amt.de
Informationen des Auswärtigen Amts mit großem Angebot, auch zu bilateralen Beziehungen (Deutsch, Englisch, Französisch, Spanisch, Arabisch)

www.dgap.org
Website der Deutschen Gesellschaft für Auswärtige Politik (Deutsch, Englisch)

www.swp-berlin.org
Wissenschaftlich interessante Website des „Think Tanks" Stiftung Wissenschaft und Politik (SWP) mit Beiträgen und Forschungsergebnissen zur Internationalen Politik und zur Sicherheitspolitik (Deutsch, Englisch)

www.cap.uni-muenchen.de
Das Centrum für angewandte Politik-

forschung (CAP) in München ist das größte universitäre Institut der Politikberatung zu europäischen und internationalen Fragen in Deutschland (Deutsch, Englisch)

www.eu.int
Informationsportal der Europäischen Union zu allen Themenfeldern der Gemeinschaft (20 Sprachen)

Staat hat die Außenpolitik Deutschlands die EU als Träger und Instrument der Interessenvertretung genutzt. Angesichts der deutschen Geschichte im 20. Jahrhundert bot das Zusammenwirken mit den Partnern in Europa die Chance effektiven Handelns. In der deutschen öffentlichen Meinung findet seit vielen Jahren die Auffassung, außen- und sicherheitspolitische Fragen besser im Verbund mit anderen anzugehen, stabile Mehrheiten. Die deutsche Europapolitik hat sich deshalb für eine Stärkung der europäischen Handlungsfähigkeit eingesetzt, die sowohl eine Verstärkung der gemeinsamen Außen- und Sicherheitspolitik umfasst als auch die Entwicklung einer gemeinsamen Verteidigung einschließt.

In der EU der 25 Staaten und mehr noch in der künftig noch größeren EU kommen auf Deutschland und seine Partner neue Herausforderungen zu. Die prägenden Koalitionen und Konstellationen der vergangenen Jahrzehnte werden sich verändern, eine neue Balance der Interessen und Ansprüche fordert die Kompromissfähigkeit der Europapolitik heraus. Auch weltwirtschaftlich gesehen verschieben sich die Gewichte – Europas Wirtschaft steht im globalen Wettbewerb mit anderen attraktiven Standorten. Nach außen grenzt die EU an Zonen geringerer wirtschaftlicher, politischer und gesellschaftlicher Stabilität. Dies verlangt eine vertrauensvolle, aktive Politik der Entwicklung und Partnerschaft, nicht zuletzt mit den Mittelmeeranrainerstaaten.

Europa ist nicht der Ort der kleinen Dinge. Wohlfahrt und Sicherheit, klassische und elementare Leistungsbereiche des Staates, sind heute ohne die EU nicht mehr zu erbringen. Damit gehören die Politik der Integration, ihre Verfahren und Institutionen zur Substanz und nicht zum Ornament des Politischen in Europa. Jedes große Thema der Gesellschaften auf dem Kontinent enthält zugleich eine Anfrage an den Gestaltungsbeitrag der EU, da kaum eine Frage den Zusammenhang der Europäer unberührt lässt. Im Zentrum des politischen Europa bleibt die Europäische Union für Deutschland ein vorrangiges Handlungsfeld seiner internationalen Politik. •

Rat der Europäischen Union
Der Rat, häufig „Ministerrat" genannt, ist das wichtigste gesetzgeberische Gremium der EU. Der Rat und das Europäische Parlament teilen sich die Legislativbefugnisse und die Verantwortung für den EU-Haushalt. Außerdem schließt der Rat internationale Abkommen ab, die von der Kommission ausgehandelt wurden. Beschlüsse können einstimmig oder mit qualifizierter Mehrheit beschlossen werden. Jedes Mitgliedsland entsendet einen Minister. Je nachdem, in welchem Bereich Entscheidungen anstehen, treffen sich die jeweiligen Fachminister. Eine endgültige Regelung über die Stimmengewichtung und das System der Beschlussfassung tritt von 2007 an mit dem Beitritt Bulgariens und Rumäniens in Kraft. Der Vorsitz – die Ratspräsidentschaft – wechselt alle sechs Monate.

Josef Janning
Der Politikwissenschaftler ist Stellvertretender Direktor des Centrums für angewandte Politikforschung (CAP) in München und Leiter der Bertelsmann Forschungsgruppe Politik.

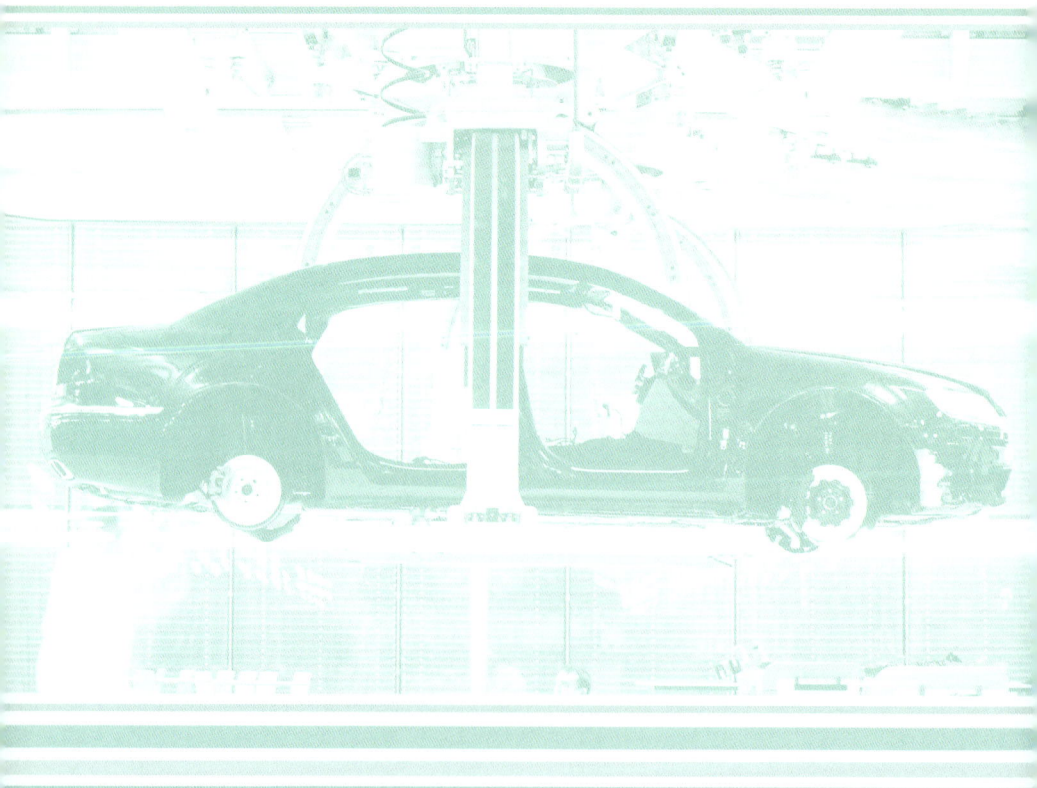

6

Wirtschaft

DaimlerChrysler, Siemens, Porsche, Lufthansa, SAP. Deutsche Unternehmen genießen international einen ausgezeichneten Ruf. Sie stehen für das weltweit als Qualitätssiegel geachtete „Made in Germany". Sie stehen für Innovation, Qualität und technischen Vorsprung. Doch die drittgrößte Volkswirtschaft der Erde, das sind nicht nur die „Global Player", sondern auch zahlreiche Weltmarktführer aus dem Mittelstand, dem Herzstück der deutschen Wirtschaft. Sie alle bauen auf gute wirtschaftliche Rahmenbedingungen im „Land der Ideen" und auf die ausgezeichnete Qualifikation der Arbeitnehmerinnen und Arbeitnehmer. Auch ausländische Investoren schätzen dies – als Standortvorteil in Zeiten der globalen Wirtschaft.

*Die Zukunft des Automobil-
baus: In der „Gläsernen
Manufaktur" von VW in
Dresden zu bestaunen*

Der Wirtschaftsstandort Deutschland

Von Thomas Straubhaar

DEUTSCHLAND ZÄHLT ZU DEN AM HÖCHSTEN entwickelten Industrienationen der Welt und ist nach den USA und Japan die drittgrößte Volkswirtschaft. Mit 82,5 Millionen Einwohnern ist Deutschland auch der größte und wichtigste Markt in der Europäischen Union (EU). Im Jahr 2004 wurde in Deutschland ein Bruttoinlandsprodukt (BIP) von 2216 Milliarden Euro erwirtschaftet, was einer Summe von 26 856 Euro pro Kopf entspricht. Diese Leistung beruht vor allem auf dem Außenhandel. Mit einem **Exportvolumen** von 734 Milliarden Euro (2004), einem Drittel des Bruttosozialprodukts, ist Deutschland weltweit der größte Exporteur von Gütern und gilt deshalb als „Exportweltmeister". Motor des Außenhandels ist vor allem die Industrie, deren Anteil an den Gesamtausfuhren bei rund 84 Prozent liegt (2004). Damit ist Deutschland wie kaum ein anderes Land wirtschaftlich global ausgerichtet. Die wichtigsten Wirtschaftszentren in Deutschland sind das Ruhrgebiet (Industrieregion im Wandel zum Hightech- und Dienstleistungszentrum), die Großräume München und Stuttgart (Hightech, Automobil), Frankfurt am Main (Finanzen), Köln, Hamburg (Hafen, Airbus-Flugzeubau, Medien) und Leipzig.

Im internationalen Vergleich ist der Lebensstandard in Deutschland sehr hoch. Das durchschnittliche Bruttomonatseinkommen eines Arbeiters beträgt rund 2500 Euro, das von Angestellten 3400 Euro. Deutschland ist auch für seine Preisstabilitätspolitik bekannt – 2004 lag die Teuerungsrate bei 1,7 Prozent.

Export
Ein klarer Hinweis auf die Wettbewerbsfähigkeit der deutschen Unternehmen ist die seit 1991 deutlich gestiegene Exportquote der wichtigsten Exportbranchen. Allein im Maschinenbau nahm die Exportquote zwischen 1991 und 2001 von 52 Prozent auf knapp 69 Prozent zu, in der Chemieindustrie stieg sie von 50 Prozent auf nahezu 70 Prozent, in der Automobilindustrie von 43 Prozent auf 69 Prozent und in der Elektroindustrie von 31 auf 42. Insgesamt liegt die Exportquote bei 33 Prozent; Deutschlands Anteil am gesamten Welthandel bei zehn Prozent.

Jeden Monat mit Spannung erwartet: Die aktuellen Arbeitsmarktdaten der Bundesagentur für Arbeit

Gegenwärtig muss sich die deutsche Wirtschaft mit strukturellen Problemen auseinandersetzen, vor allem im Bereich der Sozialsysteme und auf dem Arbeitsmarkt. Die Arbeitslosenquote betrug Ende 2005 im Westen 9,4 Prozent und in den fünf ostdeutschen Bundesländern 17 Prozent. Hinzu kommt die gewaltige finanzielle Last der deutschen Wiedervereinigung, mit jährlichen Transferleistungen um die 80 Milliarden Euro (siehe Info-Fläche Seite 103). Daher wurde in den vergangenen Jahren lediglich ein Wachstum erreicht, das um ein Prozent schwankte.

Auslandsinvestitionen: Attraktiver Standort

Ausländische Investoren
Ausländische Firmen schätzen die Stärken des deutschen Marktes: Rund 22 000 internationale Unternehmen sind hier ansässig, darunter die 500 größten der Welt.

Für **ausländische Investoren** ist der Standort Deutschland traditionell nicht nur wegen des technologischen Know-hows attraktiv, sondern auch wegen der zentralen geografischen Lage, der sehr gut ausgebauten Infrastruktur, der Rechtssicherheit und der qualifizierten Arbeitskräfte. Nach der Steuerreform im Jahre 2000 ist die Belastung sowohl der Unternehmen als auch der Privatpersonen deutlich gesunken und international vergleichbar und konkurrenzfähig. Um die Position Deutschlands im internationalen Steuerwettbewerb weiter zu verbessern, soll zum 1. Januar 2008 das Unterneh-

➕ Die Wirtschaft in Zahlen und Fakten

Deutschland auf Platz 3 in der Weltwirtschaft
USA, Japan und Deutschland sind die drei Länder an der Spitze der Volkswirtschaften

Bruttoinlandsprodukt 2004 (in Milliarden US-Dollar)

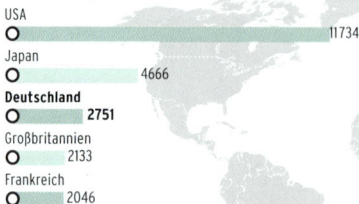

USA
○ 11734
Japan
○ 4666
Deutschland
○ 2751
Großbritannien
○ 2133
Frankreich
○ 2046

Statistisches Bundesamt

Exportweltmeister
Der Außenhandel als Motor: Mit seinem Exportvolumen liegt Deutschland auf Rang eins

Exportvolumen (in Milliarden US-Dollar, 2004)

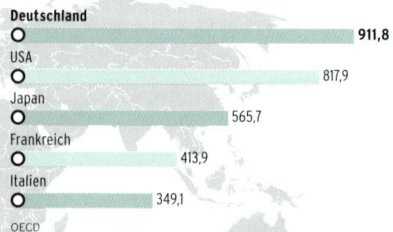

Deutschland
○ 911,8
USA
○ 817,9
Japan
○ 565,7
Frankreich
○ 413,9
Italien
○ 349,1

OECD

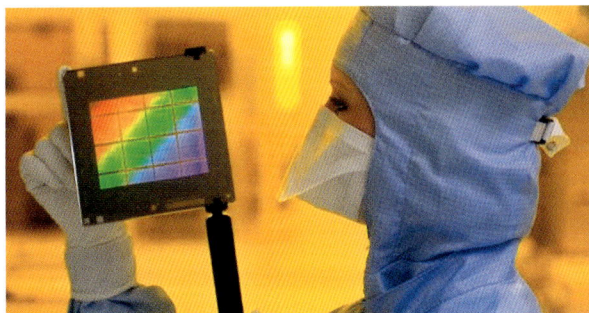

Gute Perspektiven:
Für Hightech-Firmen bietet der
Standort Deutschland gute
Aussichten

mensteuerrecht reformiert werden. Zwischen 1994 und 2003 wurden in Deutschland 387 Milliarden US-Dollar an Direktinvestitionen getätigt, darunter **Großinvestitionen** von Konzernen wie General Electric oder AMD. Als wesentliches Plus wird die Qualifikation der Arbeitnehmerinnen und Arbeitnehmer betrachtet. Rund 81 Prozent der Beschäftigten verfügen über eine Berufsausbildung, 17 Prozent davon haben einen Universitäts- oder Fachhochschulabschluss. Ein Pfeiler hierfür ist das „duale System" der Berufsausbildung, das innerbetriebliche mit schulischer Ausbildung verbindet und eine anerkannt hohe Ausbildungsqualität hervorbringt (siehe Info-Fläche Seite 119).

Großinvestitionen

Vor allem im Hochtechnologiebereich gilt Deutschland als interessanter Standort: Zu den großen ausländischen Investoren der Jahre 2004 und 2005 gehört der kalifornische Chiphersteller Advanced Micro Devices (AMD), der in Dresden rund 2,5 Milliarden Euro in den Bau einer zweiten Chipfabrik investiert hat. Auch die Pharmariesen Pfizer und GlaxoSmithKline (GSK) haben in Neu-Ulm beziehungsweise Dresden Großinvestitionen getätigt. Sein neues globales Forschungs- und Entwicklungszentrum hat General Electric (GE), der größte Technologiekonzern der Welt, für 500 Millionen Euro in Garching bei München eröffnet.

Attraktiver Standort

Internationale Unternehmen setzen Deutschland auf die „Top-5-Liste" der Investitionsstandorte weltweit

Die attraktivsten Investitionsstandorte (in Prozent der Befragten)

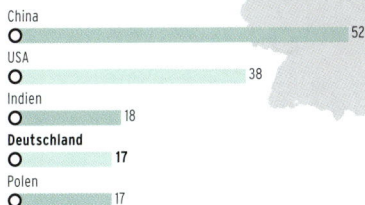

China
○ 52

USA
○ 38

Indien
○ 18

Deutschland
○ 17

Polen
○ 17

Ernst & Young

Hohe Wettbewerbsfähigkeit

In der Wettbewerbsfähigkeit liegt Deutschland auf einem Spitzenplatz: im weltweiten Vergleich auf Platz 3. Als besonders vorbildlich gilt die Durchsetzung der Eigentumsrechte und die Rechtsordnung insgesamt

Rangliste der wettbewerbsfähigsten Länder der Welt (BCI Index)

USA ① Finnland ② **Deutschland** ③ Dänemark ④ Singapur ⑤

World Economic Forum

Wirtschaftsstandort Deutschland I

Deutschland zählt zu den wichtigsten Wirtschafts-
standorten: mit guten Bedingungen für unternehmerisches Engagement, einer modernen Infrastruktur
und Forschung und Entwicklung auf hohem Niveau

Tarifautonomie

Die Tarifpartner – Gewerkschaften
und Arbeitgeber oder Arbeitgeberverbände – handeln autonom Tarif-
verträge aus. Der Staat gibt die allgemeinen Arbeitsbedingungen vor,
allerdings nicht, wie viel den Arbeitnehmern zu zahlen ist. Dies und die
Regelung weiterer Fragen – wie zum
Beispiel Urlaub oder Arbeitszeiten –
wird den Tarifpartnern überlassen.
Die gesetzlich geschützte Tarifautonomie hat sich bewährt: In kaum
einem anderen Industrieland wird so
selten gestreikt wie in Deutschland

Arbeitsmarkt

Trotz positiver wirtschaftlicher Entwicklung gibt es strukturelle Probleme auf dem
Arbeitsmarkt. Die Arbeitslosigkeit von
rund 4,5 Millionen Menschen stellt eine der
größten Herausforderungen an die Politik
dar. Mit einer aktiven Arbeitsmarktpolitik,
der Senkung der Lohnnebenkosten, einer
moderaten Reform des Arbeitsrechts, insbesondere beim Kündigungsschutz, und
verstärkten Investitionen in die Qualifikation junger Menschen will die Bundesregierung verbesserte Rahmenbedingungen für
mehr Beschäftigung schaffen

Beschäftigungsstruktur

Der überwiegende Teil der rund
36 Millionen Beschäftigten in
Deutschland arbeitet im Dienstleistungssektor sowie im produzierenden Gewerbe

Erwerbstätige nach Bereichen (in Prozent)

Dienstleistungen
43,9

Produzierendes Gewerbe
30,8

Handel, Gastgewerbe, Verkehr
23

Land- und Forstwirtschaft, Fischerei
2,3

Statistisches Bundesamt

Arbeit und Tarifpartner

Löhne · Arbeitsmarkt · Struktur · Interessen

Gewerkschaften und Arbeitgebervertretungen

Der größte Zusammenschluss von Einzelgewerkschaften ist der Deutsche Gewerkschaftsbund (DGB) mit rund sieben Millionen Mitgliedern.
Der DGB vertritt die Interessen von acht Mitgliedsgewerkschaften, die
größte ist die Dienstleistungsgewerkschaft ver.di. Tarifpolitischer
Partner der Gewerkschaften sind die Arbeitgeberverbände. Deren
Dachorganisation, die Bundesvereinigung der Deutschen Arbeitgeberverbände (BDA), vertritt rund zwei Millionen Unternehmen. Weitere Unternehmerverbände: Deutscher Industrie- und Handelskammer-
tag (DIHK), Bundesverband der Deutschen Industrie (BDI)

Die größten Gewerkschaften (in Millionen Mitgliedern)

ver.di
2,4

IG Metall
2,4

IG Bergbau, Chemie, Energie
0,8

ver.di, IG Metall, IG BCE

Transportwege (in Kilometer)

Schienennetz

Deutschland	36 054
Frankreich	29 269
Großbritannien	17 052
Italien	16 288

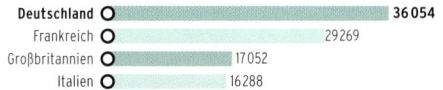

Autobahnnetz

Deutschland	12 037
Frankreich	10 223
Großbritannien	3 609
Italien	6 478

Binnenschifffahrtsnetz

Deutschland	6 636
Frankreich	5 384
Großbritannien	1 065
Italien	1 477

Eurostat, Statistisches Bundesamt

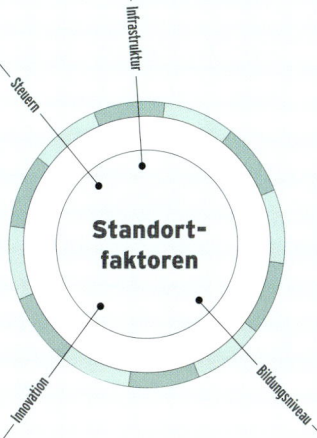

Mobilität und Transport

Deutschland hat eine hoch entwickelte Infrastruktur. Ein engmaschiges Netz von mehr als 230 000 Kilometern Straße, davon rund 12 000 Kilometer Autobahn, und 36 000 Schienenkilometern machen das Land zu einem Knotenpunkt des europäischen Güterfernverkehrs. Der Frankfurter Flughafen, größter Flughafen Kontinentaleuropas, sowie ein dichtes Netz weiterer Flughäfen garantieren internationale Mobilität. Ein 4,3-Milliarden-Euro-Paket soll bis 2009 zusätzlich in die Infrastruktur investiert werden

Steuern und Abgaben

Deutschland ist schon lange kein Hochsteuerland mehr. Im internationalen Vergleich ist die Belastung durch Steuern und Abgaben unterdurchschnittlich. Bei Einkommen und Gewinnen erhebt Deutschland im Verhältnis zur Wirtschaftsleistung mit die niedrigsten Steuern der europäischen Industrieländer

Einkommens- und Ertragssteuer
(in Prozent des BIP, 2004)

Deutschland
9,5

Frankreich
10,2

Großbritannien
13,4

Schweiz
12,8

Schweden
18,9

USA
11,0

OECD

Standortfaktoren

Infrastruktur
Steuern
Innovation
Bildungsniveau

Qualifikation

„Made in Germany" ist ein Qualitätssiegel, das Deutschland zum Marktführer in vielen Industriebranchen und Handelssektoren macht. Ein hohes Bildungsniveau, hohe Produktivität und eine intensive Vernetzung von Industrie, Wissenschaft und Forschung machen dies möglich

Anteil der Bevölkerung mit höherer Schulbildung (2003, in Prozent)

Deutschland
83

Großbritannien
65

Frankreich
65

Italien
44

Spanien
43

OECD

Forschung und Entwicklung

Aus Sicht ausländischer Unternehmen ist Deutschland der attraktivste europäische Standort für Forschung und Entwicklung. Eine Befragung der Wirtschaftsprüfungsgesellschaft Ernst & Young unter international tätigen Unternehmern ergab im Jahr 2005, dass Deutschland auch bei der Einrichtung von Forschungs- und Entwicklungszentren mit großem Abstand favorisiert wird

Attraktivität für Forschung und Entwicklung in Europa
(in Prozent der Befragten)

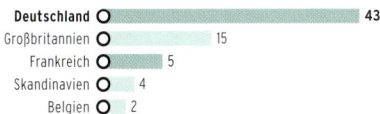

Deutschland	43
Großbritannien	15
Frankreich	5
Skandinavien	4
Belgien	2

Ernst & Young

Moderne Produktion
für Produkte der Spitzenklasse:
Im neuen BMW-Werk in
Leipzig wird Flexibilität
groß geschrieben. In der
Fabrik laufen die Maschinen
bis zu 140 Stunden in der
Woche

Die wichtigsten Wirtschaftssektoren

Wie in allen westlichen Industrienationen vollzieht sich seit etlichen Jahren auch in der deutschen Industrie ein Strukturwandel. Die Bedeutung der Industrie schwindet und der Dienstleistungssektor tritt zunehmend an ihre Stelle. Gleichwohl ist die Industrie nach wie vor die wichtigste Säule der deutschen Wirtschaft und hat im Vergleich zu anderen Industriestaaten wie Großbritannien oder den USA eine breite Basis – acht Millionen Menschen arbeiten in Industriebetrieben. Die wichtigsten Industriezweige sind der Straßenfahrzeugbau (227 Milliarden Euro Umsatz, 777 000 Beschäftigte), die Elektrotechnikbranche (152 Milliarden Euro Umsatz, 799 000 Beschäftigte), der Maschinenbau (142 Milliarden Euro Umsatz, 868 000 Beschäftigte) und die chemische Industrie (113 Milliarden Euro Umsatz, 429 000 Beschäftigte). Einige traditionelle Industriebranchen (Stahl, Textil) sind in den vergangenen Jahren durch Verlagerung der Absatzmärkte und den Druck aus Niedriglohnländern zum Teil stark geschrumpft, oder wie etwa in der Pharmaindustrie durch Übernahmen und Fusionen in den Besitz ausländischer Unternehmen gelangt.

Das Fundament für die internationale Wettbewerbsfähigkeit der deutschen Wirtschaft bilden aber nicht nur die Großunternehmen wie etwa Siemens, sondern Zehntausende kleiner und mittelständischer Unternehmen (bis 500

Beschäftigte) des verarbeitenden Gewerbes, insbesondere des Maschinenbaus, der Zulieferindustrie, aber auch der neuen und wachsenden Zukunftsbereiche der Nano- und Biotechnologie, die sich häufig in **Clustern** organisieren (siehe Info-Fläche Seite 99). Der Mittelstand beschäftigt mit über 20 Millionen Menschen mit Abstand die meisten Arbeitnehmer. Im Maschinenbau, einer „Paradedisziplin", haben die meisten Unternehmen sogar weniger als 200 Mitarbeiter – obwohl sie Produktionsausrüstungen von weltweit herausragender Qualität für die Industrie herstellen. In diesem Marktsegment ist Deutschland mit einem Welthandelsanteil von 19,3 Prozent Weltmarktführer.

Automobilbau: Der Branchenprimus

Zu den bedeutenden Branchen in Deutschland gehört der Automobilbau. Jeder siebte Arbeitnehmer arbeitet hier; zum Export trägt die Branche mit 40 Prozent bei. Mit den sechs

Cluster
Wenn sich eine kritische Masse von Firmen in räumlicher Nähe zueinander befindet, spricht man von einem Cluster. Cluster sind Netzwerke von Produzenten, Zulieferern und Forschungseinrichtungen, die entlang einer Wertschöpfungskette gebildet werden. Vor allem mit Blick auf die Zukunftstechnologien gelten Cluster als Innovationsmotoren. Erfolgreiche Cluster sind zum Beispiel die Automobilindustrie in Baden-Württemberg, die Konzentration von Firmen im Bereich der Medizintechnik in Tuttlingen, die „Chip-Region" um Dresden oder das Biotechnologie-Cluster in der Region Berlin-Brandenburg, das sich als führender Life-Science-Standort in Deutschland versteht.

Der Mittelstand, Fundament der Wirtschaft

Die deutsche Wirtschaft wird vor allem durch rund 3,4 Millionen kleine und mittlere Unternehmen sowie Selbstständige und Freiberufler geprägt. Rund 99,7 Prozent aller Unternehmen gehören dem Mittelstand an. Als mittelständische Unternehmen gelten Firmen mit einem Jahresumsatz von unter 50 Millionen Euro und mit weniger als 500 Beschäftigten. Rund 70 Prozent aller Arbeitnehmerinnen und Arbeitnehmer sind in solchen kleineren und mittleren Unternehmen beschäftigt. Der Blick in die verschiedenen Wirtschaftssektoren zeigt: 48,9 Prozent aller Mittelständler sind in der Dienstleistungsbranche aktiv, 31,4 Prozent im produzierenden Gewerbe und rund 19,7 Prozent im Handel. Die meisten Unternehmen mittelständischer Prägung sind inhabergeführt,

das heißt: Kapitalmehrheit und Firmenleitung liegen in einer Hand. Häufig werden die Unternehmen von Generation zu Generation weitervererbt. Der Frauenanteil am Unternehmertum ist mittlerweile auf 22,5 Prozent angestiegen. Rund 37,4 Prozent aller mittelständischen Unternehmen sind nach 1995 gegründet worden. Allein im Jahr 2004 sind 572500 neue Unternehmen angetreten (bei 428700 Liquidationen). Zur Förderung des Mittelstandes, so will es die Bundesregierung, soll ein „Small Companies Act" kleinen Unternehmen mehr Freiraum verschaffen und sie durch Bürokratieabbau und Vereinfachung von Verfahren entlasten. Zu den Stärken des Mittelstands zählen die schnelle Umsetzung in marktfähige Produkte, seine internationale Orientierung, sein hoher Spezialisierungsgrad und die Fähigkeit, Nischenpositionen im Markt erfolgreich zu besetzen.

Beim Umsatz, der mit neuen Produkten erzielt wird, liegt der Fahrzeugbau ganz vorne. Er realisiert alleine fast 30 Prozent des gesamten Umsatzes, den die deutsche Wirtschaft mit Produktinnovationen erreicht. In Relation zum Gesamtumsatz des Fahrzeugbaus machen Produktneuheiten 49 Prozent aus.

Herstellern VW, Audi, BMW, DaimlerChrysler, Porsche und Opel (General Motors) ist Deutschland neben Japan und den USA der größte Autoproduzent der Welt. Rund sechs Millionen Automobile laufen jährlich in Deutschland vom Band; im Ausland produzieren deutsche Marken noch einmal 4,8 Millionen Fahrzeuge.

Insbesondere die technischen **Innovationen** der Fahrzeuge „made in Germany" werden von den Kunden geschätzt. Mit 142 Milliarden Euro Umsatz im Jahre 2004 ist DaimlerChrysler weltweit der drittgrößte Autobauer und die Nummer eins in der Premiumklasse. Der Sitz und die wichtigsten Werke von DaimlerChrysler sind in Stuttgart, wo auch Porsche zu Hause ist. Erfolgreich operiert auch Volkswagen, der mit einem Umsatz von 89 Milliarden Euro und einem Weltmarktanteil von 11,5 Prozent (2004) größte Autobauer Europas mit Stammwerk in Wolfsburg. Zur Spitzengruppe der deutschen Automobilbauer gehört außerdem BMW in München mit einem Umsatz von 44 Milliarden Euro.

Reformen für Wirtschaft und Gesellschaft

Die Wirtschaft weiter auf Wachstumskurs zu bringen, ist erklärtes Ziel von Bundeskanzlerin Angela Merkel. Vor allem Reformen und Investitionen sollen Innovation und Wachstum stärken und die Wettbewerbsfähigkeit des Standorts Deutschland sichern. So soll ein Zukunftsfonds von 25 Milliarden Euro bis 2009 Investitionen in die Schlüsselbereiche Verkehrsinfrastruktur, Bildung, Forschung und Technologie sowie Familienförderung möglich machen. Flankiert wird das Vorhaben von einer Offensive für Mittelstand und Unternehmensgründer. Gezielt gefördert werden zudem Spitzentechnologien wie Nano- oder Biotechnologie. Daneben sind Flexibilisierungen am Arbeitsmarkt durch moderate Veränderungen des Arbeitsrechtes geplant, etwa durch eine Verlänge-

rung der Probezeit auf bis zu 24 statt bisher sechs Monate. Um den Faktor Arbeit billiger zu machen, sollen die Lohnnebenkosten von derzeit knapp 41 auf unter 40 Prozent sinken: Dazu wird der Beitrag zur Arbeitslosenversicherung (den sich Arbeitgeber und Arbeitnehmer teilen) von 6,5 auf 4,5 Prozent gesenkt. Eine für 2008 geplante Unternehmenssteuerreform soll die Attraktivität des Standorts im internationalen Steuerwettbewerb steigern. Dabei soll die bisher unterschiedliche Besteuerung von Personengesellschaften und Aktiengesellschaften durch ein einheitliches Steuerrecht abgeschafft werden. Neben der Stimulierung der Wirtschaft ist die Sanierung des Haushalts – unter anderem durch Streichung von Steuersubventionen und die Erhöhung der Mehrwertsteuer auf 19 Prozent von 2007 an – ein wichtiges Ziel der Bundesregierung.

Dienstleistungen: Der größte Sektor

Fast 28 Millionen Menschen arbeiten im weitesten Sinne im sich dynamisch entwickelnden Dienstleistungssektor – rund zwölf Millionen davon bei privaten und öffentlichen Dienstleistungsunternehmen, nahezu zehn Millionen in Handel, Gastgewerbe und Verkehr sowie sechs Millionen im Bereich der Finanzierung, Vermietung und Unternehmensdienstleistung. Auch diese Branche ist zu gut 40 Prozent durch kleine und mittelständische Unternehmen geprägt.

Der rasante technische Fortschritt lässt insbesondere die **Informations- und Kommunikationstechnologie** rasch an Bedeutung gewinnen. Sie entwickelt sich zu einer treibenden Kraft im Dienstleistungssektor. Bereits jetzt hat dieser Markt in Deutschland ein Volumen von 134 Milliarden Euro – und er wächst konstant. Private und öffentliche Dienstleistungsunternehmen sind an der gesamten Bruttowertschöpfung von 2003 Milliarden Euro bereits mit 455 Milliarden Euro

Informations- und Kommunikationstechnologie

Die Liberalisierung des Telekommunikationsmarktes seit 1998 hat binnen weniger Jahre den Wettbewerb innerhalb der Branche stark verbessert. Deutschland ist heute europaweit der größte Mobilfunk- und Onlinemarkt. Mit rund 54,4 Millionen Festnetzanschlüssen verfügt Deutschland über eine der höchsten Anschlussquoten; 46 Prozent der Telefonhauptanschlüsse sind ISDN-basiert. 87 von 100 Deutschen telefonieren mit dem Handy, damit liegt Deutschland über dem westeuropäischen Durchschnitt (83) und deutlich vor Japan (67) und den USA (61).

Innovationen für die Zukunft

In allen Schlüsselindustrien der Zukunft sind deutsche Unternehmen und Forscher erfolgreich engagiert. Als „die" Zukunftstechnologie schlechthin gilt die Nanotechnologie. Sie beschäftigt sich mit der Forschung und Konstruktion in sehr kleinen Strukturen – ein Nanometer entspricht einem millionstel Millimeter. Die Nanotechnologie erarbeitet die Grundlagen für immer kleinere Datenspeicher mit immer größerer Speicherkapazität, zum Beispiel für photovoltaische Fenster, für Werkstoffe, aus denen sich in der Automobilindustrie ultraleichte Motoren und Karosserieteile fertigen lassen, oder für künstliche Gelenke, die durch organische Nanooberflächen für den menschlichen Körper verträglicher werden. Grob geschätzt besitzen die USA und Europa etwa gleich viele Unternehmen mit Bezug zur Nanotechnologie. Etwa die Hälfte der in Europa ansässigen Firmen stammt aus Deutschland.

Auch auf dem facettenreichen Gebiet der Biotechnologie sind bereits mehr als 600 deutsche Unternehmen erfolgreich tätig. Hier geht es unter anderem um die Entwicklung neuer Methoden und Verfahren in der Biomedizintechnik, der Biomaterialforschung, bei der Lebensmittelindustrie, bei der Schädlingsbekämpfung oder um innovative Ansätze in der pharmazeutischen und chemischen Industrie. Insgesamt ist Deutschland mit einem Anteil von rund 10,6 Prozent am Welthandel mit Spitzentechnik beteiligt und liegt damit hinter den USA auf dem zweiten Platz. Um diese Position weiter auszubauen, will die Bundesregierung bis 2010 sechs Milliarden Euro in die Nano-, Bio- und Informationstechnologien investieren.

Wirtschaftsstandort Deutschland II

Mit 140 internationalen Branchenmessen ist Deutschland ein wichtiger „Marktplatz" für Waren und Güter. Die Märkte bestimmen auch die Börsenwerte und den „Markenwert"

Die größten Industrieunternehmen

Wer sind die „Größten" im Lande? Mit über 142 Milliarden Euro Umsatz (2004) liegt DaimlerChrysler deutlich vor seinem Konkurrenten Volkswagen. Betrachtet man die Zahl der Beschäftigten liegt Siemens vorne. Mit 419 200 Beschäftigten ist das Unternehmen der größte private Arbeitgeber in Deutschland. Bei den „Top 50" der Welt liegt DaimlerChrysler auf Platz 6, Siemens hinter Volkswagen (Rang 15) auf Platz 19

Größte deutsche Unternehmen nach Umsatz 2004 (in Millionen Euro)

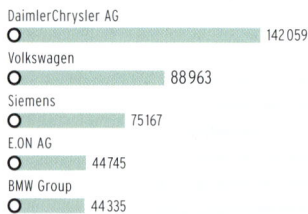

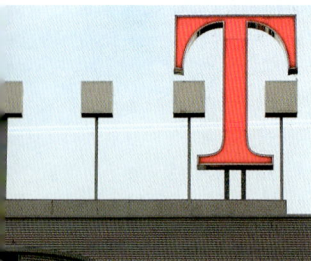

Unternehmen	Umsatz
DaimlerChrysler AG	142 059
Volkswagen	88 963
Siemens	75 167
E.ON AG	44 745
BMW Group	44 335

F.A.Z.-Archiv

Börse und Banken

Frankfurt am Main ist der führende Bankenstandort in Kontinentaleuropa mit über 100 der „Top-500-Bankinstitute". Die Stadt ist Sitz der Europäischen Zentralbank (EZB), der Bundesbank und der Frankfurter Wertpapierbörse. Die großen deutschen Unternehmen werden im Deutschen Aktien Index (DAX) gehandelt. Die größte Bank Deutschlands ist die Deutsche Bank mit einer Bilanzsumme von 840 Milliarden Euro und über 69 000 Mitarbeitern

Die deutschen Top-Marken

DaimlerChrysler, BMW, SAP, Siemens, Volkswagen, Adidas-Salomon und Porsche gehören zu den weltweit am höchsten bewerteten Marken. Im internationalen Ranking der wertvollsten Marken des Jahres 2005 (Business Week) sind deutsche Unternehmen neunmal vertreten und damit nach den USA die zweitstärkste Gruppe bei den Top 100 der globalen Trademarks

Unternehmen · **Finanzen**

Best of Germany

Dienstleistung · **Marken**

Die großen Dienstleister

Die Deutsche Telekom AG (57,8 Milliarden Euro) und die Deutsche Post AG (43 Milliarden Euro) liegen deutlich an der Spitze der umsatzstärksten Dienstleistungsunternehmen. Mit knapp 380 000 Beschäftigten ist die Deutsche Post außerdem der größte Arbeitgeber in diesem Wirtschaftssektor. Die Deutsche Bahn, das Touristikunternehmen TUI aus Hannover und der Medienkonzern Bertelsmann mit einem Umsatz von 17 Milliarden Euro und rund 90 000 Beschäftigten sind die nächstgrößeren

Die größten Dienstleistungsunternehmen nach Umsatz (in Millionen Euro, 2004)

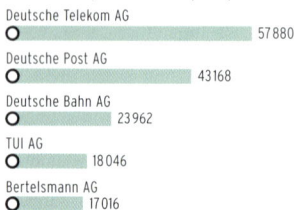

Unternehmen	Umsatz
Deutsche Telekom AG	57 880
Deutsche Post AG	43 168
Deutsche Bahn AG	23 962
TUI AG	18 046
Bertelsmann AG	17 016

F.A.Z.-Archiv

CeBIT/IFA

Digitale Welten: Mit mehr als 6000 Ausstellern, davon 50 Prozent aus dem Ausland, und 300 000 Quadratmeter Ausstellungsfläche gilt die alljährlich im Frühjahr stattfindende CeBIT in Hannover als Leitmesse im Konzert der weltweiten Informationstechnologie-Messen. Ebenfalls interessant: die Internationale Funkausstellung (IFA) in Berlin
www.cebit.de/www.ifa-berlin.de

IAA

Blickpunkt Mobilität: Die Internationale Automobil-Ausstellung (IAA) in Frankfurt am Main ist mit vielen Weltneuheiten und mit fast einer Million Besuchern die größte und wichtigste Automobilfachmesse weltweit. Sie findet alle zwei Jahre statt (2007)
www.iaa.de

Hannover Messe

Leistungsschau der Industrie: An der Hannover Messe beteiligen sich regelmäßig mehr als 6000 Aussteller aus 60 Ländern. Sie machen die Messe jährlich im April zu einem der wichtigsten Technologieereignisse – von der Prozessautomation über Pipeline-Technologien bis in den Bereich der Mikrosystemtechniken reicht das Spektrum
www.hannovermesse.de

Frankfurter Buchmesse

Die Internationale Frankfurter Buchmesse ist mit rund 7000 Ausstellern und 280 000 Besuchern die Nummer eins unter zahlreichen Branchentreffen – und dies schon seit 1949. Für den Rechtehandel und die Lizenzen ist sie der wichtigste Marktplatz
www.buchmesse.de

Messeland Deutschland

Informationstechnologie
Automobil
Industrie
Buchmarkt
Landwirtschaft
Tourismus

ITB

Reisefieber: Die Internationale Tourismus-Börse ITB Berlin ist der Name für die führende Fachmesse der internationalen Tourismus-Branche. Zur ITB kommen jedes Jahr 10 000 Aussteller – davon 80 Prozent aus dem Ausland – und mehr als 140 000 Besucher
www.itb-berlin.de

Internationale Grüne Woche

Rund um den guten Geschmack: Zur Imagefestigung und als Absatz- und Testmarkt dient die einzigartige internationale Ausstellung für Ernährung, Landwirtschaft und Gartenbau, die jährlich in Berlin stattfindet (seit 1926). Rund 440 000 Besucher zieht die Grüne Woche auf das Messegelände unter dem Funkturm
www.gruenewoche.de

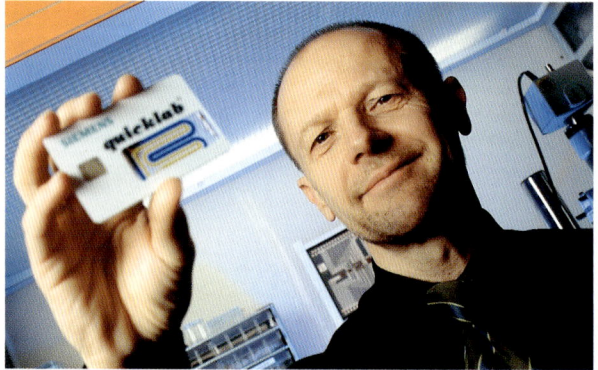

Soziale Marktwirtschaft

Das Grundgesetz als Verfassung der Bundesrepublik Deutschland schreibt keine bestimmte Wirtschaftsordnung vor, schließt aber eine reine, freie Marktwirtschaft durch die Verankerung des Sozialstaatsprinzips aus. Seit Gründung der Bundesrepublik Deutschland 1949 bildet die Soziale Marktwirtschaft die Basis der deutschen Wirtschaftspolitik. Sie ist der Versuch eines Mittelweges zwischen einer reinen Marktwirtschaft und dem Sozialismus. Entwickelt und umgesetzt wurde die Soziale Marktwirtschaft von Ludwig Erhard, dem ersten Wirtschaftsminister und späteren Bundeskanzler. Ihr Grundkonzept basiert auf dem Prinzip der Freiheit einer Marktwirtschaft, ergänzt um sozialpolitische Ausgleichsmaßnahmen. Danach soll auf der einen Seite das freie Spiel der Kräfte auf dem Markt grundsätzlich ermöglicht werden. Auf der anderen Seite garantiert der Staat ein soziales Netz zur Absicherung von Risiken. Durch Umverteilung der erarbeiteten Werte sollen nach dem Prinzip der Subsidiarität diejenigen unterstützt werden, die durch eigene Leistung nicht in der Lage sind, ihren Lebensunterhalt bestreiten zu können.

beteiligt (2004); Unternehmen aus den Bereichen Finanzierung, Vermietung und Unternehmensdienstleistung zusätzlich mit 584 Milliarden Euro.

Innovative Sektoren: Forschung als Motor

Als so genanntes Hochlohnland ist es für die deutschen Unternehmen besonders wichtig, der Konkurrenz qualitativ einen Schritt voraus zu sein. Rund 2,5 Prozent seines Bruttoinlandsproduktes gibt Deutschland daher zurzeit für Forschung und Entwicklung (F & E) aus, was deutlich über dem EU-Durchschnitt von 1,9 Prozent liegt. Bis zum Jahr 2010 will die Bundesregierung die Ausgaben für Forschung und Entwicklung auf drei Prozent des Bruttoinlandsprodukts steigern. Mit rund 40 Milliarden US-Dollar tätigt Deutschland nach den USA und Japan außerdem die größten privaten Ausgaben für Forschung und Entwicklung.

Auch der Erfindergeist ist ungebrochen: Im Jahre 2004 sind in Deutschland allein über 18 Prozent der weltweiten Patente (siehe Seite 121) angemeldet worden. In vielen zukunftsträchtigen Technologien mit hohen Wachstumsraten gehört Deutschland ebenfalls zu den führenden Nationen. Dazu zählen die Biotechnologie, die Nanotechnologie, die Informationstechnologie und die vielen Hochtechnologiebereiche der einzelnen Sektoren (Biometrie, Luft- und Raumfahrt, Elektrotechnik, Logistik). Auf den Weltmärkten gut positioniert präsentiert sich auch die deutsche Umwelttechnologiebranche (Windenergie, Photovoltaik, Biomasse), wobei die Windenenergieanlagenhersteller über einen Weltmarktanteil von 50 Prozent verfügen. 11,5 Milliarden Euro Umsatz bei 130000 Arbeitsplätzen erwirtschaftet die Branche, wovon je 50000 auf die Wind- und Bioenergie entfallen. Bis 2020 prognostizieren die Unternehmen ein jährliches Wachstum von zehn Prozent und wollen 200 Milliarden Euro investieren. Schon heute werden knapp fünf Prozent der gesamten Stromproduktion in Deutschland durch Windenergie abgedeckt; bis zum Jahr 2010 soll der Anteil der erneuerbaren Energien an der Stromerzeugung auf 12,5 Prozent steigen.

Ostdeutschland holt auf

Produktivität
BIP je Erwerbstätige,
in jeweiligen Preisen

	Alte Länder	Neue Länder
1991	44533	19644
2004	59451	44425

Anlageinvestitionen
je Einwohner in Euro

	Alte Länder	Neue Länder
1991	4900	3200
2004	4900	4300

Bundesministerium für Wirtschaft und Technologie

Wirtschaftsordnung: Leistung und soziale Balance

Deutschland ist eine **Soziale Marktwirtschaft**, das heißt: Der Staat garantiert freies wirtschaftliches Handeln, bemüht

ⓘ Aufbau Ost

Mit der Wiedervereinigung der beiden deutschen Teilstaaten 1990 stand Deutschland vor einer Herausforderung, die einmalig in der Geschichte ist. Ziel ist die Angleichung der Lebensverhältnisse in Ost und West. Da nahezu die gesamte ostdeutsche Industrie veraltet war, bedurfte es riesiger Anstrengungen, sie zu modernisieren. Seit der Wiedervereinigung wurden jährlich rund 80 Milliarden Euro transferiert, was vier Prozent des Bruttoinlandsprodukts Gesamtdeutschlands entspricht. Dennoch gestaltet sich der Konvergenzprozess langfristiger als gedacht. Inzwischen hat sich in den fünf neuen Bundesländern ein kleiner, aber leistungsfähiger Industriesektor in verschiedenen Hochtechnologiezentren gebildet, so genannte „Leuchtturm-Regionen",

etwa in Dresden, Jena, Leipzig, Leuna und Berlin-Brandenburg. Mittlerweile ist das verarbeitende Gewerbe der neue Wachstumsmotor. Die Produktionszuwächse sind weiterhin hoch. Da die Lohnstückkosten unter dem westdeutschen Durchschnitt liegen und nahezu ausschließlich modernste Technik eingesetzt wird, ist in diesem Sektor der Standard der alten Bundesländer fast erreicht. Das verfügbare Einkommen pro Einwohner betrug 2003 etwa 14300 Euro (17300 Euro in den alten Bundesländern) und hat sich gegenüber 1991 verdoppelt. Trotzdem bleibt die Bekämpfung der Arbeitslosigkeit in Ostdeutschland eine Herausforderung. Der neu in Kraft getretene Solidarpakt II sichert mit 156 Milliarden Euro die weitere Entwicklung und besondere Förderung der neuen Länder bis 2019 finanziell ab. (Siehe auch Seite 128, „Lebensverhältnisse in Ost und West".)

Die Gestaltung und Koordinierung der Wirtschafts- und Finanzpolitik ist gemäß dem föderalen System eine gemeinsame Aufgabe von Bund, Ländern und Gemeinden. Sie wirken in verschiedenen Gremien zusammen. Darüber hinaus wird die Bundesregierung von unabhängigen Wirtschaftswissenschaftlern beraten. Jedes Jahr im Januar legt die Bundesregierung dem Bundestag und dem Bundesrat den Jahreswirtschaftsbericht vor. Er beschreibt unter anderem die für das laufende Jahr von der Bundesregierung angestrebten wirtschafts- und finanzpolitischen Ziele und die Grundzüge der geplanten Wirtschafts- und Finanzpolitik. Eine Voraussetzung für das Funktionieren des Wirtschaftslebens in Deutschland ist der freie Wettbewerb, der durch das Gesetz gegen Wettbewerbsbeschränkungen geschützt wird. Es verbietet wettbewerbswidriges Verhalten von Unternehmen, aber auch des Staates. Ebenso werden Unternehmensfusionen, staatliche Subventionen und Marktzutrittsschranken hinsichtlich ihrer Wettbewerbswirkung beurteilt.

sich jedoch um einen sozialen Ausgleich. Auch aufgrund dieses Konzeptes ist es ein Land mit hohem sozialem Frieden, was sich in äußerst seltenen Arbeitskämpfen widerspiegelt. Im Durchschnitt der Jahre 1990 bis 2002 wurde in Deutschland je 1000 Arbeitstage an nur 12 Tagen gestreikt, was erheblich unter dem EU-Durchschnitt von 84 Tagen lag. Von den führenden Industrienationen wird damit lediglich in Japan und der Schweiz weniger gestreikt. Die Sozialpartnerschaft von Gewerkschaften und Arbeitgebern ist durch die institutionalisierte Konfliktregelung im Rahmen des kollektiven Arbeitsrechts festgeschrieben. Das Grundgesetz sichert die Tarifautonomie, die den Sozialpartnern das Recht zubilligt, Arbeitsbedingungen eigenverantwortlich in Tarifverträgen zu regeln.

Globalisierung: Deutschland in der Weltwirtschaft

Wegen der hohen Exportorientierung ist Deutschland an offenen Märkten interessiert. Die wichtigsten Handelspartner sind Frankreich, die USA und Großbritannien. Nach Frankreich sind 2004 Güter und Dienstleistungen im Wert von 75 Milliarden Euro exportiert worden, in die USA im Wert von 65 Milliarden Euro und nach Großbritannien im Wert von 61 Milliarden Euro.

Seit der Ost-Erweiterung der EU im Mai 2004 ist neben dem Handel mit den „alten" EU-Staaten ein starker Aufschwung des Handelsvolumens mit den osteuropäischen

Das Thema im Internet

www.invest-in-germany.de
Die Bundesagentur Invest in Germany GmbH stellt grundlegende Rechts- und Wirtschaftsinformationen sowie Branchendaten bereit, koordiniert Standortauswahlprozesse in Zusammenarbeit mit lokalen Partnern und hilft Unternehmern bei der Kontaktaufnahme zu den richtigen Ansprechpartnern (in neun Sprachen)

www.ixpos.de
Ixpos gibt einen Überblick über Themen der deutschen Außenwirtschaftsförderung (Deutsch)

www.bmwa.de
Vom Qualitätsmanagement bis hin zum E-Commerce bietet die Website des Bundeswirtschaftsministeriums Infos und viele Links (Deutsch, Englisch)

www.jobstairs.de
Interessante Internet-Jobbörse mit Stellenangeboten großer deutscher Firmen (Deutsch, Englisch)

www.ahk.de
Die Website der Auslandshandelskammern informiert deutsche Firmen, die im Ausland investieren wollen (Deutsch, Englisch)

Weltweit aktiv: Deutsche Unternehmen kennen den Weltmarkt und sind darin gut positioniert

EU-Mitgliedsländern erkennbar. Bereits seit Anfang der neunziger Jahre sind Teile der deutschen Produktion sowohl in diese Länder als auch in den asiatischen Raum verlagert worden. So waren schon 2001/2002 in Tochtergesellschaften deutscher Unternehmen in den ehemaligen Transformationsländern Europas 830 000 Arbeitnehmer tätig; 1990 hatte diese Zahl noch nahe bei null gelegen. Insgesamt werden momentan gut zehn Prozent aller Exporte in diese Länder getätigt, ähnlich viele wie in die USA.

Kontinuierlich wächst auch die Bedeutung von Handels- und Wirtschaftsbeziehungen zu asiatischen Schwellenländern wie China und Indien. Alle rasch wachsenden Länder besitzen Wettbewerbsvorteile, die ihnen die Möglichkeit bieten zu den reicheren Ländern aufzuschließen. Dies ist auch im Sinne der deutschen Außenhandelspolitik, da Deutschland ohne Einbindung in den weltweiten Handel seine Position als modernes Industrieland nicht verteidigen könnte. Gleichzeitig stellt diese Entwicklung das Land vor neue Herausforderungen. In dieser Hinsicht hat die deutsche Wirtschaft indes eine hohe Wettbewerbsfähigkeit bewiesen, was einerseits durch die **Wirtschaftspolitik**, aber auch durch die zurückhaltende Tarifpolitik erreicht wurde.   ●

Thomas Straubhaar
Der Schweizer Wirtschaftsprofessor ist Direktor des Hamburgischen Welt-Wirtschafts-Instituts (HWWI) und einer der bekanntesten Ökonomen in Deutschland.

7

Bildung, Wissenschaft, Forschung

Deutschland ist ein Land der Ideen. Bildung und Wissenschaft, Forschung und Entwicklung kommen zentrale Bedeutung zu. In einem Europa ohne Grenzen und einer Welt der globalisierten Märkte liefert Bildung das Rüstzeug dafür, die Chancen offener Grenzen und weltweiter Wissensnetzwerke nutzen zu können. Das deutsche Bildungs- und Hochschulsystem befindet sich in einem tief greifenden Erneuerungsprozess, der jetzt erste Erfolge zeigt: Deutschland ist eines der beliebtesten Studienländer, Ort internationaler Spitzenforschung und Patententwicklung.

Innovative Forschung: Deutschland ist in vielen Zukunftstechnologien wegweisend

Im internationalen Wettbewerb um die besten Köpfe

Von Martin Spiewak

NAMEN WIE HUMBOLDT UND EINSTEIN, Röntgen und Planck begründeten den Ruf Deutschlands als **Studienland** und als Land der Ingenieure und Erfinder. Schon im Mittelalter pilgerten Scholaren aus ganz Europa an die damals neu gegründeten Universitäten in Heidelberg, Köln oder Greifswald. Später, nach der Universitätsreform durch Wilhelm von Humboldt (1767–1835), wurden die deutschen Hochschulen gar zum Ideal für die anspruchsvolle akademische Welt. Humboldt konzipierte die Universität als Ort unabhängiger Erkenntnissuche. Hier sollten Forschung und Lehre eine Einheit bilden, das heißt, nur diejenigen Professoren durften Studenten unterrichten, die ihr Fach durch eigene Forschungserfahrung durchdrungen hatten. Gleichzeitig sollten sich Professoren wie Studenten frei von jeder staatlichen Zensur allein der Wissenschaft widmen.

Wer in der Wissenschaft etwas werden wollte, musste eine Zeit lang in einem deutschen Labor oder Hörsaal gelernt haben. Anfang des 20. Jahrhunderts ging rund ein Drittel aller Nobelpreise an deutsche Wissenschaftler. Ihre Innovationen veränderten die Welt: die Relativitätstheorie und die Kernspaltung, die Entdeckung des Tuberkel-Bazillus oder der Röntgen-Strahlung.

Dass heute die USA die wichtigste Wissenschaftsnation der Erde sind, haben sie auch deutschen Forschern zu verdanken. Hunderte Gelehrte, viele von ihnen wie Albert Einstein Juden, fanden auf der Flucht vor dem Hitlerregime eine neue Heimat an einer amerikanischen Universität oder

Studienland Deutschland
In Deutschland besuchen zurzeit rund 1,96 Millionen Studierende eine Hochschule, davon 937 000 Frauen (48 Prozent). Es gibt 372 Hochschulen, davon 102 Universitäten und 167 Fachhochschulen. Die staatlichen Hochschulen sind Einrichtungen der Länder. Deutschland gehört – zusammen mit den USA und Großbritannien – international zu den beliebtesten Studienländern.

Hochschulalltag: Mittlerweile gibt es fast ebenso viele Studentinnen wie Studenten

„Aus Tradition in die Zukunft": Die Ruprecht-Karls-Universität in Heidelberg

einem Forschungsinstitut. Für die deutsche Forschung dagegen war ihre Emigration ein bis in die Gegenwart reichender, folgenschwerer Verlust.

Reformen für den internationalen Wettbewerb

Wichtige Studienabschlüsse
Bachelor
Master
Diplom
Magister
Staatsexamen
Promotion

Bachelor und Master
In der Praxis finden sich gegenwärtig noch vielfach alte und neue Studiengänge und -abschlüsse nebeneinander. Im Wintersemester 2005/06 wurden an deutschen Hochschulen 3800 Bachelor- und Master-Studiengänge angeboten, so dass etwa ein Drittel der Studiengänge bisher auf die neue Struktur umgestellt wurde.

Betrachtet man die deutschen Universitäten als Ganzes, gelingt diesen trotz der guten Qualität der Lehre in der Breite nicht wie früher der Sprung an die internationale Spitze. Politik und Hochschulen haben dies erkannt und eine Reihe von Reformen eingeleitet. Diese Neuerungen sind dabei, die akademische Landschaft in Deutschland grundlegend umzugestalten. Ob die Umstellung auf gestufte **Studienabschlüsse** wie **Bachelor und Master** oder die Zulassung von Studiengebühren und Auswahltests, ob das Aufkommen privater akademischer Bildungsangebote oder die verstärkte strategische Partnerschaft von Hochschulen und außeruniversitären Instituten: Kaum ein Bereich der Gesellschaft ist zurzeit so großen Veränderungen ausgesetzt wie das Bildungssystem.

Ziel der Reformen ist es, Forschung und Lehre im schärfer werdenden internationalen Wettbewerb zu stärken und die Führungsposition wiederzuerlangen. Veränderte

---

✚ **Studieren in Deutschland – die wichtigsten Fakten in Zahlen**

Die beliebtesten Fächer
Von den rund 300 000 Studienanfängern im Wintersemester 2004/2005 sind knapp 146 000 Frauen (49 %)

Rechts-, Wirtschafts- und Sozialwissenschaften
○——————————————— 93 079
Ingenieurwissenschaften
○———————— 59 894
Sprach- und Kulturwissenschaften
○———————— 59 081
Mathematik, Naturwissenschaften
○——————— 54 946
Humanmedizin
○—— 12 396

Attraktiv für künftige internationale Eliten
Der Anteil der ausländischen Studienanfänger in Deutschland ist in den vergangenen Jahren deutlich gestiegen

10,8 % · 14,0 % · 14,3 % · 15,0 % · 16,8 % · 17,1 % · 17,4 % · 18,4 % · 19,1 % · 18,8 % · 19,0 %
1992 1995 1996 1997 1998 1999 2000 2001 2002 2003 2004

Statistisches Bundesamt, OECD

Hochschulgesetze geben den Universitäten mehr Gestaltungsspielraum, etablierte Professoren werden stärker nach Leistung bezahlt. Die Universitäten mit den großen Namen versuchen ihr Profil zu schärfen, zusätzlich heizen verschiedene **Rankings** über die Qualität und Beliebtheit der Hochschulen den Wettbewerb an.

Diesem Ziel dient auch die so genannte Exzellenzinitiative für die deutschen Universitäten. Mehr als ein Jahr lang hatten Bund und Länder, die sich in Deutschland die Verantwortung für Wissenschaft und Forschung teilen, über die Ausgestaltung der Idee diskutiert. Seit Juni 2005 steht sie fest: Fünf Jahre lang sollen die Hochschulen knapp zwei Milliarden Euro erhalten. Mit diesem Geld sollen Graduiertenschulen für den wissenschaftlichen Nachwuchs, herausragende Zentren in bestimmten Forschungsdisziplinen (Exzellenzcluster) und das Forschungsprofil von bis zu zehn ausgewählten Elite-Universitäten gefördert werden.

Hauptverantwortlich für die Organisation der Exzellenzinitiative ist die **Deutsche Forschungsgemeinschaft** (DFG), der wichtigste Forschungsfinanzier. Besonders ein Teil der Exzellenzinitiative verspricht langfristige Folgen: Hierbei sollen Reformkonzepte belohnt werden, mit denen

Universitäts-Ranking
Älteste Universität: Ruprecht-Karls-Universität Heidelberg, 1386 gegründet
Größte Universität: Universität zu Köln mit 47 000 Studierenden
Attraktivste Universität für internationale Spitzenforscher: Universität Konstanz laut Forschungsranking der Alexander von Humboldt-Stiftung
Forschungsstärkste Universitäten: TU München und Ludwig-Maximilians-Universität München laut CHE-Forschungsranking
Größte private Universität: Katholische Universität Eichstätt-Ingolstadt mit 4800 Studierenden.

Deutsche Forschungsgemeinschaft
Die DFG ist die zentrale Selbstverwaltungsorganisation der Wissenschaft. Sie unterstützt Forschungsvorhaben, wobei die Mittel überwiegend in den Hochschulbereich fließen. Zusätzlich fördert sie die Zusammenarbeit zwischen den Forschern und berät Parlamente und Behörden.

Beliebtes Studienland
Weltweit lernen gut zwei Millionen Studenten im Ausland. Deutschland ist dabei eines der beliebtesten Studienländer

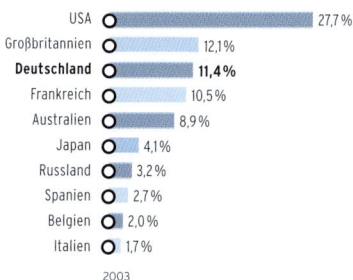

USA 27,7 %
Großbritannien 12,1 %
Deutschland **11,4 %**
Frankreich 10,5 %
Australien 8,9 %
Japan 4,1 %
Russland 3,2 %
Spanien 2,7 %
Belgien 2,0 %
Italien 1,7 %

2003

Abschlüsse werden internationaler
Die meisten Prüfungen werden für Magister und Diplom abgelegt, doch Bachelor- und Masterabschlüsse gewinnen zunehmend an Bedeutung

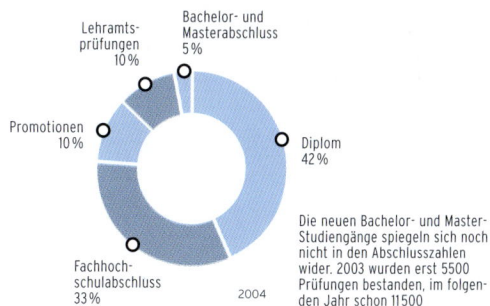

Lehramtsprüfungen 10 %
Bachelor- und Masterabschluss 5 %
Promotionen 10 %
Diplom 42 %
Fachhochschulabschluss 33 %

2004

Die neuen Bachelor- und Master-Studiengänge spiegeln sich noch nicht in den Abschlusszahlen wider. 2003 wurden erst 5500 Prüfungen bestanden, im folgenden Jahr schon 11500

Forschung an den Hochschulen
Die deutschen Universitäten sind – aufbauend auf dem Prinzip der „Einheit von Forschung und Lehre" – nicht nur Lehranstalten für Studierende, sondern auch Orte wissenschaftlicher Spitzenforschung. Voraussetzung dafür ist die intensive Zusammenarbeit von Wissenschaftlern und Forschungseinrichtungen im In- und Ausland. Die Universitäten erhalten Mittel von der öffentlichen Hand, von Stiftungen oder aus Forschungsaufträgen von Dritten („Drittmittelforschung").

Universitäten darlegen, wie sie in den kommenden Jahren an die Spitze der internationalen **Forschung** vorstoßen wollen. Damit ist die Zeit vorbei, in der das Hochschulwesen auf weitgehend egalitären Prinzipien beruhte und Studium und Lehre im Prinzip an jeder deutschen Universität gleich viel wert waren.

Das Hochschulsystem

Nach dem Zweiten Weltkrieg entwickelte sich eine Wissenschaftslandschaft, die – verstärkt noch einmal durch die deutsche Wiedervereinigung 1990 – so breit gefächert ist wie niemals zuvor. Wer heute in Deutschland studieren möchte, hat die Wahl zwischen 372 Hochschulen, die über das gesamte Bundesgebiet verteilt sind. Ob in einer Großstadt oder im Grünen, altehrwürdig oder hochmodern, klein und überschaubar oder groß und pulsierend: In fast jeder größeren deutschen Stadt gibt es eine Hochschule. Allein

ℹ Schulausbildung

Gute Startchancen für alle sind eine wesentliche Voraussetzung für Bildung und Leistung. In Deutschland gilt für alle Kinder eine neunjährige Schulpflicht. In der Regel besuchen die Kinder mit sechs Jahren für vier Jahre die Grundschule. Anschließend gibt es unterschiedliche weiterführende Schulen: Hauptschule, Realschule, Gymnasium. Sie unterscheiden sich in den Leistungsanforderungen und in der Gewichtung von Praxis und Theorie. Daneben gibt es Gesamtschulen, an denen Schulpflichtige aller Leistungsgruppen parallel unterrichtet werden. Ein Wechsel zwischen den verschiedenen Gruppen (Schulformen) ist dort leicht möglich. Die Hauptschule umfasst die 5. bis 9. Klasse als Pflichtunterricht, das 10. Schuljahr ist freiwillig. Die Realschule steht zwischen Hauptschule und Gymnasium, umfasst die Klassen 5 bis 10 und führt zur „Mittleren Reife". Das Gymnasium vermittelt eine vertiefte allgemeine Bildung. Es endet je nach Bundesland nach zwölf oder 13 Schuljahren mit der Allgemeinen Hochschulreife.

Die meisten Schulen sind Halbtagsschulen und enden mittags. Den Ausbau von Ganztagsschulen in den Ländern hat der Bund mit insgesamt vier Milliarden Euro gefördert; 2006 soll es bundesweit bereits 5000 Ganztagsschulen geben, das sind rund zwölf Prozent der allgemein bildenden Schulen. Bessere, vorausschauende Betreuung im vorschulischen Bereich sowie mehr Sprachunterricht sollen die Qualität der schulischen Bildung verbessern. Der Besuch öffentlicher Schulen ist kostenfrei. Die Bundesländer sind für das Schulsystem zuständig, es wird jedoch durch die Ständige Konferenz der Kultusminister koordiniert.

das Bundesland Nordrhein-Westfalen verfügt über 15 Universitäten und 25 Fach- sowie acht Kunsthochschulen. Viele von ihnen wurden in den sechziger und siebziger Jahren gegründet, der Zeit der großen Hochschulexpansion. Innerhalb von zwei Jahrzehnten verfünffachte sich damals die Zahl der Studierenden. Besonders die Zahl der Studentinnen wuchs schnell. Mittlerweile haben sie ihre männlichen Kommilitonen zahlenmäßig fast eingeholt.

Heute studieren in Deutschland rund zwei Millionen junge Menschen. Mehr als ein Drittel eines Altersjahrgangs nimmt ein Studium auf – mit steigender Tendenz. Dennoch liegt Deutschland im internationalen Vergleich noch unter dem Durchschnitt. Das liegt zum einen an der relativ niedrigeren Quote von Schülerinnen und Schülern, die mit einer Hochschulberechtigung die Schule verlassen. Zum anderen wählt knapp ein Drittel der Abiturienten eine berufliche Ausbildung im bewährten dualen System (siehe Seite 119). Es bietet für viele Berufe – zum Beispiel bei handwerklich-technischen Tätigkeiten oder in medizinischen Hilfsberufen – eine Ausbildung, die in anderen Ländern ein Studium erfordert.

Ebenso im Gegensatz zu vielen anderen Nationen spielen **private Universitäten** nur eine vergleichsweise geringe Rolle: 97 Prozent der Studierenden besuchen öffentliche Einrichtungen. Diese arbeiten unter Aufsicht und Steuerung des Staates, bieten – bislang noch – eine kostenlose akademische Ausbildung an und stehen prinzipiell allen offen, die mit dem Abitur (oder einem vergleichbaren Zertifikat) die Zugangsberechtigung zum Studium besitzen. Seit den siebziger Jahren wurden etliche staatlich unabhängige, nichtkonfessionelle Hochschulen gegründet, die sich über Studiengebühren und Spenden finanzieren.

Technische Universitäten und Fachhochschulen

Während die klassischen Universitäten der reinen Wissenschaft verpflichtet sind und das umfassende Fächerspektrum von den Altertumswissenschaften bis zur Volkswirtschaft anbieten, konzentrieren sich die Technischen Univer-

Sprungbrett für eine erfolgreiche Berufskarriere: Ein abgeschlossenes Studium

Private Universitäten
Neben den nichtstaatlichen, konfessionellen Hochschulen haben sich seit den siebziger Jahren auch eine Reihe staatlich anerkannter privater Hochschulen gegründet. Mittlerweile gibt es in Deutschland 100 – meist kleine – Hochschulen in freier Trägerschaft, darunter 15 private Universitäten wie die European Business School in Oestrich-Winkel und die Private Universität Witten/Herdecke sowie 16 Theologische Hochschulen.

Erfindungen und Innovationen

Das Land der Ideen: Vom Fahrrad bis zum
MP3-Format — deutsche Erfinder und Erfindungen
prägen die moderne Welt. Innovationen
„made in Germany" auf einen Blick

1854
Glühbirne
Der Uhrmacher war seiner Zeit weit
voraus. Denn als **Heinrich Göbel** (1818-1893)
im Jahre 1854 Bambusfasern in einem
Vakuum zum Glühen brachte, gab es noch
gar kein Stromnetz. Heutzutage werden in
Deutschland pro Jahr rund 350 Millionen
Glühbirnen verkauft

1796
Homöopathie
Ähnliches möge mit Ähnlichem geheilt
werden: Diese Idee führte **Samuel Hahnemann**
(1755-1843) zum Heilprinzip der Homöopathie. Mittlerweile haben schon knapp
40 Prozent der Deutschen das sanfte
Verfahren angewandt

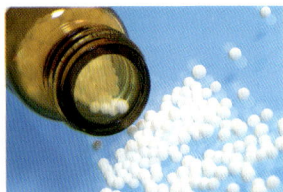

| 1760 | 1780 | 1800 | 1820 | 1840 |

18. Jh.   **19. Jh.**

1817
Fahrrad
Das „Zweiradprinzip" hatte es **Karl von
Drais** (1785-1851) besonders angetan.
Die zweirädrige Laufmaschine wurde
weltweit zur Erfolgsstory

1861
Telefon
Mit **Philipp Reis** (1834-1874) begann
die Ära einer revolutionären
Kommunikationstechnologie.
Dem Mathematiklehrer gelang
es als Erstem, Töne und Wörter
in elektrischen Strom zu ver-
wandeln und andernorts als
Schall wiederzugeben

1876
Kühlschrank
Am 25. März 1876 erhielt **Carl von Linde** (1842-1934) das Patent für den ersten Kühlschrank, der mit Ammoniak als Kühlmittel arbeitete. 1993 bringt die deutsche Firma **Foron** den weltweit ersten FCKW-freien „Greenfreeze"-Kühlschrank auf den Markt

1930/1931
Fernsehen
Am Weihnachtsabend 1930 gelang **Manfred von Ardenne** (1907-1997) die erste elektronische Fernsehübertragung. Mittlerweile steht in 95 Prozent der deutschen Haushalte ein Fernsehgerät. Die durchschnittliche Sehdauer liegt bei rund 220 Minuten am Tag

1876
Otto-Motor
Ansaugen, verdichten, zünden, arbeiten, auspuffen: Als Erfinder des Viertakt-Prinzips hat **Nikolaus August Otto** (1832-1891) Technikgeschichte geschrieben und die Motorisierung beschleunigt

1891
Gleitflug
Er verwirklichte einen Menschheitstraum: **Otto Lilienthal** (1848-1896) gelang 1891 ein Gleitflug über 25 Meter. Heute segeln in Deutschland rund 7850 motorlose Flugzeuge

Kabel Deutschland
Hamburg 22

1897
Aspirin
Am 10. August 1897 synthetisierte der Chemiker **Felix Hoffmann** (1868-1946) ein weißes Pulver: die Acetylsalicylsäure, ein „Wundermittel", wie sich zeigen sollte

ASPIRIN

| 1860 | 1880 | 1900 | 1920 | 1940 |

20. Jh.

1885
Automobil
Sie machten die Menschen mobil: **Carl Benz** (1844-1929) und **Gottlieb Daimler** (1834-1900). Heute sind in Deutschland über 45 Millionen Pkw zugelassen

$$\mathcal{E} = \frac{mc^2}{\sqrt{1 - \frac{q^2}{c^2}}}$$

1905
Relativitätstheorie
Er entwickelte kein Produkt, er erfand kein Verfahren. Dafür kreierte er eine neue Vorstellung von Raum und Zeit. **Albert Einstein** (1879-1955), der 1933 aus Deutschland emigrierte, war der erste Popstar der Wissenschaft. Seine Formel: $E=mc^2$

Innovationen „made in Germany"

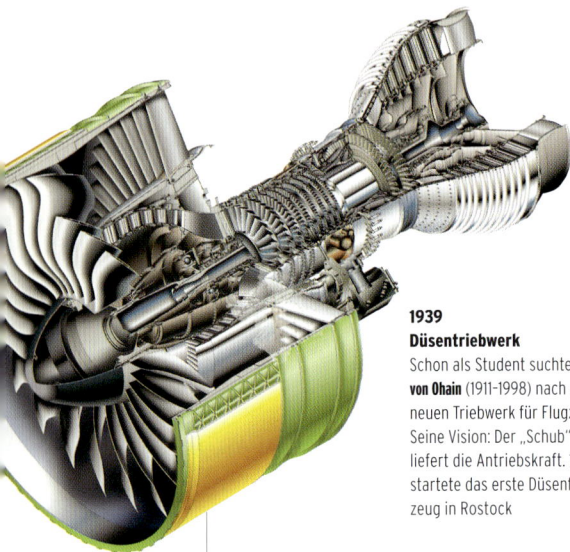

1957
Dübel
Einfach und genial:
Anders lässt sich die
Erfindung des Kunststoff-
Dübels nicht beschreiben.
Für den „Patentwelt-
meister" **Artur Fischer** ist
das Patent für den Dübel
aber nur eines von über
5000, die er im Laufe
eines langen Unterneh-
merlebens erworben hat

1939
Düsentriebwerk
Schon als Student suchte **Hans
von Ohain** (1911-1998) nach einem
neuen Triebwerk für Flugzeuge.
Seine Vision: Der „Schub"
liefert die Antriebskraft. 1939
startete das erste Düsenflug-
zeug in Rostock

1969
Chipkarte
Mit dem Patent DE 19
45777 C3 stießen **Jürgen
Dethloff** (1924-2002) und
Helmut Gröttrup (1916-1981) das Tor
der Informationsgesellschaft
weit auf. Als Scheckkarte, Tele-
fonkarte oder Patientenkarte ist
ihre Chipkarte heute fester
Bestandteil des Alltags

1940	1950	1960	1970

20. Jh.

1941
Computer
Weil er Mathematikaufgaben
nicht mochte, erfand **Konrad
Zuse** (1910-1995) die erste
binäre Rechenmaschine: den
Z3. Der erste Computer
schaffte die vier Grundre-
chenarten in gerade drei
Sekunden: der Beginn des
digitalen Zeitalters. Heute
werden pro Jahr 150 Millionen PC verkauft, sieben Millionen allein in Deutschland

ISBN 3-7973-0932-5

9 783797 309327

1963
Scanner
Der Erfinder des Fax-Vorläufers **Rudolf Hell** (1901-2002)
hatte schon in den zwanziger Jahren die Idee,
Texte und Bilder in Punkte und Linien zu zerlegen. Sein
Hell-Schreiber übertrug erstmals Text und Bild über
weite Strecken. 1963 erfand er den ersten Scanner zur
Zerlegung farbiger Bildvorlagen

1979
Magnetschwebebahn
Die erste Magnetschwebebahn fuhr in
Hamburg. Heute rast der deutsche
„Transrapid" in Schanghai mit 430
Stundenkilometern vom Flughafen in
die City. Die geniale Idee für eine Mag-
netbahn hatte der Ingenieur **Hermann
Kemper** (1892-1977) schon 1933

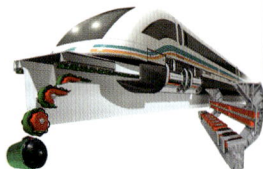

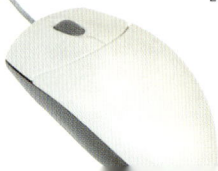

1995
MP3
Für Millionen Kids weltweit sind MP3-Player das Größte. Entwickelt hat das Verfahren zur Audiokompression ein Team des Fraunhofer-Instituts um **Karlheinz Brandenburg**

2005
Airbus A 380
Eine europäische Erfolgsgeschichte mit viel deutscher Technik: Der **Airbus A 380** ist der größte Linienjet der Welt. Im Frühjahr 2005 absolvierte der Gigant der Lüfte den Jungfernflug

2006
Klimaneutrale WM
Auch das ist eine Innovation: Die **Fußball-WM 2006** in Deutschland wird die erste sportliche Großveranstaltung, die mithilfe von modernen Umwelttechniken klimaneutral sein wird

1976
Flüssigkristallbildschirm
Die Zukunft der Bildschirmtechnik ist groß und flach: dank moderner Flüssigkristalle. Die ersten bot die Darmstädter Firma **Merck** 1904 zum Verkauf an, der Durchbruch gelang dann 1976 dank Substanzen mit besseren optischen und chemischen Display-Eigenschaften

1994
Brennstoffzellen-Auto
Schon 1838 entwickelte **Christian Friedrich Schönbein** (1799–1868) das Prinzip der Brennstoffzelle. Doch erst 1994 nutzte DaimlerChrysler das Potenzial für das weltweit erste Brennstoffzellenauto

| 1980 | 1990 | 2000 | 2010 |

21. Jh.

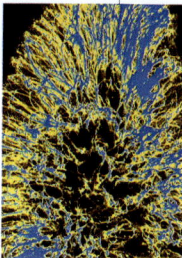

1986
Rastertunnelmikroskop
Es macht die kleinsten Bausteine der Materie sichtbar: die Atome. Der Deutsche **Gerd Binnig** und der Schweizer **Heinrich Rohrer** erhielten dafür 1986 den Nobelpreis für Physik. Der entscheidende Vorstoß in die Nanowelt

2002
Twin-Aufzüge
Wie können zwei Aufzugkabinen unabhängig voneinander in einem Schacht fahren? Eine hypermoderne Steuerungstechnik der Firma **Thyssen Krupp** macht es möglich. Twin-Aufzüge eröffnen neue Dimensionen in der Gebäudeplanung

*Wilhelm von Humboldt:
Er schuf in Deutschland
die Universität als einen
Ort der unabhängigen
Erkenntnissuche*

Internationalisierung
Rund 246 000 ausländische
Studierende besuchen derzeit
eine deutsche Hochschule, etwa
jeder Vierte hat auch schon seine
Hochschulzugangsberechtigung
in Deutschland erworben. Aber
auch 62 000 Deutsche studieren
im Ausland. Ihre beliebtesten
Studienländer sind Großbritannien, die USA, die Schweiz, Frankreich und Österreich.

sitäten (TU) auf ingenieur- und naturwissenschaftliche Studiengänge. Die TU haben als Schmieden deutscher Inge-
nieurskunst einen guten Ruf. Sie sind bei ausländischen Studenten besonders beliebt.

Seit Ende der sechziger Jahre entwickelte sich zudem
eine deutsche Besonderheit, die auch im Ausland viele Nach-
ahmer gefunden hat: die Fachhochschule (FH). Mehr als ein
Viertel aller Studierenden in Deutschland lernen heute an
einer FH sowie in einigen Bundesländern an einer so
genannten Berufsakademie, die sehr stark mit Unternehmen zusammenarbeitet. Vor allem der schnellere Weg in
den Beruf – ein Studium an einer FH dauert in der Regel
drei Jahre – sowie die praxisorientierte Ausrichtung locken
die Studenten an die Fachhochschulen. Straff organisierte
Studiengänge und studienbegleitende Prüfungen ermöglichen kürzere Durchschnittsstudienzeiten. Das bedeutet
indes keinen Verzicht auf Wissenschaftlichkeit – auch an den
rund 170 Fachhochschulen wird geforscht, allerdings in
hohem Maße anwendungsbezogen und industrienah.

Internationale Orientierung

Deutschland ist ein attraktiver Studienstandort für junge
Menschen aus aller Welt. Rund 246 000 Ausländerinnen und
Ausländer studieren an deutschen Hochschulen, 70 Prozent
mehr als 1995. Mittlerweile stammt mehr als jeder zehnte

Student aus dem Ausland, die meisten aus Osteuropa und China. Deutschland ist für internationale Studenten nach den USA und Großbritannien das wichtigste Gastland.

Dieser Erfolg in der **Internationalisierung** der deutschen Hochschulen ist dem vereinten Bemühen von Universitäten und Politik zu verdanken. So wurde gemeinsam mit den Hochschulorganisationen vor einigen Jahren im Ausland eine Imagekampagne für die deutschen Hochschulen gestartet. Daneben waren mehrere Hochschulen mit staatlicher Hilfe an der Gründung von Partnerhochschulen im Ausland beteiligt, unter anderem in Singapur (TU München), Kairo (Universitäten Ulm und Stuttgart) und Seoul (Musikhochschule Weimar). Federführend bei solchen Auslandsinitiativen ist in der Regel der **DAAD**, der Deutsche Akademische Austauschdienst, der weltweit den Austausch von Studierenden und Wissenschaftlern fördert. In über hundert Ländern unterhält er Büros, Dozenten oder Alumni-Vereinigungen. Er war auch beim Aufbau der vielen hundert fremd-

DAAD
Der Deutsche Akademische Austauschdienst (DAAD) ist eine gemeinsame Einrichtung der deutschen Hochschulen. Er hat die Aufgabe, die Hochschulbeziehungen mit dem Ausland vor allem durch den Austausch von Studierenden sowie Wissenschaftlerinnen und Wissenschaftlern zu fördern. Seine Programme sind in der Regel offen für alle Fachrichtungen und alle Länder und kommen Ausländern wie Deutschen gleichermaßen zugute. Der DAAD unterhält ein weltweites Netzwerk von Büros, Dozenten und Alumni-Vereinigungen und bietet Informationen und Beratung vor Ort.

Duale Berufsausbildung

International etwas Besonderes ist die duale Berufsausbildung. Die meisten Jugendlichen, etwa 60 Prozent, erlernen nach der Schule einen der 350 staatlich anerkannten Ausbildungsberufe im dualen System. Dieser Einstieg in das Berufsleben unterscheidet sich von der rein schulischen Berufsausbildung, wie sie in vielen Staaten üblich ist: Der praktische Teil wird an drei bis vier Wochentagen im Betrieb gelernt; an ein bis zwei Tagen folgt die fachtheoretische Ausbildung in der Berufsschule. Die Ausbildung dauert zwei bis dreieinhalb Jahre. Die Kombination von Theorie und Praxis garantiert die hohe Qualifikation der Handwerker und Facharbeiter. Die berufliche Ausbildung ist zudem ein Einstieg in eine Karriere, die über die Weiterbildung bis zum Meisterbrief führt. Aufgrund der dualen

Berufsausbildung ist der Anteil der Jugendlichen ohne Beruf oder Ausbildungsplatz in Deutschland vergleichsweise niedrig. Er beträgt bei den 15- bis 19-Jährigen nur 1,8 Prozent. Finanziert wird die Ausbildung von den Betrieben, die den Auszubildenden eine Vergütung bezahlen, und vom Staat, der die Kosten für die Berufsschule trägt. Zurzeit bilden 643 000 Betriebe, der öffentliche Dienst und die Freien Berufe die jungen Menschen aus. Mehr als 80 Prozent der Ausbildungsplätze stellt der Mittelstand (siehe auch Seite 97).

Wer bildet aus?

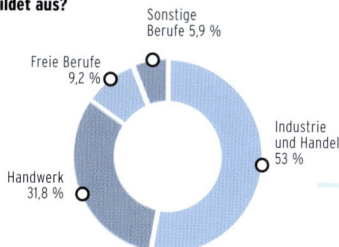

Sonstige Berufe 5,9 %
Freie Berufe 9,2 %
Industrie und Handel 53 %
Handwerk 31,8 %

Statistisches Bundesamt 2003

Bologna-Prozess
Gemeinsam mit seinen europäischen Nachbarn hat sich Deutschland 1999 in Bologna das Ziel gesetzt, bis zum Jahr 2010 einen gemeinsamen europäischen Hochschulraum zu schaffen. Ergebnis der Reform ist die Umstellung der Studiengänge auf das zweistufige Bachelor-/Master-Studiensystem und die Einführung von Leistungspunkten nach einem europaweit anerkannten System.

Revolutionierte das Verständnis von Raum und Zeit: Albert Einstein

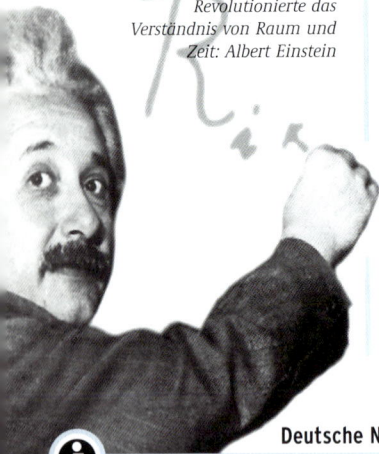

sprachigen (häufig englischsprachigen) Studiengänge an deutschen Hochschulen beteiligt.

Zudem stellen immer mehr Fachbereiche ihr Studium auf die international bekannten Bachelor- und Master-Abschlüsse um. Bis 2010 sollen alle Hochschulen die neue Studienstruktur übernommen haben – so schreibt es die von den Staaten Europas unterzeichnete **„Bologna-Erklärung"** vor. Nicht nur der Studentenaustausch innerhalb des Kontinents soll dadurch erleichtert werden. Gleichzeitig möchte Europa noch interessanter werden für Akademiker aus Übersee.

Was an Kunst- und Musikhochschulen schon lange üblich ist, soll in Zukunft auch an anderen Universitäten Praxis werden. Bis vor kurzem suchte nur ein kleiner Teil der Fachbereiche seine Studierenden selbst aus. In einigen Fächern mit **Zulassungsbeschränkung** wie Medizin oder Psychologie werden die Studierenden von einer zentralen Stelle auf die Hochschulen verteilt. Nun gehen immer mehr Hochschulen dazu über, die Studienbewerber mit Eignungstests oder Auswahlgesprächen zu prüfen und auszuwählen.

Im Januar 2005 fiel durch eine Entscheidung des Bundesverfassungsgerichts ein weiteres Tabu: die Gebührenfreiheit für das Studium. Bislang zahlt in Deutschland (fast) nur der Staat für die höhere Bildung. Wenn die deut-

Deutsche Nobelpreisträger in Naturwissenschaft und Medizin

Von den bislang 76 deutschen Nobelpreisträgern bekamen 65 den Preis für Verdienste in den Naturwissenschaften oder der Medizin. Der erste Nobelpreis für Physik überhaupt ging 1901 an Wilhelm Conrad Röntgen für „eine neue Art von Strahlen". Robert Koch, Max Planck, Albert Einstein, Werner Heisenberg und Otto Hahn waren

weitere deutsche Preisträger, die weit über ihre Fachgemeinde bekannt wurden. Christiane Nüsslein-Volhard (Medizin), Horst L. Störmer, Herbert Kroemer, Wolfgang Ketterle und Theodor Hänsch (alle Physik) sind die jüngsten deutschen Preisträger dieser höchsten wissenschaftlichen Auszeichnung.

①	1901	**Conrad Röntgen**
②	1905	**Robert Koch**
③	1932	**Werner Heisenberg**
④	1995	**Chr. Nüsslein-Volhard**
⑤	1998	**Horst L. Störmer**
⑥	2000	**Herbert Kroemer**
⑦	2001	**Wolfgang Ketterle**
⑧	2005	**Theodor Hänsch**

schen Hochschulen konkurrenzfähig bleiben möchten, müssten in Zukunft auch die Studierenden ihren Beitrag leisten, fordern Professoren wie Politiker. Mehrere Bundesländer erarbeiten zurzeit Beitragsmodelle für **Studiengebühren**. Geplant sind Summen von 500 Euro pro Semester. Um nicht abschreckend zu wirken, sollen die Gebühren erst nach dem Studium bezahlt werden, wenn die Absolventen ein Einkommen haben.

Forschung in der Wirtschaft

Während für das Studium allein die Hochschulen zuständig sind, findet Forschung in Deutschland natürlich auch außerhalb der Universitäten statt. So ist die Forschungsaktivität der deutschen Wirtschaft groß: Mit mehr als 23 000 Anmeldungen liegt Deutschland deutlich vor den anderen europäischen Ländern bei den beim Europäischen Patentamt eingereichten Patenten. Mit Siemens, Bosch, Infineon und BASF gehören vier deutsche Konzerne bei der internationalen Patentanmeldung unter die zwölf weltweit besten Unternehmen. Forschungsschwerpunkte der Wirtschaft liegen in den Segmenten Automobil und Pharma, aber auch in der Nanotechnologie haben sich deutsche Wissenschaftler

Zulassungsbeschränkung
Aufgrund des Andrangs wurden für einen Teil der Studienfächer bundesweite Zulassungsbeschränkungen – der so genannte Numerus clausus – eingeführt. Vom Wintersemester 2005/06 an greift in bundesweit zulassungsbeschränkten Studiengängen die kurz als „20-20-60-Regelung" beschriebene Quotenverteilung: 20 Prozent der Studienplätze gehen somit an die Abiturbesten, die sich ihre Wunschhochschule aussuchen können, 20 Prozent werden nach Wartezeit vergeben. Die Mehrzahl der Studienplätze, nämlich 60 Prozent, wird in Zukunft von den Hochschulen selbst vergeben.

Studiengebühren
Zurzeit ist das Erststudium noch gebührenfrei. Mehrere Bundesländer, darunter Nordrhein-Westfalen, Bayern und Baden-Württemberg, planen allerdings von 2007 an Studiengebühren für das Erststudium zu erheben.

Spitzenplatz bei Patenten
Von insgesamt 123 706 Patentanmeldungen beim Europäischen Patentamt im Jahr 2004 entfielen auf

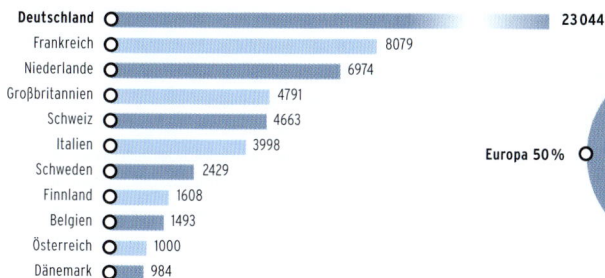

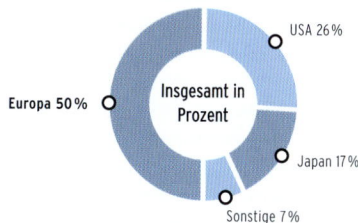

Deutschland	23 044
Frankreich	8079
Niederlande	6974
Großbritannien	4791
Schweiz	4663
Italien	3998
Schweden	2429
Finnland	1608
Belgien	1493
Österreich	1000
Dänemark	984

Insgesamt in Prozent

Europa 50 %
USA 26 %
Japan 17 %
Sonstige 7 %

Eurostat, 2003/Europäisches Patentamt

Virtuelle Realitäten:
Neue Technologien erleichtern
die Interaktion zwischen
Mensch und Maschine

Max-Planck-Gesellschaft
Die Max-Planck-Gesellschaft
wurde am 26. Februar 1948 – in
Nachfolge der bereits 1911 errichteten Kaiser-Wilhelm-Gesell-
schaft zur Förderung der Wissen-
schaften – gegründet. Max-
Planck-Institute betreiben Grund-
lagenforschung in den Natur-,
Bio-, Geistes- und Sozialwissenschaften. Die MPG greift vor
allem neue, besonders innovative
Forschungsrichtungen mit inter-
disziplinärem Charakter auf.

einen Namen gemacht. Hier liegt Deutschland bei den Patentanmeldungen weltweit auf Platz zwei hinter den USA und vor Japan.

Außeruniversitäre Forschung

Spitzenforschung findet zudem an Hunderten von wissen-schaftlichen Instituten statt, die in Organisationen wie der Helmholtz-Gemeinschaft, der Fraunhofer-Gesellschaft oder der Leibniz-Gemeinschaft zusammengefasst sind. Gerade an den außeruniversitären Forschungseinrichtungen finden Spitzenwissenschaftler optimale Arbeitsbedingungen vor, wie sie nur wenige andere Institutionen weltweit bieten kön-nen. Hier arbeiten die produktivsten deutschen Forscher, ent-stehen die originellsten Veröffentlichungen. Das gilt besonders für die 80 Max-Planck-Institute (MPI). Ob bei der Suche nach Wasser auf dem Mars, beim Humangenom-Pro-jekt oder der Erforschung des menschlichen Verhaltens: Max-Planck-Institute sind dabei, wenn wissenschaftliches Neuland beschritten wird. 16 Nobelpreise und viele andere interna-tionale Auszeichnungen haben ihre Wissenschaftler seit der Gründung der Gesellschaft 1948 errungen. 2005 ging der Nobelpreis für Physik an den MPI-Direktor Theodor Hänsch. Die Attraktivität der **Max-Planck-Gesellschaft** gründet auf ihrem Forschungsverständnis: Ihre Institute bestimmen alle The-men selbst, erhalten beste Arbeitsbedingungen und haben freie Hand bei der Auswahl ihrer Mitarbeiter. Direktor eines

Das Thema im Internet

www.campus-germany.de
Campus Germany bietet umfassende
Informationen zu den Themen Studieren, Forschen und Leben in Deutschland (in acht Sprachen)

www.bildungsserver.de
Das Informationsportal zum deutschen
Bildungssystem (Deutsch, teilweise in
21 Sprachen)

www.hochschulkompass.de
Der Webauftritt informiert über
Studium, Promotionsmöglichkeiten
und internationale Kooperationen
(Deutsch, Englisch)

www.forschungsportal.net
Suchmaschine des Bundesforschungs-
ministeriums zu Forschungsergebnissen, Dissertationen (Deutsch, Englisch)

www.dfg.de
Informationen der Deutschen
Forschungsgemeinschaft für Wissen-
schaftler (Deutsch, Englisch)

www.daad.de
Das Angebot des Deutschen Akademi-
schen Austauschdienstes informiert
über Studienmöglichkeiten für Ausländer sowie Stipendien (in 22 Sprachen)

MPI zu sein ist für viele Wissenschaftler der Höhepunkt ihrer Karriere.

Was bei Max Planck selten vorkommt, ist für die Institute der **Fraunhofer-Gesellschaft** lebensnotwendig: die enge Kooperation mit der Industrie. Die rund 80 Forschungseinrichtungen betreiben angewandte Forschung, vor allem auf ingenieurwissenschaftlichem Feld. Fraunhofer-Experten stehen mit einem Bein im Labor und mit dem anderen in der Fabrikhalle, denn ihre Aufträge stammen in der Regel von Unternehmen, vornehmlich aus dem Mittelstand.

Unter dem Dach der **Helmholtz-Gemeinschaft** sind 15 Hightech-Einrichtungen der deutschen Forschung versammelt, große, oft extrem teure Institutionen, die weltweit bekannt sind, wie die Gesellschaft für Schwerionenforschung (GSI), das Deutsche Krebsforschungszentrum (DKFZ), das Deutsche Elektronen-Synchrotron in Hamburg (DESY) oder das Alfred-Wegener-Institut für Polar- und Meeresforschung. Jedes Jahr ziehen die Helmholtz-Institute Tausende ausländischer Forscher an, um die mitunter weltweit einmaligen Anlagen für physikalische oder medizinische Versuche zu nutzen. Um intensiver zusammenzuarbeiten und wettbewerbsorientierter aufzutreten, richten sich die Helmholtz-Zentren stärker strategisch aus und setzen bei der Forschung Prioritäten. Die Max-Planck-Gesellschaft wiederum gründete zusammen mit Partneruniversitäten die international ausgerichteten Max-Planck-Research-Schools. Von den bisher an den 28 Graduiertenschulen aufgenommenen Doktoranden stammt die Hälfte aus dem Ausland. Dies ist ein wichtiger Schritt auf dem Weg, das Bildungssystem im Wettbewerb um die besten Köpfe zu stärken.

Mit gezielter Förderung will die Bundesregierung Deutschland weiter voranbringen. Bis zum Jahr 2010 sollen drei Prozent des Bruttoinlandsprodukts in Forschung und Entwicklung investiert werden (2004: 2,5 Prozent). Dazu werden die Mittel für die Forschungseinrichtungen bis zum Jahr 2010 jährlich um drei Prozent erhöht und sechs Milliarden Euro in die Nano-, Bio- und Informationstechnologie fließen. •

Fraunhofer-Gesellschaft

Die Gesellschaft betreibt anwendungsorientierte Forschung. Auftraggeber sind Industrie- und Dienstleistungsunternehmen sowie die öffentliche Hand. Etwa 12 500 Mitarbeiterinnen und Mitarbeiter sind in rund 80 Forschungseinrichtungen an über 40 Standorten in ganz Deutschland tätig. Das jährliche Forschungsvolumen beträgt über eine Milliarde Euro. Die Fraunhofer-Gesellschaft hat Niederlassungen in Europa, den USA und Asien.

Helmholtz-Gemeinschaft

Mit ihren 15 Forschungszentren, einem Jahresbudget von rund 2,2 Milliarden Euro und 24 000 Mitarbeiterinnen und Mitarbeitern ist die Helmholtz-Gemeinschaft Deutschlands größte Wissenschaftsorganisation. Sie engagiert sich in den Bereichen Energie, Erde und Umwelt, Gesundheit, Schlüsseltechnologien, Struktur der Materie sowie Verkehr und Weltraum.

Martin Spiewak
Der Journalist ist Wissenschaftsredakteur der Wochenzeitung „Die Zeit".

8

Gesellschaft

In Deutschland leben fast 83 Millionen
Menschen. Es ist die mit Abstand
bevölkerungsreichste Nation der Europäischen Union. Deutschland ist ein
modernes und weltoffenes Land. Seine
Gesellschaft ist geprägt durch einen
Pluralismus von Lebensstilen und die
Vielfalt ethno-kultureller Prägungen.
Die Formen des Zusammenlebens sind
vielfältiger geworden, die individuellen
Freiräume haben sich erweitert. Die
traditionellen Rollenzuweisungen der
Geschlechter wurden aufgebrochen.
Trotz der gesellschaftlichen Verände-
rungen ist die Familie weiterhin die
wichtigste soziale Bezugsgruppe und
die Jugendlichen haben ein sehr enges
Verhältnis zu ihren Eltern.

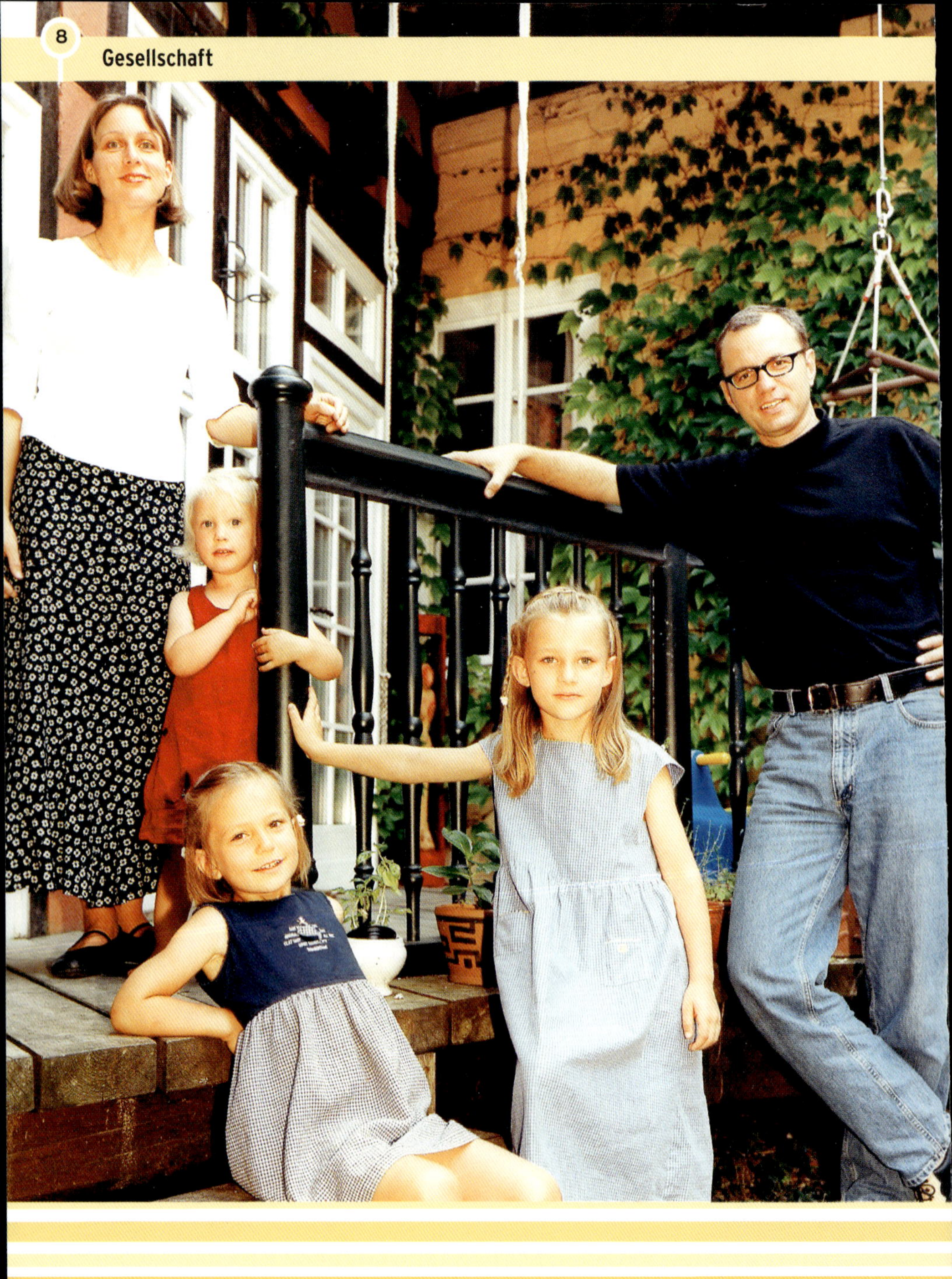

Die deutsche Gesellschaft – modern, plural und offen

Von Rainer Geißler

DIE DEUTSCHE GESELLSCHAFT ist eine moderne und offene Gesellschaft: Die meisten Menschen – Jüngere und Ältere – verfügen über eine gute Ausbildung, einen international betrachtet hohen **Lebensstandard** und über entsprechende Freiräume zur individuellen Lebensgestaltung. Im Zentrum ihres Lebens steht die Familie, deren Formen immer vielfältiger werden. Doch die Gesellschaft steht vor der Herausforderung, wichtige Probleme der Bevölkerungsentwicklung – die Alterung der Gesellschaft sowie die Zuwanderung mit zunehmender ethno-kultureller Vielfalt – zu lösen. Und noch eine Aufgabe haben die Deutschen zu bewältigen: die Folgen der 45-jährigen deutschen Teilung. In den eineinhalb Jahrzehnten seit der politischen Wiedervereinigung im Jahr 1990 ist schon vieles geschehen, dennoch wird die Herstellung der sozialen Einheit Deutschlands auch in absehbarer Zukunft ein wichtiges Thema bleiben.

Bevölkerung

Deutschland ist seit der Wiedervereinigung die mit Abstand bevölkerungsreichste Gesellschaft der Europäischen Union. Fast 83 Millionen Menschen wohnen auf deutschem Gebiet, ein knappes Fünftel davon in Ostdeutschland, auf dem Territorium der früheren DDR. Drei Trends sind kennzeichnend für die demographische Entwicklung in Deutschland: eine niedrige Geburtenrate, die steigende Lebenserwartung und die Alterung der Gesellschaft.

Lebensstandard
Die Bundesrepublik Deutschland gehört zu den Ländern mit dem höchsten Lebensstandard der Welt. Nach dem HDI-Index der Vereinten Nationen ist Deutschland bei der Lebenserwartung, dem Alphabetisierungsgrad und dem Pro-Kopf-Einkommen weltweit eines der höchst entwickelten Länder. Das Gesundheitssystem ermöglicht eine umfassende medizinische Versorgung, die sozialen Sicherungssysteme der gesetzlichen Krankenkassen, der Pflege- und Unfallversicherung, der Altersvorsorge und der Sicherung bei Arbeitslosigkeit schützen die Menschen vor den finanziellen Folgen existenzieller Risiken.

Seit drei Jahrzehnten befindet sich Deutschland in einem Geburtentief: Die Zahl der Geburten liegt seit 1975 mit leichten Schwankungen bei etwa 1,4 Kindern pro Frau. Die Kindergeneration ist also seit 30 Jahren um etwa ein Drittel kleiner als die Elterngeneration. Hohe Zuwanderungsraten aus anderen Gesellschaften nach Westdeutschland verhinderten, dass die Bevölkerung entsprechend schrumpfte. Gleichzeitig stieg die Lebenserwartung der Menschen kontinuierlich an. Sie beträgt mittlerweile bei Männern 76 Jahre und bei Frauen 81 Jahre.

Die **steigende Lebenserwartung** und noch mehr die niedrigen Geburtenzahlen sind die Ursache für den dritten Trend: Der Anteil junger Menschen an der Gesamtbevölkerung geht zurück, gleichzeitig nimmt der Anteil der älteren Menschen zu. Anfang der neunziger Jahre entfielen auf jeden über 60 Jahre alten Menschen knapp drei Personen im Erwerbsalter. 2004 betrug das Verhältnis nur noch 1 zu 2,2 und Vorausberechnungen gehen davon aus, dass

Lebensverhältnisse in Ost und West

Die Wiedervereinigung im Jahr 1990 hat Deutschland vor gewaltige politische, finanzielle und ökonomische Herausforderungen gestellt. Die Herstellung der sozialen Einheit Deutschlands bleibt auch weiterhin eine zentrale politische Aufgabe. So ist die Arbeitslosigkeit in den neuen Bundesländern Brandenburg, Mecklenburg-Vorpommern, Sachsen, Sachsen-Anhalt und Thüringen im Schnitt immer noch mehr als doppelt so hoch wie in den alten Ländern. Dennoch wurden beim Aufbau Ostdeutschlands große Fortschritte erzielt. Viele einstmals vom Zerfall bedrohte ostdeutsche Innenstädte sind inzwischen saniert, die Verkehrs- und Telekommunikationsinfrastruktur gehört zu den modernsten der Welt. Über eine halbe Million neu gegründeter Unternehmen haben sich in den ostdeutschen Bundesländern entwickelt. Die Angleichung der Lebensverhältnisse in Ost und West ist weit fortgeschritten: Das verfügbare Einkommen in Ostdeutschland hat sich heute auf rund 83 Prozent des Durchschnitts in ganz Deutschland entwickelt. Konsumgewohnheiten, die Wohnungssituation der Menschen - seit 1990 sind mehr als die Hälfte der ostdeutschen Wohnungen mit finanziellen Hilfen des Bundes modernisiert oder instand gesetzt worden - oder die Versorgung mit Gesundheitsleistungen unterscheiden sich kaum noch zwischen Ost und West. Zugleich zeichnet sich in den neuen Ländern eine regionale Differenzierung nicht nur zwischen städtischen und ländlichen Gebieten ab; auch kristallisieren sich Wachstumskerne heraus, die ihrerseits zur weiteren Ansiedlung führen. (Siehe auch Seite 103, „Aufbau Ost")

innerhalb des nächsten Jahrzehnts das Verhältnis von 1 zu 2 unterschritten werden dürfte. Die Alterung der Gesellschaft ist eine der größten Herausforderungen an die Sozial- und Familienpolitik. Die Rentenversicherung befindet sich deshalb seit längerem im Umbau: Der traditionelle **„Generationenvertrag"** wird immer weniger bezahlbar und durch private Vorsorge fürs Alter ergänzt. Zudem werden verstärkt familienpolitische Maßnahmen zur Erhöhung der Kinderzahl diskutiert.

Familie

Die Familie ist weiterhin die erste und vorrangige soziale Gruppe der Menschen und eine der wichtigsten sozialen Institutionen. Ihre Bedeutung als Lebenszentrum hat im Laufe der Zeit eher zu- als abgenommen. Für fast 90 Prozent der Bevölkerung steht die Familie an erster Stelle ihrer persönlichen Prioritäten. Auch unter jungen Menschen genießt sie hohe Wertschätzung: 70 Prozent der 12- bis 25-Jährigen sind der Meinung, dass man eine Familie zum Glücklichsein braucht.

Doch die Vorstellungen, wie eine Familie auszusehen hat, sowie die Struktur der Familie haben sich im Zuge des sozialen Wandels stark verändert. In der traditionellen bürgerlichen Familie versorgte ein auf Dauer verheiratetes Ehepaar mehrere Kinder in strikter Rollentrennung: der Vater als berufstätiger Ernährer, die Mutter als Hausfrau. Dieses „Ernährermodell" wird durchaus noch gelebt – zum Beispiel in unteren sozialen Schichten, unter Migranten oder auf Zeit, solange die Kinder noch klein sind –, aber es ist nicht mehr die vorherrschende Lebensform.

Die Formen des Zusammenlebens sind erheblich vielfältiger geworden. Die Freiräume, zwischen verschiedenen Familienformen zu wählen oder auch ganz auf eine Familie zu verzichten, haben sich erweitert. Das hat nicht unerheblich mit der veränderten Rolle der Frau zu tun: Rund 60 Prozent der Mütter sind heute berufstätig. Die Familien sind kleiner geworden. Ein-Kind-Familien tauchen häufiger auf als Familien mit drei und mehr Kindern. Typisch ist

Generationenvertrag
So wird das System bezeichnet, mit dem die gesetzliche Rentenversicherung finanziert wird: Die heute Erwerbstätigen zahlen in einem Umlageverfahren mit ihren Beiträgen die Renten der aus dem Erwerbsleben ausgeschiedenen Generation in der Erwartung, dass die kommende Generation dann später die Renten für sie aufbringt. Eine erste gesetzliche Regelung zur Alterssicherung wurde schon 1889 eingeführt. Mittlerweile gehören rund 80 Prozent der erwerbstätigen Bevölkerung der gesetzlichen Rentenversicherung an. Neben den Einzahlungen der Arbeitnehmer und Arbeitgeber wird das System heute auch durch Bundeszuschüsse getragen. Seit 2002 wird die gesetzliche Rente ergänzt durch eine staatlich geförderte kapitalgedeckte private Altersvorsorge.

Die Familie ist weiterhin die wichtigste soziale Institution

Lebensformen

Die Arten des Zusammenlebens in Deutschland sind vielfältig, doch die meisten Menschen – fast 68 Millionen – leben in Haushalten mit mehreren Personen. Mehr als 43 Millionen davon sind Eltern-Kind-Gemeinschaften, darunter fast 21 Millionen Kinder. Knapp 23 Millionen Menschen leben als Paare zusammen, jedoch ohne Kinder, fast 14 Millionen leben alleine.

Alleinerziehende

In den mehr als 1,5 Millionen Familien, in denen nur ein Elternteil die Kinder erzieht, sind dies in mehr als 90 Prozent der Fälle die Mütter. Viele von ihnen sind ohne Erwerbsarbeit oder in Teilzeit beschäftigt. Auch um ihnen die Berufsausübung zu erleichtern, soll die Ganztagsbetreuung für Kinder weiter verbessert werden.

die Zwei-Kind-Familie. Auch ein Leben ohne Kinder – als Paar oder allein – wird öfter geführt. Fast jede dritte der 1965 geborenen Frauen ist bis heute kinderlos geblieben.

Nicht nur die **Lebensformen**, auch die moralischen Grundhaltungen unterliegen einem Wandel. Partnerschaftliche Treue ist zwar weiterhin ein wichtiger Wert, doch die Norm, eine Lebensgemeinschaft auf Dauer einzugehen, hat sich gelockert. Die Ansprüche an die Qualität einer Partnerschaft sind dagegen gestiegen. Dies ist einer der Gründe dafür, dass inzwischen etwa 40 Prozent der Ehen, die in den vergangenen Jahren geschlossen wurden, wieder geschieden werden. Eine erneute Heirat oder Partnerschaft ist die Regel. Deutlich zugenommen haben auch die nichtehelichen Lebensgemeinschaften.

Besonders bei jüngeren Menschen oder wenn gerade eine Ehe gescheitert ist, ist die „Ehe ohne Trauschein" beliebt. So ist auch die Zahl der unehelichen Geburten angestiegen: In Westdeutschland wird gut ein Fünftel, in Ostdeutschland mehr als die Hälfte der Kinder unehelich geboren. Eine Folge dieses Wandels ist die Zunahme der Stieffamilien und der Alleinerziehenden: Ein Fünftel aller Gemeinschaften mit Kindern sind **Alleinerziehende**, und dies sind in der Regel allein erziehende Mütter.

Auch die innerfamiliären Verhältnisse haben sich in den vergangenen Jahrzehnten weiterentwickelt. Die Bezie-

hungen zwischen Eltern und Kindern sind oft ausgesprochen gut und werden meist nicht mehr durch Gehorsam,
Unterordnung und Abhängigkeit, sondern eher durch Mit-
sprache und Gleichberechtigung, durch Unterstützung,
Zuwendung und Erziehung zur Selbstständigkeit geprägt.

Frauen und Männer

Die im Grundgesetz geforderte **Gleichberechtigung** der Frauen
ist in Deutschland – so wie in anderen modernen Gesellschaften auch – ein erhebliches Stück vorangekommen. So
haben im Bildungsbereich die Mädchen die Jungen nicht
nur eingeholt, sondern inzwischen sogar überholt. An den
Gymnasien – den Schulen mit dem höchsten Bildungsniveau
– stellen sie 57 Prozent der Absolventen; der Anteil junger
Frauen an den Studienanfängern der Universitäten beträgt
knapp 54 Prozent. Von den Auszubildenden, die 2004 ihre
Abschlussprüfung erfolgreich abgelegt haben, waren
44 Prozent junge Frauen.

Immer mehr Frauen ergreifen einen Beruf. In Westdeutschland sind mittlerweile 65 Prozent der Frauen berufstätig, in Ostdeutschland 73 Prozent. Während Männer in der
Regel einer Vollzeitbeschäftigung nachgehen, arbeiten Frau-
en häufig, besonders jene mit kleineren Kindern, in Teilzeit.

Gleichberechtigung

In Deutschland ist die Gleichberechtigung im Grundgesetz
verankert, das Verbot der Diskri-
minierung aufgrund des
Geschlechts bei Arbeitsbedingungen und Entgelt gesetzlich
festgeschrieben und eine Vielzahl von Gesetzen zur Gewähr-
leistung der Rechte der Frauen
erlassen. Darüber hinaus engagiert sich Deutschland mit einem
umfassenden Netzwerk von staatlichen und nichtstaatlichen Einrichtungen zur Gleichstellung der
Geschlechter. Mit der Einführung
des „Gender Mainstreaming" wird
Frauenpolitik als Querschnitts-
aufgabe in allen Ressorts und
Verwaltungen integriert. Damit
übernimmt der Staat eine aktive
Rolle bei der Herstellung gleicher
Lebensbedingungen für Mann
und Frau. Diese Maßnahmen
zeigen bereits Erfolge: Bei dem
GEM-Index der Vereinten Nationen, der die Beteiligung von
Frauen in Wirtschaft und Politik
misst, gehört Deutschland mit
Rang 9 zu den bestplatzierten
Ländern der Welt.

Frauen in Deutschland

Mädchen mit bester Bildung

In den vergangenen Jahren sind wichtige Schritte nicht
nur zur rechtlichen, sondern auch zur faktischen
Gleichstellung der Frauen unternommen worden. Dabei
ist für viele Frauen die Berufstätigkeit von großer
Bedeutung. Zwei Drittel der Frauen sind mittlerweile
berufstätig, und dies ändert sich auch nicht wesentlich,
wenn Kinder hinzukommen. Bei der Ausbildung der
Mädchen – wesentliche Voraussetzung für die Berufsausübung – wurden große Fortschritte erzielt. Gerade
bei den höher qualifizierenden Bildungsabschlüssen
stellen die jungen Frauen schon die Mehrheit.

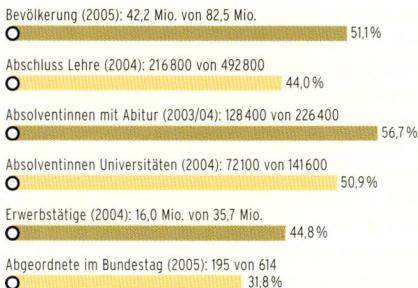

Bevölkerung (2005): 42,2 Mio. von 82,5 Mio.
51,1 %

Abschluss Lehre (2004): 216 800 von 492 800
44,0 %

Absolventinnen mit Abitur (2003/04): 128 400 von 226 400
56,7 %

Absolventinnen Universitäten (2004): 72 100 von 141 600
50,9 %

Erwerbstätige (2004): 16,0 Mio. von 35,7 Mio.
44,8 %

Abgeordnete im Bundestag (2005): 195 von 614
31,8 %

Statistisches Bundesamt

Leben in Deutschland

Arbeit und Freizeit, Familie und Engagement:
Wie die Deutschen ihren Alltag gestalten, womit
sie ihre Zeit verbringen, was ihnen wichtig ist
und wofür sie sich einsetzen

50,5

31,3

Selbständige 10,8

Beamte 6,3

Angestellte

Arbeiter

Berufliche Stellung
(in Prozent)

Statistisches Bundesamt

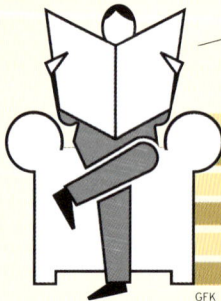

Hoher Anteil von berufstätigen Frauen

Von den 36 Millionen Berufstätigen (davon in den
neuen Bundesländern: 6,2 Millionen) sind 16 Millionen
Frauen. Das entspricht einem Anteil von 45 Prozent;
im Osten Deutschlands sind es sogar 47 Prozent.
Damit sind etwa 60 Prozent der erwerbsfähigen Frau-
en berufstätig

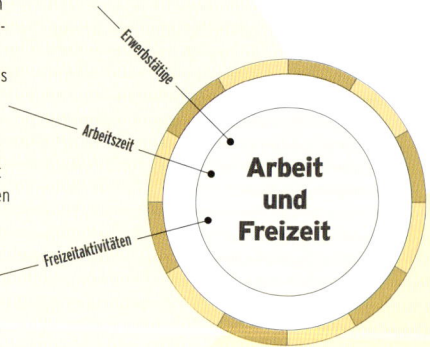

Trend zu mehr Teilzeit

Immer mehr Beschäftigte arbeiten
in Teilzeit. Im Frühjahr 2004 waren
es 7,2 Millionen. Sie stellen mittlerweile 23 Prozent der abhängig
Beschäftigten. Überwiegend sind es
Frauen - meistens Mütter -, die in
Teilzeit arbeiten, sie übernehmen
85 Prozent dieser Jobs. So ergibt sich
durchschnittlich eine Wochenarbeitszeit
für Männer von über 40 Stunden, bei Frauen
liegt sie bei knapp 31 Stunden

Statistisches Bundesamt

Erwerbstätige

Arbeitszeit

Freizeitaktivitäten

**Arbeit
und
Freizeit**

**Die beliebtesten
Freizeitaktivitäten** (in Prozent)

Zu Hause entspannen	70
Heimwerken/Garten	38
Ausgehen	38
Sport	25
Kino	25
Kultur	15

GFK

Sechs Stunden freie Zeit

Heute haben die Menschen in Deutschland
mehr Freizeit als noch vor zehn Jahren - im
Durchschnitt rund sechs Stunden am Tag. Am
liebsten verbringen sie diese Zeit zu Hause
und entspannen etwa zwei Stunden mit
Fernsehen oder Musikhören. Männer kommen
auf fast eine halbe Stunde mehr freie Zeit als
Frauen

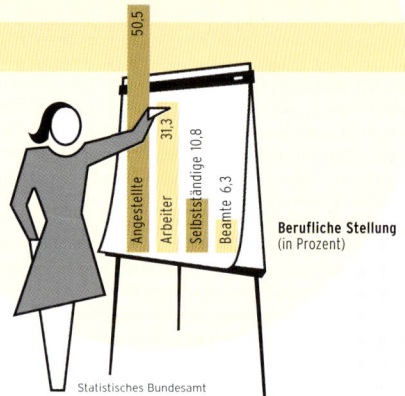

Fast jeder Dritte wohnt in einer Großstadt

Deutschland ist eines der am dichtesten besiedel-
ten Länder. In München leben mehr als 4000 und
in Berlin 3800 Einwohner pro Quadratkilometer, in
Mecklenburg-Vorpommern hingegen nur 75. Rund
29 Millionen Menschen, das sind gut 35 Prozent,
leben in Kleinstädten mit bis zu 20 000 Einwohnern. Mehr als 30 Prozent wohnen in den Großstädten mit mehr als 100 000 Einwohnern, von
denen es in Deutschland 82 gibt

Die größten Städte Deutschlands
(in tausend Einwohnern)

Berlin	3388
Hamburg	1734
München	1281
Köln	1022
Frankfurt/M.	655

Statistisches Bundesamt

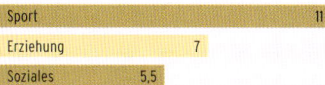

Die größten Bereiche des freiwilligen Engagements (in Prozent)

Sport	11
Erziehung	7
Soziales	5,5

TNS Infratest

Sport und Engagement

Mehr Engagement
70 Prozent aller Deutschen, die älter als 14 Jahre sind, engagieren sich aktiv in Gruppen, Vereinen oder Organisationen. 36 Prozent übernehmen darüber hinaus ehrenamtliche Aufgaben. Das sind zwei Prozentpunkte mehr als noch vor fünf Jahren

Die Deutschen sind sportlich aktiv
Sport ist sehr beliebt. Es gibt rund 90 000 Sportvereine mit 27 Millionen Mitgliedern. Fußball steht dabei an erster Stelle. Mit 26 000 Vereinen und 170 000 Mannschaften ist der Deutsche Fußball-Bund (DFB) der größte Einzelverband des Deutschen Sportbundes (DSB). Finanziert wird der Sport durch staatliche und halbstaatliche Förderung, ehrenamtliches Engagement, private Sponsoren und Mitgliedsbeiträge

Die beliebtesten Sportarten (in Millionen Mitgliedern)

Fußball	6,3
Turnen	5,1
Tennis	1,8
Schützen	1,5
Leichtathletik	0,9

Deutscher Sportbund

Die größten Konsumausgaben privater Haushalte (in Euro)

Wohnen	697
Mobilität	305
Ernährung	263
Freizeit	261

Statistisches Bundesamt

Wohnen ist der größte Ausgabeposten
Einem Privathaushalt stehen durchschnittlich 2820 Euro im Monat an Einkommen und Einnahmen zur Verfügung. Das meiste Geld wird für Miete und Wohnung ausgegeben. Doch auch für das Auto und für Mobilität generell sowie für Essen und Trinken werden jeweils gut zehn Prozent des Einkommens verbraucht

Eigentümer und Mieter (in Prozent)

Mieter	57,8
Eigentümer	42,2

Statistisches Bundesamt

Leben und Wohnen

Leben in den eigenen vier Wänden
Die Deutschen sehen im eigenen Haus oder in der eigenen Wohnung eine der wichtigsten Altersvorsorgen. Rund 15 Millionen der gut 35 Millionen Wohnungen werden mittlerweile von Eigentümern bewohnt. Die höchsten Eigentümeranteile, nämlich 65 Prozent, sind in Gemeinden mit weniger als 5000 Einwohnern

*Frauen in der Arbeitswelt:
Bereits 45 Prozent aller
Berufstätigen sind weiblich*

Spitzenpositionen
An den „Top-Führungskräften"
stellen Frauen in Deutschland
etwa 21 Prozent, jede dritte der
Führungspositionen ist mit einer
Frau besetzt. In den neuen
Bundesländern fällt das Verhältnis zwischen weiblichen und
männlichen Führungskräften
deutlich günstiger aus. Dort sind
gut 42 Prozent der Führungskräfte weiblich und immerhin
29 Prozent der Top-Positionen
mit Frauen besetzt. Im Westen
sind dies nur 32 bzw. 20 Prozent.
Die Chance, Leitungsfunktionen
übernehmen zu können, hängt
stark von der Branche ab:
Am höchsten ist sie im Dienst-
leistungsbereich, wo 53 Prozent
der Führungskräfte Frauen sind.
Im Baugewerbe sind es nur
14 Prozent.

Auch bei Löhnen und Gehältern bestehen nach wie vor
Differenzen zwischen den Geschlechtern: So verdienen
Arbeiterinnen nur 74 Prozent des Gehalts ihrer männlichen
Kollegen und Angestellte lediglich 71 Prozent. Dies hat im
Wesentlichen damit zu tun, dass Frauen häufig in niedrige-
ren und damit schlechter bezahlten Positionen arbeiten.
Auch wenn sie inzwischen häufiger in die **Spitzenpositionen**
der Berufswelt vorrücken, stoßen sie dabei nach wie vor auf
erhebliche Karrierehindernisse. So sind zum Beispiel zwar
knapp die Hälfte der Studierenden, aber nur ein Drittel der
wissenschaftlichen Mitarbeiter und lediglich 14 Prozent der
Professoren Frauen.

Ein Haupthindernis beim beruflichen Aufstieg liegt
darin, dass sich an der häuslichen Arbeitsteilung zwischen
Frauen und Männern nur relativ wenig verändert hat. Der
Kern der traditionellen Hausarbeiten – Waschen, Putzen
und Kochen – wird in 75 bis 90 Prozent der Familien von den
Frauen erledigt. Und obwohl 80 Prozent der Väter angeben,
dass sie gerne mehr Zeit mit ihren Kindern verbringen wür-
den, investieren Frauen, selbst die erwerbstätigen, doppelt
so viel Zeit in die Kinderbetreuung wie ihre Männer. 56 Prozent der Männer mit Kinderwunsch wären zwar unter
bestimmten Bedingungen bereit, nach der Geburt eines Kin-
des in Elternzeit zu gehen, tatsächlich tun dies nur knapp
fünf Prozent der Väter (siehe Seite 141). In Schweden dagegen machen 36 Prozent der Väter von diesem Recht
Gebrauch.

In der Politik haben die Frauen sich inzwischen etabliert. In den beiden großen Parteien SPD und CDU ist fast jedes dritte beziehungsweise vierte Mitglied weiblich. Bemerkenswert entwickelt hat sich der Anteil der Frauen im Bundestag: 1980 stellten sie nur acht Prozent der Parlamentarier, 2005 sind es fast 32 Prozent. Im gleichen Jahr wurde Angela Merkel die erste Bundeskanzlerin Deutschlands.

Jugend

Die zentrale Bezugsgruppe der jungen Menschen ist – neben den Cliquen der Gleichaltrigen, deren Bedeutung stark zugenommen hat – die Familie. Noch nie lebten so viele Jugendliche – 81 Prozent der 18- bis 21-jährigen männlichen und 71 Prozent der weiblichen Jugendlichen – so lange im Haushalt ihrer Eltern wie heute. Fast alle 12- bis 29-Jährigen geben an, ein sehr gutes und vertrauensvolles Verhältnis zu ihren Eltern zu haben.

Eine Ursache für den längeren Verbleib in der Familie ist, dass immer mehr junge Menschen immer länger im Bildungssystem bleiben. Ihr **Qualifikationsniveau** ist deutlich gestiegen. Mittlerweile beginnen 37 Prozent eines Jahrgangs mit einem Studium, nur etwa ein Zehntel verlässt das Bildungssystem ohne abgeschlossene Berufsausbildung. Zu

Die Clique: Zentrale Bezugsgruppe für Jugendliche

Qualifikationsniveau
Rund 60 Prozent der Jugendlichen eines Jahrgangs beginnen nach der Schule eine Berufsausbildung in einem staatlich anerkannten Ausbildungsberuf entweder als duale Berufsausbildung oder als schulische Ausbildung an einer Berufsfachschule. Gut 37 Prozent nehmen ein Studium an einer der 372 Hochschulen auf.

Wertepriorität von Jugendlichen

Aufstieg statt Ausstieg
Die Jugendlichen in Deutschland sind im Vergleich zu den achtziger Jahren deutlich pragmatischer geworden. Leistung, Sicherheit und Macht sind wichtiger geworden, politisches Engagement hat an Bedeutung verloren. Am Anfang des 21. Jahrhunderts legen die 12- bis 25-Jährigen mehr Wert auf den Aufstieg als auf den gesellschaftlichen Ausstieg und mixen ihren Wertecocktail aus traditionellen und modernen Werten: Dass Familie wichtig ist, ist die verbreitetste Meinung; Kreativität, Unabhängigkeit und Sicherheit haben ebenfalls große Bedeutung für die Lebensgestaltung.

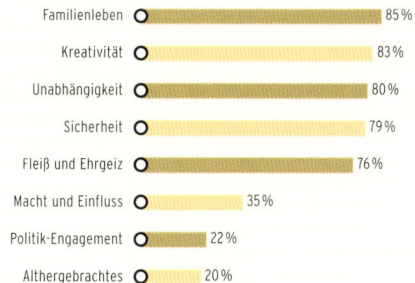

Familienleben	85%
Kreativität	83%
Unabhängigkeit	80%
Sicherheit	79%
Fleiß und Ehrgeiz	76%
Macht und Einfluss	35%
Politik-Engagement	22%
Althergebrachtes	20%

14. Shell Jugendstudie

den Problemgruppen im Bildungssystem gehören vor allem junge Menschen aus sozial schwachen Schichten und aus Migrantenfamilien.

Im Vergleich zu früheren Jugendgenerationen sind die Jugendlichen pragmatischer geworden und haben nicht nur ein gutes Verhältnis zur Elterngeneration, sondern auch zur Demokratie: Die pessimistische Protest- und „Null Bock"-Haltung der achtziger Jahre ist weitgehend einem unideologischen, optimistischen Pragmatismus gewichen. Die heutige junge Generation ist erfolgsorientiert und leistungsbereit. Ihre Lebensmaxime kann man auf die Formel „Aufstieg statt Ausstieg" bringen.

Auf einem traditionellen Links-rechts-Schema ordnet sich die Jugend – wie üblich – etwas links von der Gesamtbevölkerung ein; politische Extrempositionen werden aber nur sehr selten vertreten. Sehr hoch dagegen ist die Bereitschaft zu **sozialem Engagement**. Rund drei Viertel aller Jugendlichen setzen sich für soziale und ökologische Belange ein: für hilfsbedürftige ältere Menschen, für Umwelt- und Tierschutz, für Arme, Migranten oder Behinderte. Das Interesse an Politik, Parteien oder Gewerkschaften ist dagegen rückläufig. Nur noch 30 Prozent der 12- bis 25-Jährigen bekunden politisches Interesse, unter den jungen Erwachsenen und den Studierenden sind es mit 44 bzw. 64 Prozent deutlich mehr.

Soziales Engagement
Das Engagement jüngerer Menschen ist in Deutschland hoch: 37 Prozent aller Jugendlichen zwischen 14 und 24 Jahren engagieren sich ehrenamtlich. Sie setzen sich besonders für Sport, Freizeit und Geselligkeit, im schulischen, kulturellen oder im kirchlichen Bereich sowie bei den Rettungsdiensten ein. Im manchen Feldern ist der Anteil der jugendlichen Engagierten so groß, dass diese ohne sie gar nicht auskommen könnten – so zum Beispiel in den Sportvereinen. Die Hälfte der Jugendlichen ist in Vereinen, ein Viertel in gesellschaftlichen Großorganisationen, besonders in den Kirchen, engagiert.

Junge Menschen: Der Einsatz für andere gehört zu ihrem Lebensstil selbstverständlich dazu

Ältere Menschen

In Deutschland ist etwa jeder Vierte über 60 Jahre alt. Wegen der seit langem niedrigen Geburtenraten und der steigenden Lebenserwartung hat die deutsche Gesellschaft nach Japan und Italien weltweit den dritthöchsten Anteil an älteren Menschen. Ihre Lebensformen und **Lebensstile** haben sich in den letzten Jahrzehnten stark verändert. Die überwiegende Mehrheit der älteren Menschen wohnt heute selbstständig. Sie leben meist in der Nähe ihrer Kinder und haben zu diesen regen sozialen Kontakt. Die „jungen Alten", die jünger als 75 oder 80 Jahre sind, sind meist auch gesundheitlich in der Lage, weiterhin ein selbstständiges Leben mit neuen Zielen zu führen und ihre Freizeit aktiv zu gestalten.

Finanziell ist die ältere Generation weitgehend abgesichert: Die Rentenreform von 1957 hat die Rentnerinnen und Rentner nach und nach zur vollen Teilhabe am Wohlstand geführt. Heute ist es ihnen sogar möglich, ihre Kinder beim Aufbau einer eigenen Familie finanziell zu unterstützen. Die Altersarmut ist nicht völlig beseitigt, aber das Armutsrisiko liegt niedriger als bei anderen Altersgruppen.

Drei-Generationen-Familien wohnen zwar nur noch sehr selten unter einem Dach, aber zwischen den erwachsenen Kindern und ihren Eltern sowie zwischen Großeltern und ihren Enkeln bestehen starke emotionale Bindungen. Ein Modellprojekt der Bundesregierung will den Zusammenhalt der Generationen weiter stärken. So soll in den nächsten Jahren in jedem Landkreis und in jeder kreisfreien Stadt in Deutschland ein so genanntes Mehr-Generationen-Haus entstehen. Diese Häuser sollen Anlaufstelle, Netzwerk und Drehscheibe für Familienberatung, Gesundheitsförderung, Krisenintervention und Hilfeplanung sein.

Lebensstil der älteren Generation
Senioren werden nicht nur älter, sie sind auch gesünder, fitter und aktiver als die Generationen vor ihnen. Ökonomisch sind sie gut ausgestattet: Die über 60-Jährigen verfügen über fast ein Drittel der gesamten Kaufkraft. Gut geht es auch den ostdeutschen Rentnern. Sie sind aus der Randlage, in der viele von ihnen in der DDR leben mussten, befreit worden. Ihre heutigen Einkommen liegen fast im ostdeutschen Durchschnitt. Der Lebensstil der Generation 50+ hat sich erheblich gewandelt und die aktive Gestaltung der Freizeit wird immer wichtiger. Dabei steht laut einer SWR-Studie die Pflege sozialer Kontakte im Vordergrund. Neben Fernsehen (Nachrichten), Radio (Klassik) und der Zeitungslektüre ist die beliebteste Freizeitbeschäftigung der Sport.

Migration und Integration

Die deutsche Wirtschaft ist seit dem Nachkriegsboom der fünfziger Jahre auf Arbeitsmigranten angewiesen. Die meisten der damals so genannten „Gastarbeiter" sind in ihre süd-

Ausländische Bevölkerung

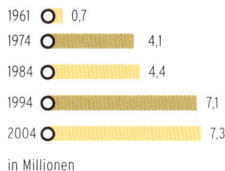

Jahr	Millionen
1961	0,7
1974	4,1
1984	4,4
1994	7,1
2004	7,3

in Millionen

Statistisches Bundesamt

Zuwanderung

Deutschland war bereits im 19. Jahrhundert Zielland für eine große Zahl von Migranten und ist seit der zweiten Hälfte des 20. Jahrhunderts in Europa zum Land mit der größten Zahl von Zuwanderern geworden. Noch 1950 lag der Anteil der Ausländer an der Gesamtbevölkerung der Bundesrepublik Deutschland mit lediglich etwa 500 000 bei etwa einem Prozent. Dies hat sich nachhaltig geändert: Derzeit leben etwa 7,3 Millionen Ausländer in Deutschland, das sind 8,8 Prozent der Gesamtbevölkerung, darunter 2,3 Millionen Bürger der EU. Etwa jeder fünfte in Deutschland lebende Ausländer wurde bereits hier geboren und gehört somit zur zweiten oder dritten Migrantengeneration.

und südosteuropäischen Heimatländer zurückgekehrt, aber viele sind zum Leben und Arbeiten in Deutschland geblieben. Geblieben sind auch viele der später zugewanderten türkischen Migranten. Deutschland hat sich allmählich von einem Gastarbeiterland zu einem Land mit gesteuerter Zuwanderung entwickelt.

Eine zweite große Gruppe von Einwanderern bilden die deutschstämmigen Aussiedler, die seit vielen Generationen in den Staaten der früheren Sowjetunion, in Rumänien und in Polen gelebt haben und – verstärkt nach dem Zusammenbruch der kommunistischen Systeme – nach Deutschland zurückkehren.

Diese beiden Einwanderergruppen haben erreicht, dass die Anzahl der **Zuwanderung** pro Kopf der Bevölkerung in Deutschland in den achtziger Jahren sogar erheblich höher lag als in klassischen Einwanderungsländern wie den USA, Kanada oder Australien. Mehr als sieben Millionen Ausländer, das sind fast neun Prozent der Bevölkerung, leben in

Religionen

Etwa zwei Drittel der Bevölkerung bekennen sich in Deutschland zu einer christlichen Konfession. Etwa die Hälfte davon ist römisch-katholisch, die andere Hälfte evangelisch. Hoffnungen auf eine engere ökumenische Zusammenarbeit werden in den neuen deutschen Papst Benedikt XVI. gesetzt, dessen erste Auslandsreise 2005 zum Weltjugendtag nach Köln führte.

Nach dem nationalsozialistischen Völkermord lebten nur noch wenige Menschen jüdischen Glaubens in Deutschland. Mittlerweile haben die jüdischen Gemeinden gut 100 000 Mitglieder. Zunehmend gewinnen in Deutschland auch andere Religionen an Bedeutung. So bekennen sich

viele der in Deutschland lebenden Ausländer zum Islam: Etwa 3,2 Millionen Muslime aus 41 Nationen leben in Deutschland, weshalb dem Dialog mit dem Islam eine große Bedeutung zukommt.

Das Grundgesetz gewährleistet die Freiheit des Glaubens sowie die freie Religionsausübung. Deutschland hat keine Staatskirche. Der Staat beteiligt sich aber unter anderem an der Finanzierung konfessioneller Kindergärten und Schulen. Die Kirchen erheben eine Kirchensteuer, die vom Staat eingezogen wird, um soziale Dienste wie Beratungsstellen, kirchliche Kindergärten, Schulen, Krankenhäuser und Altenheime zu finanzieren.

Der schulische Religionsunterricht hat in Deutschland eine einzigartige Stellung: Er steht unter staatlicher Aufsicht, aber in inhaltlicher Verantwortung der Kirchen.

Deutschland. Hinzu kommen etwa 1,5 Millionen eingebürgerte ehemalige Ausländer und etwa 4,5 Millionen Aussiedler. Das bedeutet, dass etwa jeder sechste Einwohner zugewandert ist oder aus einer Migrantenfamilie stammt. Rund 95 Prozent der Ausländer leben in Westdeutschland und dort vor allem in Großstädten, wo sie teilweise mehr als 30 Prozent der Bevölkerung ausmachen.

Unter den Ausländern stellen die Personen mit türkischer Staatsangehörigkeit mit etwa 1,8 Millionen die größte Gruppe. Auch Italiener (550 000), Migranten aus Serbien-Montenegro (gut 500 000), Griechen (320 000) und Polen (knapp 300 000) sind stark vertreten, gefolgt von Kroaten, Russen, Bosniern, Ukrainern, Portugiesen und Spaniern. Mehr als eine Million Menschen sind Flüchtlinge.

Viele der Arbeitsmigranten arbeiten als Ungelernte, da Deutschland besonders Arbeitskräfte für einfache Tätigkeiten anwarb. Einige arbeiten als Facharbeiter und nur wenige in Berufen mit höheren Qualifikationsanforderungen. Studien haben gezeigt, dass es Migrantenfamilien in Deutschland besonders schwer haben, sozial aufzusteigen oder ihre wirtschaftliche Situation zu verbessern.

Dennoch sind bei der Integration der Migranten in den vergangenen beiden Jahrzehnten Fortschritte erzielt worden: Der Erwerb der deutschen Staatsangehörigkeit wurde gesetzlich erleichtert, die Kontakte zwischen Migranten und Deutschen sind intensiver, die Akzeptanz der ethnokulturellen Vielfalt hat zugenommen. Und mit dem neuen **Zuwanderungsgesetz** gibt es erstmals eine umfassende gesetzliche Regelung, die alle Bereiche der Migrationspolitik – von der arbeitsmarktorientierten über die humanitär begründete Zuwanderung bis hin zu Fragen der Integration – berücksichtigt. Doch bleibt Integration eine Herausforderung an Politik und Gesellschaft. Im Zentrum der Bemühungen stehen die Verbesserung der deutschen Sprachkenntnisse, bessere Bildungschancen für Migrantenkinder sowie Maßnahmen, die so genannte „Parallelgesellschaften" und „ethnische Gettos" verhindern.   ●

Ethno-kulturelle Vielfalt: Etwa jeder sechste Einwohner ist zugewandert oder stammt aus einer Migrantenfamilie

Zuwanderungsgesetz
Anfang 2005 trat das erste Zuwanderungsgesetz der deutschen Geschichte in Kraft. Es unterscheidet zwischen befristeter Aufenthalts- und unbefristeter Niederlassungserlaubnis. Gleichzeitig werden Maßnahmen zur Integration der Zuwanderer – wie verpflichtende Sprachkurse – verankert.

Rainer Geißler
Der Professor für Soziologie an der Universität Siegen ist Autor des Soziologie-Standardwerks „Die Sozialstruktur Deutschlands".

Soziale Sicherung

WOHLSTAND FÜR ALLE UND SOZIALE GERECHTIGKEIT: Das war das Ziel, das der damalige Bundeswirtschaftsminister Ludwig Erhard in den späten fünfziger Jahren vor Augen hatte, als er die Soziale Marktwirtschaft in Deutschland etablierte. Das „Modell Deutschland" entwickelte sich zur Erfolgsgeschichte und in vielen Ländern zum Vorbild. Einer der Grundpfeiler dieses Erfolgs ist sein umfassendes Sozialsystem. Deutschland verfügt über eines der dichtest gewebten Sozialnetze: 27,4 Prozent des Bruttoinlandsprodukts fließen in öffentliche Sozialausgaben – die USA, zum Vergleich, investieren in diesen Bereich 14,7 Prozent, der OECD-Schnitt liegt bei 20,4 Prozent. Ein umfassendes System aus Kranken-, Renten-, Unfall-, Pflege- und **Arbeitslosenversicherung** schützt vor den finanziellen Folgen existenzieller Risiken. Daneben umfasst das soziale Netz steuerfinanzierte Leistungen wie den Familienleistungsausgleich (Kindergeld, steuerliche Vergünstigungen) oder die Grundsicherung für Rentner und dauerhaft Erwerbsunfähige. Deutschland versteht sich als **Sozialstaat**, der die soziale Absicherung aller Bürgerinnen und Bürger als eine vorrangige Aufgabe begreift.

Die wohlfahrtsstaatlichen Sozialsysteme haben in Deutschland eine Tradition, die in die Zeit der Industrialisierung zurückreicht. Reichskanzler Otto von Bismarck entwickelte im späten 19. Jahrhundert die Grundzüge der staatlichen Sozialversicherung; unter seiner Ägide entstanden die Gesetze zur Unfall- und Krankenversicherung sowie zur Invaliditäts- und Alterssicherung. Während damals nur ein Zehntel der Bevölkerung von der Sozialgesetzgebung profitierte, stehen heute nahezu 90 Prozent der Menschen in Deutschland unter ihrem Schutz.

In späteren Jahrzehnten wurde das soziale Netz ausgebaut und gleichzeitig verfeinert; so kamen 1927 eine Versicherung gegen die finanziellen Folgen der Arbeitslosigkeit und 1995 die **Pflegeversicherung** hinzu. Das 21. Jahrhundert verlangt nun grundsätzliche und strukturelle Neuorientierungen der Systeme, zumal mit Blick auf deren dauerhafte

Finanzierbarkeit: Der zunehmende Anteil älterer Menschen an der Bevölkerung in Verbindung mit der vergleichsweise niedrigen Geburtenrate und die Entwicklungen auf dem Arbeitsmarkt haben die sozialen Sicherungssysteme an die Grenzen der Belastbarkeit geführt. Mit umfassenden Reformen versucht die Politik den Herausforderungen zu begegnen und das soziale Netz auch für kommende Generationen solidarisch zu sichern.

Reform des Gesundheitssystems

Deutschland zählt international zu den medizinisch am besten versorgten Ländern. Ein breites Angebot an Krankenhäusern, Arztpraxen und medizinischen Einrichtungen gewährleistet eine medizinische Versorgung für alle. Mit über vier Millionen Arbeitsplätzen ist das Gesundheitswesen gleichzeitig der größte Beschäftigungszweig in Deutschland. Insgesamt fließen 11,1 Prozent des Bruttoinlandspro-

Pflegeversicherung
Die Versicherung gegen das Risiko der Pflegebedürftigkeit wurde 1995 als „fünfte Säule" der Sozialversicherung eingeführt. Finanziert wird die obligatorische Pflegeversicherung in einem Umlageverfahren durch paritätische Beiträge von Arbeitgebern und Arbeitnehmern. Geplant ist die Ergänzung dieser Finanzierung durch kapitalgedeckte Elemente.

ℹ Familienfreundliche Gesellschaft

Familienförderung spielt in Deutschland eine zunehmend wichtige Rolle und wird entsprechend staatlich unterstützt. Damit Männer und Frauen sich wieder verstärkt für Nachwuchs entscheiden, ist von 2007 an statt des bisherigen Erziehungsgeldes ein einkommensabhängiges und aus Steuern finanziertes Elterngeld geplant: Für die Dauer eines Jahres erhält ein Elternteil, das wegen Kindererziehung im Beruf pausiert, 67 Prozent des letzten Nettoeinkommens, maximal aber 1800 Euro. Das Geld wird aber nur dann über den ganzen Zeitraum ausgezahlt, wenn auch der Vater mindestens zwei Monate zu Hause bleibt. Damit soll die Elternzeit auch für Väter selbstverständlicher werden.

Gleichzeitig soll die Kinderbetreuung weiter ausgebaut werden. Auch bisher hat schon jedes Kind vom dritten Geburtstag an bis zum Schuleintritt rechtlich einen Anspruch auf einen Kindergartenplatz. Die Ganztagsbetreuung soll aber künftig noch weiter verbessert werden. Auch für Kinder unter drei Jahren sind weitere 230 000 Krippenplätze bis zum Jahr 2010 geplant. Dies soll dazu beitragen, dass Mütter und Väter Beruf und Familie leichter verbinden können. Ein Kindergeld in Höhe von 154 Euro monatlich (vom vierten Kind an 179 Euro) gibt es für alle Kinder bis zum 18. Lebensjahr. Ein wichtiger Beitrag zur Unterstützung junger Eltern ist auch der Rechtsanspruch auf eine bis zu dreijährige Freistellung vom Arbeitsplatz in der Elternzeit. Außerdem besteht für junge Eltern Anspruch auf einen Teilzeitarbeitsplatz, sofern dem keine betrieblichen Gründe entgegenstehen.

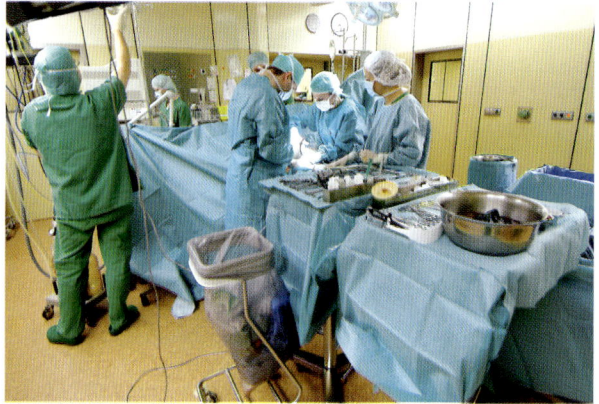

Auf hohem Niveau: Deutschland gehört zu den medizinisch am besten versorgten Ländern

Krankenversicherung

Fast alle Einwohner Deutschlands sind in einer gesetzlichen (88 Prozent) oder privaten Krankenkasse (knapp 12 Prozent) versichert. Die Krankenkassen übernehmen die Kosten für ärztliche Behandlung, Medikamente, Krankenhausaufenthalt und Vorsorge. Die Beiträge für die Krankenversicherung werden von den Arbeitnehmern und Arbeitgebern aufgebracht. Für nicht erwerbstätige Angehörige der gesetzlich Versicherten müssen keine Beiträge gezahlt werden.

Unfallversicherung

Die gesetzliche Unfallversicherung ist eine Haftpflichtversicherung der Unternehmer zugunsten der Arbeitnehmer, die so vor den Folgen eines Arbeitsunfalls oder einer Berufskrankheit geschützt werden.

dukts in Ausgaben für Gesundheit – das sind 2,5 Prozentpunkte mehr als im Durchschnitt der OECD-Länder. Aufgrund des so genannten Kostendämpfungsgesetzes, das im Zuge der bisherigen Reform des Gesundheitswesens eingeführt wurde, verzeichnet Deutschland den geringsten Anstieg der Pro-Kopf-Gesundheitsausgaben unter allen OECD-Mitgliedsländern: Zwischen 1998 und 2003 stiegen die Ausgaben um real 3,8 Prozent pro Jahr, im OECD-Mittel waren es 4,5 Prozent.

Dennoch besteht weiterhin Reformbedarf, um die Kostenentwicklung den veränderten Bedingungen anzupassen. Die Große Koalition strebt daher eine grundsätzliche Strukturreform des Gesundheitswesens an, auch um das Sys-

Das Thema im Internet

www.bmfsfj.de
Das Bundesministerium für Familie, Senioren, Frauen und Jugend bietet unter anderem Informationen zu staatlichen Leistungen sowie Gesetzestexte (Deutsch)

www.shell-jugendstudie.de
Seit fünf Jahrzehnten untersuchen Wissenschaftler und Forschungs-

institute - gefördert vom Energiekonzern Shell - Werte und Lebenssituation von Jugendlichen (Deutsch)

www.bmg.bund.de
Das Bundesministerium für Gesundheit stellt News, Hintergrundinfos und Daten sowie weiterführende Links rund um die Themen Gesundheit und Vorsorge zur Verfügung (Deutsch,

Englisch, Französisch, Spanisch, Italienisch, Türkisch)

www.deutsche-sozialversicherung.de
Die Website der Europavertretung der Spitzenverbände der Deutschen Sozialversicherung gibt Informationen zur Sozialversicherung in Deutschland mit zahlreichen Links (Deutsch, Englisch, Französisch)

tem der **Krankenversicherungen** zukunftsfest zu gestalten. Die Regierungsparteien haben hierzu bisher unterschiedliche Konzepte entwickelt, die sich aber nicht ohne weiteres miteinander vereinbaren lassen: die „Solidarische Gesundheitsprämie" (CDU und CSU) und die „Bürgerversicherung" (SPD). Noch im Jahr 2006 will die Bundesregierung aber eine tragfähige Lösung in dieser komplexen Frage vorlegen.

Rentenreform

Grundlegende Veränderungen stehen auch für die Altersvorsorge an. Zwar bleibt die gesetzliche **Rentenversicherung** auch weiterhin die wichtigste Säule des Alterseinkommens. Betrieblicher und privater Vorsorge wächst daneben eine immer höhere Bedeutung zu. Mit der so genannten „Riester-Rente", benannt nach dem früheren Sozialminister Walter Riester, ist hier bereits ein Modell vorhanden, das steuerlich begünstigt, private kapitalgedeckte Altersvorsorge möglich macht. Aus Gründen der Generationengerechtigkeit erhält die derzeitige Rentnergeneration aktuell keine Rentensteigerungen.

Von den Regierungsparteien beschlossen ist die Erhöhung des gesetzlichen Renteneintrittsalters von 65 auf 67 Jahre: Zwischen 2012 und 2035 wird das Renteneintrittsalter schrittweise um je einen Monat erhöht. Gleichzeitig soll die „Initiative 50 Plus" die Beschäftigungschancen für ältere Arbeitnehmerinnen und Arbeitnehmer verbessern.

Weitere Reformen

Schon umgesetzt wurde die Reform der Unterstützung von Langzeitarbeitslosen und Empfängern von **Sozialhilfe**. Mit der Einführung der Grundsicherung für Arbeitslose wurden die ehemaligen Sozialhilfeempfänger, sofern sie arbeitsfähig sind, den über längere Zeit Arbeitslosen gleichgestellt. Noch offen ist eine Reform der **Unfallversicherung**, die das System vor allem organisatorisch weiterentwickeln soll. ●

Rentenversicherung
Die gesetzliche Rentenversicherung ist die wichtigste Säule der Alterssicherung. Die Finanzierung beruht auf dem Umlageverfahren: Mit den monatlichen Beiträgen der Beschäftigten und der Arbeitgeber werden die laufenden Renten derjenigen gezahlt, die heute im Ruhestand sind. Mit ihrer Beitragszahlung erwerben die Versicherten bis zum Renteneintritt eigene Ansprüche. Für diese künftigen Renten kommen wiederum die nachfolgenden Generationen mit ihren Beiträgen auf („Generationenvertrag"). Daneben bilden betriebliche und private Altersvorsorge die zweite und dritte Säule der Alterssicherung. Sie werden unter bestimmten Voraussetzungen staatlich gefördert.

Sozialhilfe
Ergänzt wird das soziale Netz durch die – steuerfinanzierte – Sozialhilfe. Sie greift, wenn der Einzelne seine Notlage aus eigenen Kräften und Mitteln oder durch die von Angehörigen nicht beheben kann. So gibt es eine Grundsicherung im Alter oder bei dauerhafter Erwerbsunfähigkeit sowie staatliche Hilfe zum Lebensunterhalt oder in besonderen Lebenslagen.

9

Kultur

Die Kulturszene in Deutschland hat viele Facetten: Rund 400 Theater und 140 Berufsorchester gibt es zwischen Flensburg und Garmisch. 600 Kunstmuseen mit international hochkarätigen und vielseitigen Sammlungen sorgen für eine beispiellose Museumslandschaft. Vital ist zudem die junge deutsche Malerei, die auch international längst zu Hause ist. Mit rund 80 000 neuen und neu aufgelegten Büchern pro Jahr gehört Deutschland auch zu den großen Buchnationen. 350 Tageszeitungen und tausende Zeitschriftentitel sind Beleg für eine lebendige Medienlandschaft. Neue Erfolge feiert auch der deutsche Film – und dies nicht nur in deutschen Kinos, sondern in vielen Ländern der Welt.

Berlinale Palast

Dem Wahren, Schönen, Guten - die Kulturszene in Deutschland

DAS LAND DER DICHTER UND DENKER. Goethe kommt aus Deutschland, ebenso wie Beethoven und Bach. Und doch hat diese Kulturnation keine wirklich nationale kulturelle Kompetenz. Kultur ist Ländersache, so steht es im Grundgesetz. Die Länder sehen sich als Bewahrer und Förderer eines **Kulturföderalismus** in Deutschland. Warum eigentlich sind die Angelegenheiten der Kultur in Deutschland etwas, was die Nation als Ganzes nicht regeln kann oder sollte? Deutsche Kultur als Ausdruck einer deutschen Nation stand seit der kaiserlich-wilhelminischen Ära des späten 19. Jahrhunderts unter dem Verdacht der Großmannssucht. Die Katastrophe des Nationalsozialismus führte schließlich zu einer konsequenten Neuorientierung. Nach dem Zweiten Weltkrieg vertiefte sich die Einsicht, dass Deutschland nur dann in die Weltgemeinschaft zurückkehren kann, wenn es jeden Anschein eines übersteigerten nationalen Kultur-Pathos vermeidet. Dies wiederum führte zum Abschied von jeder nationalen Kulturpolitik in Deutschland.

Dennoch sind die Kultureinrichtungen in Deutschland breiter gestreut als in den meisten anderen Ländern. Der Kulturföderalismus weckt auch den Ehrgeiz der einzelnen Bundesländer. Kulturpolitik ist Standortpolitik. Das Land Baden-Württemberg wirbt offen mit Kultur als „weichem Standortfaktor". Die Filmförderung wurde ebenfalls zu einem föderalen Lenkungsinstrument. Geld gibt es von dort, wo auch produziert wird. Die Berg- und Stahlarbeiterregion Ruhrgebiet, die zum Bundesland Nordrhein-Westfalen gehört, rüstet sich seit Ende des 20. Jahrhunderts zum

Am Pult der Berliner Philharmoniker: Sir Simon Rattle

Kulturföderalismus
Kultur ist in Deutschland infolge der föderalen Struktur das Kernstück der Eigenstaatlichkeit der 16 Bundesländer. Das Grundgesetz räumt dem Bund in Fragen der Kultur nur geringe Kompetenzen ein, weshalb die meisten kulturellen Einrichtungen von den Ländern und Kommunen unterhalten werden. Dieses kulturelle Eigenleben der Länder hat überall Kulturzentren entstehen lassen. Selbst in kleineren Städten gibt es kulturelle Angebote von internationalem Rang. Länderübergreifend wirkt der Deutsche Kulturrat, der als politisch unabhängige Arbeitsgemeinschaft der Bundeskulturverbände agiert und spartenübergreifende Fragen in die kulturpolitische Diskussion einbringt.

Staatsminister für Kultur
Da Kultur in Deutschland Ländersache ist, gibt es kein Ministerium für Kultur auf Bundesebene. Die kulturpolitischen Aktivitäten des Bundes koordiniert ein Staatsminister für Kultur.

Kulturstiftung des Bundes
Die Kulturstiftung des Bundes wurde im Jahr 2002 gegründet und ist eine bundesweit und international tätige Institution, die sich – durch entsprechende Projektförderung – in erster Linie den Herausforderungen der Kunst und Kultur im 21. Jahrhundert widmet. Sitz der Kulturstiftung des Bundes ist Halle an der Saale.

Erfahrung und Aufbruch: Literaturnobelpreisträger Günter Grass („Die Blechtrommel") und Nachwuchsautorin Judith Hermann („Nichts als Gespenster")

erfolgreichen Kulturland um. Erst seit 1998 gibt es in Berlin einen **Staatsminister für Kultur** im Bundeskanzleramt. Und seither begreift Deutschland die eine oder andere kulturelle Angelegenheit wieder als Auftrag an die Nation.

Die Bundesfilmförderung wurde neu organisiert, eine **Kulturstiftung des Bundes** gegründet. Berlin entwickelt sich dabei immer mehr zum kulturellen Magneten und ist inzwischen ein einzigartiges kulturelles Kräftefeld, ein Schmelztiegel der Kulturen, in dessen Museen sich die ganze Menschheitsgeschichte spiegelt. Das Holocaust-Mahnmal im Herzen der Stadt ist eine in Stein gehauene Reifeprüfung, wie die Kulturnation Deutschland mit ihrer Geschichte umgeht. Ein beeindruckender Beleg für die im neuen Jahrtausend notwendig gewordene nationale Kulturpolitik. Den grundgesetzlich gewollten Kulturföderalismus kann man beibehalten, er bleibt Garant für ein breit aufgestelltes, niveauvolles Kulturleben in ganz Deutschland.

Literatur

Deutschland ist ein Bücherland: Mit jährlich mehr als 80 000 neuen und neu aufgelegten Büchern gehört es zu den führenden Buchnationen. Über 5000 Lizenzen deutscher Bücher werden jährlich ins Ausland verkauft. Jedes Jahr im Herbst trifft sich in Deutschland auch die Verlagswelt zum größten Branchenmeeting, zur **Internationalen Frankfurter Buchmesse**. Daneben hat sich die kleinere Leipziger Buchmesse im Frühjahr inzwischen ebenfalls etabliert.

Die Lust am Lesen ist den Deutschen trotz Internet und Fernsehen nicht abhanden gekommen. Viel getan hat sich in jüngster Zeit in der Literaturszene. Zwar findet die Generation der im Nachkriegsdeutschland führenden Autoren wie Hans Magnus Enzensberger, Siegfried Lenz, Christa Wolf und Literaturnobelpreisträger Günter Grass immer noch Beachtung, doch ihre Literatur steht zu Beginn des 21. Jahrhunderts nicht mehr für ästhetische Innovation.

Während nach dem Zweiten Weltkrieg moralische Antworten gesucht werden und in der Folge von 1968 sozi-

ale Analysen überwiegen, stehen die Jahre nach dem Mauerfall im Zeichen der Massenkultur, in der jede Veranstaltung zum Event, der Autor ein Popstar zum Anfassen wird. Und heute? Was dominiert auf dem deutschen **Buchmarkt**? Die Fortführung erzählerischer Traditionen auf hohem Niveau lösen Schriftsteller wie Sten Nadolny, Uwe Timm, F. C. Delius, Brigitte Kronauer und Ralf Rothmann ein, die sich schon vor den neunziger Jahren zu Wort meldeten. Das Leiden an der Gegenwart, die Kunst als letzter Ort der Selbstbehauptung: Dahin machen sich der Österreicher Peter Handke und Botho Strauß auf den Weg – von den Nachgeborenen hat keiner je diese Höhen erreicht.

Die literarischen Debatten werden im beginnenden 21. Jahrhundert noch immer von jenen (an-)geführt, die zu den intellektuellen Instanzen der „alten" Bundesrepublik vor 1990 gehören. Und doch: Es gibt eine neue Lust am Erzählen – geleitet von amerikanischen Vorbildern wie Raymond Carver. Judith Hermann gilt als eines der größten Talente, als die Ikone einer jungen Generation aus dem „Beziehungsland" Berlin. Thomas Brussig und Ingo Schulze beschreiben Lebensläufe im Osten, den Alltag in der ehemaligen DDR. Und als Lyriker schuf der früh verstorbene Thomas Kling eine eigenständige Poetologie, die offen ist für den von Pop, Reklame und Fernsehen geformten Jargon von heute, während Durs Grünbein Mythen mit Wissenschaft und Kunst verknüpft. Die Ereignisse des 11. September 2001 bilden für alle eine Zäsur.

Gibt es eine Rückkehr der Literatur zur Politik? Nein: Die Schriftsteller entwerfen keine Utopien mehr, ihre Bücher sind nicht in die Zukunft gerichtet. Vorbei sind die Zeiten

Internationale Frankfurter Buchmesse

Die Internationale Frankfurter Buchmesse findet seit 1964 jedes Jahr im Oktober statt und ist das herausragende internationale Jahresereignis der Buchbranche. Höhepunkt jeder Buchmesse ist die Verleihung des Friedenspreises des Deutschen Buchhandels. Zu den Preisträgern gehörten unter anderem Václav Havel, Jorge Semprún und Susan Sontag. 2005 wurde während der Buchmesse zudem erstmals der Deutsche Buchpreis verliehen.

Buchmarkt

Die Buch- und Lesekultur hat in Deutschland nach wie vor einen hohen Stellenwert. Der deutsche Buchmarkt erwirtschaftete 2005 ein geschätztes Gesamtvolumen von rund 9 Milliarden Euro. Die gesamte Produktion von Gegenständen des Buchhandels der deutschen Buchverlage umfasst rund 960 Millionen Bücher und ähnliche Druckerzeugnisse. Es gibt rund 5000 Buchläden und 14 000 Bibliotheken. Die großen Verlagsstädte sind München, Berlin, Frankfurt am Main, Stuttgart, Köln und Hamburg.

An der Spitze – gestern und heute

Gefeierte Klassiker, mutige Visionäre: Die deutsche
Kunst- und Kulturgeschichte ist reich an Frauen und
Männern, die Außergewöhnliches geleistet haben. Viele
sind weit über die Landesgrenzen hinaus ein Begriff

Friedrich von Schiller
Streiter für die Freiheit: Dem
Theater galt die Leidenschaft
Friedrich von Schillers
(1759-1805). Der Dichter der
„Räuber" und des „Wilhelm
Tell" brachte als einer der
Ersten Politik auf die Bühne

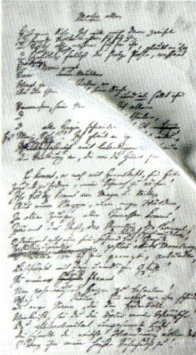

**Johann Wolfgang
von Goethe**
Poet, Dramatiker, Gelehrter:
Johann Wolfgang von Goethe
(1749-1832) gilt als „Universal-
genie" und Klassiker der deutschen Literatur schlechthin

Johann Sebastian Bach
Virtuose barocker Kirchenmusik: Johann
Sebastian Bach (1685-1750) vervollkomm-
nete die strenge „Kunst der Fuge", schuf
mehr als 200 Kantaten und Oratorien

Ludwig van Beethoven
Wegbereiter der Romantik:
Ludwig van Beethoven
(1770-1827) brachte bei kla-
rer Konzentration auf die
Form in völlig neuem Maß
individuellen Ausdruck und
Empfindung in die Musik

Joseph Beuys
Erfinder des „erweiter-
ten Kunstbegriffs":
„Jeder Mensch ist ein
Künstler" heißt sein
berühmtester Satz.
Aufsehen erregte
Joseph Beuys
(1921-1986) mit spekta-
kulärer Aktions- und
Environmentkunst

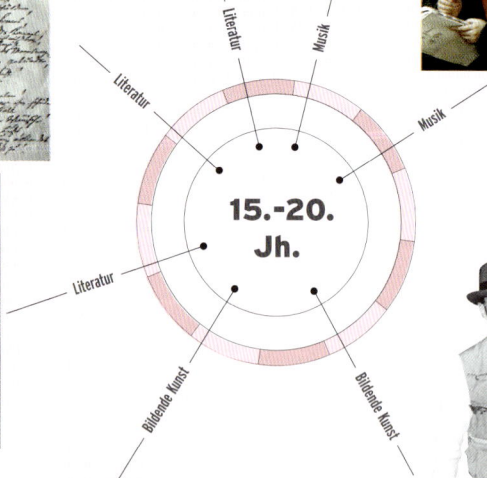

Literatur

Literatur

Musik

Musik

Literatur

**15.-20.
Jh.**

Bildende Kunst

Bildende Kunst

Thomas Mann
Meister des Romans und
der Novelle: Thomas
Mann (1875-1955) erhielt
für sein Familienepos
„Buddenbrooks" den
Nobelpreis für Literatur

Albrecht Dürer
Künstler der deutschen
Renaissance: Albrecht Dürer
(1471-1528) revolutionierte
die Techniken des Holzschnittes
und des Kupferstichs

Anne-Sophie Mutter
Die Geigenvirtuosin: Anne-Sophie Mutter, Jahrgang 1963, ist ein gefeierter Weltstar der klassischen Musik. Sie wurde früh von Karajan gefördert und gilt als Mozartexpertin

Wim Wenders
Der Meister der stillen Bilder: Der vielfach ausgezeichnete Regisseur, Jahrgang 1945, drehte unter anderem „Paris, Texas" und „Der Himmel über Berlin"

Pina Bausch
Schöpferin des modernen Tanztheaters: Pina Bausch, Jahrgang 1940, erfand eine neue Körpersprache für den Tanz

Karlheinz Stockhausen
Komponist serieller und elektronischer Musik: Karlheinz Stockhausen, Jahrgang 1928, zählt zu den bedeutendsten Komponisten der Gegenwart

21. Jh.

Musik

Musik

Film

Ballett

Literatur

Bildende Kunst

Fotografie

Günter Grass
Autor der „Blechtrommel": Literaturnobelpreisträger Günter Grass, Jahrgang 1927, verarbeitet wie kein anderer Geschichte zu Literatur

Bernd und Hilla Becher
Fotografen als Konzeptkünstler: Das Paar schafft mit seiner Architekturfotografie eine künstlerische Form der Dokumentation und prägt die junge Generation der deutschen Fotokünstler

Gerhard Richter
Teuerster lebender Künstler: Gerhard Richter, Jahrgang 1932, überrascht mit immer neuen Techniken und Themen, seine Bandbreite reicht von Fotorealismus bis Abstraktion

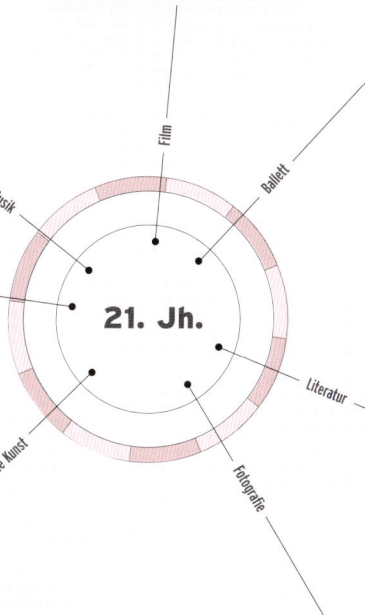

Autoren
Zur zeitgenössischen deutschen Literatur gehören neben den Werken von Günter Grass und Heinrich Böll unter anderem die Romane von Siegfried Lenz, Bernhard Schlink und Christa Wolf. In der Kinder- und Jugendliteratur sind die Bücher von Michael Ende und Cornelia Funke international erfolgreich.

der literarischen Instanzen. Träume von Revolte und Eigensinn sind zwar geblieben; was aber zählt, ist das Authentische in der Literatur und: zu beschreiben, was jetzt ist – je schonungsloser der Blick, desto besser. Die eigene Biografie wird zum Fundus der Geschichten. Die Funktionen haben sich verschoben, die Wahrnehmungen verändert, weil es nicht nur an **Autoren** einer gesellschaftlich ambitionierten Literatur fehlt, sondern auch an Lesern, die das lesen wollen.

Theater

Theaterlandschaft
Rund 180 öffentliche und 190 private Theater machen Deutschland zum bedeutenden Theaterland. Zu den bekanntesten Bühnen gehören das Thalia Theater in Hamburg, das Berliner Ensemble und die Münchner Kammerspiele.

Im Ausland steht das deutsche Theater häufig im Ruf, es sei laut und narzisstisch. Aber es ist ein Theater, hinter dem ein weltweit bestauntes System steht. Auch in kleineren Städten gibt es Opernhäuser und Ballette neben dem Schauspiel; insgesamt eine ausgeprägte **Theaterlandschaft**, ein dichtes Netz von Staats- und Stadttheatern, von Wanderbühnen und Privattheatern. Im Nachklang der 68er Studentenbewegung

Auswärtige Kulturpolitik

Die Auswärtige Kultur- und Bildungspolitik ist neben der klassischen Diplomatie und der Außenwirtschaftspolitik die dritte Säule der deutschen Außenpolitik (Foto: Auswärtiges Amt). Ihr Ziel ist es, ein zeitgemäßes Deutschlandbild zu vermitteln, am europäischen Integrationsprozess und an der Völkerverständigung mitzuarbeiten. Das Auswärtige Amt setzt seine Kulturpolitik nur zum Teil selbst um. Es beauftragt vielmehr Mittlerorganisationen wie das Goethe-Institut oder das Institut für Auslandsbeziehungen (ifa) damit. Das Goethe-Institut unterhält 144 Kulturinstitute in 80 Ländern, 16 davon in Deutschland. Sie bieten Deutschunterricht an, fördern ausländische Deutschlehrer, veranstalten Lesungen, Theater- und Filmevents sowie Diskussionen. Das ifa widmet sich vor allem dem Kulturdialog, etwa mit der Organisation von Ausstellungstourneen sowie internationalen Symposien. Seit 2003 werden Kulturzentren und -gesellschaften, vor allem in Mittel- und Osteuropa, in Zusammenarbeit zwischen Auswärtigem Amt und gemeinnützigen Stiftungen finanziert. Von großer Bedeutung sind die deutschen Auslandsschulen. Es gibt 117 solcher Schulen mit 70 000 Schülern (davon 53 000 nichtdeutscher Nationalität). Private Trägervereine führen die Schulen und erbringen über Schulgelder und Spenden erhebliche Eigenleistungen. Nach den Terroranschlägen vom 11. September 2001 hat das Auswärtige Amt ein Sonderprogramm „Europäisch-islamischer Kulturdialog" initiiert, das helfen will das gegenseitige Verständnis zu verbessern. **www.goethe.de, www.ifa.de**

*Tanztheater Wuppertal:
Die Compagnie von Pina
Bausch genießt Weltruf*

hat sich zudem eine breite **Theaterszene** herausgebildet: die Freien Gruppen – bis heute Zeichen dafür, dass es noch immer eine ungebrochene Leidenschaft zum Theater gibt, die sich darstellen will. In Deutschland wird viel für dieses System aufgewendet: an Anregung, Aufmerksamkeit und an Geld. Für viele ein Luxus, zumal die Theater nur zehn bis fünfzehn Prozent ihrer Ausgaben wieder einspielen. Auch Privattheater sind an das öffentliche Subventionssystem angeschlossen – wie etwa die berühmte Berliner Schaubühne, die von Regisseur Peter Stein gegründet und geprägt wurde. Dieses System hat den Höhepunkt seiner Entwicklung freilich längst erreicht. Es ist in einer schwierigen Phase, weil die Kunst immer wieder an den materiellen Voraussetzungen gemessen wird.

Peter Stein galt über lange Zeit als einzigartige Erscheinung im deutschen Theater. Im Gegensatz zu anderen Regisseuren hat er ein Werk geschaffen, das sich in der Kontinuität wiederholender Motive, Themen und Autoren zu erkennen gibt. Ein Theater der Erinnerung mit einem Inszenierungsstil, der sich dem Text verpflichtet fühlt. Zwischen der nachrückenden heutigen Generation von Theatermachern und einem Peter Stein, Peter Zadek oder einem Claus Peymann, dem Leiter des Berliner Ensembles, liegen Welten. Mit dem Vokabular dieser 68er Rebellen ist das zeitgenössische Theater nicht mehr zu fassen. Begriffe wie aufklären, belehren, entlarven, eingreifen wirken antiquiert. Das Thea-

Theaterszene

Das deutsche Theater gilt als eines der experimentierfreudigsten der Welt. Nicht zuletzt im Tanztheater haben deutsche Compagnien Maßstäbe gesetzt. Zu den großen Protagonistinnen des modernen Tanzes gehört Pina Bausch; sie gilt als die bedeutendste Choreografin der Gegenwart. Neben ihr zählt die in Karlsruhe geborene und an der Berliner Schaubühne inszenierende Tänzerin und Choreografin Sasha Waltz zu den internationalen Stars der Tanztheaterszene.

*Regie-Genie: Peter Stein –
einer der wichtigsten Regisseure
des europäischen Theaters*

Die Schaubühne in Berlin: Von ihr ging in den späten sechziger Jahren die radikale Erneuerung des deutschen Theaters aus, mit Regisseuren wie Peter Stein, Luc Bondy und Klaus-Michael Grüber

Das Berliner Ensemble am Schiffbauerdamm: Einst wirkte hier Bertolt Brecht, heute inszenieren dort internationale Star-Regisseure wie Robert Wilson

Deutsches Theater
Bei den öffentlichen Theatern ist trotz erheblicher Sparmaßnahmen in den vergangenen Jahren noch immer die Form des Mehrspartentheaters (Schauspiel, Tanztheater, Oper) dominierend. Die Stadt- und Staatstheater sowie die Landesbühnen verfügen in den jeweiligen Sparten über feste Ensembles, die das künstlerische Profil prägen. Gespielt wird im Repertoirebetrieb. 20 bis 30 Stücke in einer Spielzeit sind die Regel.

ter der Jungen versteht sich nicht mehr als Avantgarde; es sucht selbstständige Formen des Ausdrucks. Nach der Jugendeuphorie der neunziger Jahre, die sich mit Namen wie Leander Haußmann, Stefan Bachmann und Thomas Ostermeier verbindet, hat nun eine Phase eingesetzt, in der diese Regisseure zu Theaterleitern geworden sind.

Frank Castorf, bekannt als Stücke-Zertrümmerer, der Texte zerspielen lässt und wieder neu zusammensetzt, ist mit seiner Berliner Volksbühne zum Vorbild für diese Generation von Theatermachern geworden. Auch Christoph Marthaler und Christoph Schlingensief stehen für einen veränderten Theaterbegriff, mit dem auf die Verschiebungen nach Ende des Kalten Krieges und mit dem Einzug des globalen Kapitalismus geantwortet wird.

Regisseure wie Michael Thalheimer, Armin Petras, Martin Kusej, René Pollesch oder Christina Paulhofer haben zwischenzeitlich Inszenierungsformen kreiert, die dem Stil Vorrang vor dem Stoff geben; tradierte textnahe Erzählweisen sind ihnen eher fremd. Was in etwa 250 Jahren das **deutsche Theater** bestimmt hat, die Konfrontation mit der Gesellschaft, ist einer bunten Vielfalt gewichen. Theater hat jedoch nie unter Ausschluss der Zeit stattgefunden, in der es aufgeführt worden ist. Es muss Bilder schaffen von unserem Leben. Und es ist Erinnerungsarbeit. Dafür wird Theater subventioniert. Es ist seine öffentliche Funktion.

Musik

Deutschlands Ruf als Musiknation stützt sich noch immer auf Namen wie Bach, Beethoven und Brahms, wie Händel und Richard Strauss. Studenten aus aller Welt strömen an die Musikhochschulen, Musikliebhaber besuchen die **Festivals** – von den Bayreuther Wagner-Festspielen bis zu den Donaueschinger Musiktagen für zeitgenössische Musik. 80 öffentlich finanzierte Musiktheater gibt es in Deutschland, führend sind die Häuser in Hamburg, Berlin, Dresden und München sowie in Frankfurt am Main und Leipzig. Im Rennen um den jährlich vergebenen Kritikerpreis „Opernhaus des Jahres" konnte sich Stuttgart jüngst am häufigsten durchsetzen. Die von dem britischen Stardirigenten Sir Simon Rattle geleiteten Berliner Philharmoniker gelten als bestes der rund 140 **Kulturorchester** in Deutschland. Das Frankfurter „Ensemble Modern" ist wesentlicher Motor der zeitgenössischen Musikproduktion. Es erarbeitet sich jährlich etwa 70 neue Werke, darunter 20 Uraufführungen. Neben Pultgrößen wie Kurt Masur oder Christoph Eschenbach haben sich bei den jüngeren Dirigenten Ingo Metzmacher und Christian Thielemann besonders hervorgetan. Bei den Interpreten gehören die Sopranistin Waltraud Meier, der Bariton Thomas Quasthoff und die Klarinettistin Sabine Meyer zur Weltspitze. Die Geigerin Anne-Sophie Mutter findet ein riesiges Publikum auch jenseits der Klassik-Klientel.

Elektronik-Pionier Karlheinz Stockhausen und sein traditionalistischer Antipode, der Opernkomponist Hans Werner Henze, haben die Entwicklung der zeitgenössischen Musik seit den fünfziger Jahren maßgeblich mitgestaltet. Heute stellt sie sich stilistisch weit aufgefächert dar: Heiner Goebbels verbindet Musik mit Theater, Helmut Lachenmann treibt die instrumentalen Ausdrucksmöglichkeiten ins Extrem. Wolfgang Rihms Beispiel zeigt, dass die Entwicklung der Musik hin zu größerer Fasslichkeit wieder möglich scheint. Auf der anderen Seite des musikalischen Spektrums sind Popsänger wie Herbert Grönemeyer

Festivals
Neben den Festivals für klassische Musik präsentiert sich die zeitgenössische Musik in Deutschland auf mehr als 100 Spezialfestivals, in Konzertreihen und Studioproduktionen der Opernhäuser. Die Donaueschinger Musiktage gelten als weltweit wichtigstes Festival für aktuelles Musikschaffen. Neueste Entwicklungen im Musiktheater stellt die Biennale in München vor, das Internationale Musikinstitut Darmstadt steht mit seinen berühmten „Ferienkursen" für die Diskussion neuester musikalischer Entwicklungen.

Kulturorchester
An der Spitze der rund 140 deutschen Berufsorchester stehen die Klangkörper der Berliner Philharmoniker unter Sir Simon Rattle, die Staatskapelle Berlin unter Daniel Barenboim, das Gewandhausorchester unter Herbert Blomstedt, die Bamberger Symphoniker unter Leitung von Jonathan Nott und die Münchner Philharmoniker unter Christian Thielemann.

Christian Thielemann: Generalmusikdirektor der Münchner Philharmoniker

Museumslandschaft Deutschland

Viele Wege führen zur Kunst: 600 Kunstmuseen werben
in Deutschland um Besucher – darunter ebenso weltbe-
rühmte Sammlungen in den Großstädten wie spektaku-
läre junge Museumshäuser abseits der Metropolen

Weitere bekannte Kunst-Museen

1 Stiftung Seebüll
Haus für die Werke des
Expressionisten Emil Nolde

3 Kunstmuseum Wolfsburg
1994 eröffnetes Museum
für junge Kunst

6 Museum Folkwang, Essen
Traditionsreiches Kunstmuseum
mit großer Fotosammlung

7 Langen Foundation, Neuss
Kunstzentrum im
Museumsneubau von Star-
architekt Tadao Ando

9 Neues Museum Weimar
1999 eröffnetes Museum für
zeitgenössische Kunst

12 ZKM, Karlsruhe
Größte Sammlung
interaktiver Kunst

13 Sammlung Burda, Baden-Baden
2004 eröffneter privater
Museumsbau mit vielen Werken
deutscher Künstler

5 Köln/Düsseldorf
Geballte Kunstkraft am Rhein:
In Köln bietet das **Museum
Ludwig** auf 8000 Quadratmetern
Raum für Gegenwartskunst und
wegweisende Ausstellungen.
Wenige Kilometer entfernt
bespielt die **Kunsthalle Nordrhein-
Westfalen** in Düsseldorf gleich
zwei Häuser mit hochrangigen
Werken von Picasso bis Beuys

8 Bonn
Museumsmeile: Nahe dem **Haus
der Geschichte** liegt die **Kunst- und Ausstel-
lungshalle der Bundesrepublik**, in der
regelmäßig Ausstellungsereig-
nisse von internationalem Rang
gezeigt werden

11 Frankfurt am Main
Bankenmetropole und Kunstzentrum: Das
Städel und das **Liebieghaus** am **Museumsufer** widmen sich
vor allem der Malerei und Plastik der Vergan-
genheit. Im **Museum für Moderne Kunst** (Foto) ist die
aktuelle Kunst in der spitzwinkligen Architektur
von Hans Hollein zu Hause

14 Stuttgart
Verbindung aus Alt und Neu: Die
Staatsgalerie Stuttgart, gegründet im 19. Jahrhundert, erregte mit ihrem Erweiterungs-
bau des britischen Stararchitekten
James Stirling Aufsehen. Das Museum
bietet einen Überblick über die Kunst
vom späten Mittelalter bis hin zur Klassischen Moderne

2 Hamburg

Kunsthochburg im Norden: Seit 1997 bietet die ehrwürdige **Hamburger Kunsthalle** in dem von Oswald Mathias Ungers entworfenen Anbau in Form eines schlichten weißen Kubus eine umfassende Sammlung zur Kunst der Gegenwart. In der „Galerie der Gegenwart" wechseln größere Werkkomplexe einzelner Künstler mit Darstellungen künstlerischer Bewegungen

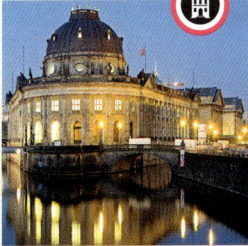

4 Berlin

Hauptstadt der Künste: Die Berliner **Museumsinsel** (Foto) vereint eine ganze Reihe von Sammlungen mit Weltniveau zu Kunst, Kultur und Archäologie in historischer Architektur. Die Kunst der Moderne ist unter anderem in der **Neuen Nationalgalerie**, im **Hamburger Bahnhof**, dem **Museum Berggruen** und in der **Berlinischen Galerie** zu Hause

10 Dresden

Von Raffael bis Richter: Die **Gemäldegalerie Alte Meister** im Zwinger zeigt Hauptwerke der italienischen Renaissance. Die **Galerie Neue Meister** besitzt den weltweit größten Bestand an Werken Gerhard Richters und gehört zu den wichtigsten deutschen Museen der Moderne

15 München

Neuster Zugang im Kunstareal: 2002 eröffnete die **Pinakothek der Moderne**. Hier zeigt auch **Die Neue Sammlung**, das erste Designmuseum der Welt – und bis heute eines der führenden –, ihre 70 000 Exponate umfassende Dauerausstellung. Zusammen mit den Sammlungen der **Alten** und **Neuen Pinakothek**, der Glyptothek und der Städtischen Galerie im **Lenbachhaus** ergibt sich ein einzigartiges Museumsviertel

Xavier Naidoo – Preisträger bei den MTV Music Awards

Deutsche Bands
Zu den erfolgreichen „Auslandsexporten" deutscher Rock- und Popmusik gehören: Scooter, Seeed, Nena, Kraftwerk, Rammstein, Guano Apes, Juli und Mia.

Deutsches Kino
Noch immer ist Deutschland kein Kinoland wie etwa Frankreich, aber die nationalen Produktionen haben an der deutschen Kinokasse deutlich zugelegt. Es gibt wieder Stars, für die das Publikum ins Kino geht: Alexandra Maria Lara, Franka Potente, Julia Jentsch, Daniel Brühl, Moritz Bleibtreu und Til Schweiger. Das gestiegene Selbstbewusstsein der Branche spiegelt sich in der 2003 gegründeten Deutschen Filmakademie wider, die nun jährlich nach dem Vorbild der American Academy den deutschen Oscar verleiht – die Lola. Welterfolge haben deutsche Filmakteure aber vor allem dann, wenn sie von Hollywood aus arbeiten, wie die Regisseure Roland Emmerich („Independence Day") und Wolfgang Petersen („Das Boot", „Troja") oder der Kameramann Michael Ballhaus.

und Udo Lindenberg seit Jahren mit deutschen Liedern erfolgreich, die Punkrock-Band „Die Toten Hosen" und die Hip-Hop-Gruppe „Die Fantastischen Vier" ebenfalls. In den vergangenen Jahren orientierten sich junge Künstler wie der Sänger Xavier Naidoo („Söhne Mannheims") zudem erfolgreich an den US-amerikanischen Stilrichtungen Soul und Rap. Der Erfolg der Berliner Band „Wir sind Helden" zog zuletzt eine neue Welle junger **deutscher Bands** nach sich. Mit Gründung der „Popakademie" in Mannheim wurde auch der politische Wille deutlich, deutsche Popmusik international konkurrenzfähig zu machen.

Film

Kurz vor der Jahrtausendwende reißt ein Feuerwerk das deutsche Kino aus einem Winterschlaf: „Lola rennt" (1998) von Tom Tykwer. Die experimentierfreudige Komödie um die rothaarige Lola, das Schicksal, die Liebe und den Zufall fängt das Lebensgefühl der späten neunziger Jahre ein. Lolas waghalsiger Wettlauf gegen die Zeit, quer durch Berlin, wird weltweit als Metapher auf die Rastlosigkeit einer Epoche verstanden. Regisseur Tom Tykwer und seiner Hauptdarstellerin Franka Potente gelingt mit „Lola rennt" der internationale Durchbruch. Im **deutschen Kino** beginnt eine Phase des Aufschwungs. Erstmals seit der Ära des großen Rainer Werner Fassbinder (†1982) blickt das Ausland wieder interessiert auf den deutschen Film, der international Erfolge feiert: ein Oscar für „Nirgendwo in Afrika" (Caroline Link, 2002), ein Goldener Bär bei der Berlinale für „Gegen die Wand" (Fatih Akin, 2004). Doch anders als zu Fassbinders Zeiten gilt das Interesse nicht einer bestimmten Schule von Autorenfilmern, sondern unterschiedlichen Regisseuren mit eigenen Handschriften. Altmeister wie Wim Wenders, Volker Schlöndorff und Werner Herzog mischen nach wie vor mit, für Furore sorgen inzwischen aber andere.

Aufwind erhält das deutsche Kino besonders durch eine Filmgattung, die nicht sonderlich beleumundet war: die Komödie. Die Tragikomödie „Good Bye, Lenin!" (Wolfgang Becker, 2003) läuft in fast 70 Ländern mit Erfolg, weil sie auch vom Scheitern des Sozialismus erzählt. Hans Weingartners Komödie „Die fetten Jahre sind vorbei" (2004) wiederum rollt in radikaler Form Themen der Globalisierungsgegner auf. Deutsche Komödien sind Erfolge, weil ihre nationalen Geschichten auch von universellen Themen handeln.

Doch den Stoff für ihre Geschichten filtern die Filmemacher aus Entwicklungen und Umbrüchen im eigenen Land. Mit atemberaubender Wucht erzählt Fatih Akin, Hamburger mit türkischen Wurzeln, vom türkischen Leben in Deutschland. In seinem preisgekrönten Drama „Gegen die Wand" bringt er die Liebesgeschichte zweier Deutschtürken und ihre Zerriebenheit zwischen den Kulturen mit brutaler Präzision, aber ohne Larmoyanz auf die Leinwand. Um Authentizität, einen unverstellten Blick auf das Leben geht es auch in den sozialrealistischen Milieustudien von Andreas Dresen. In seinen Filmen fängt er den Alltag in Ostdeutsch-

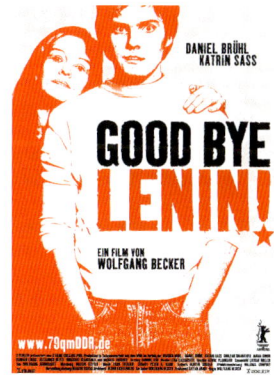

Good Bye, Lenin! In 70 Ländern erfolgreich – eine Filmkomödie mit Hintersinn

Berlinale

Seit 1951 finden jährlich im Februar die Internationalen Filmfestspiele Berlin statt. Nach dem Treffen von Cannes ist die Berlinale das zweitgrößte Filmfestival in der Welt und „das" Schaufenster des deutschen Films. Im Zentrum Berlins rund um den Potsdamer Platz liegen dann zwei Wochen lang Kunst, Glamour, Party und Geschäft eng beieinander. Etwa 400 000 Kinobesucher und 16 500 Fachbesucher kommen jedes Jahr – Filmstars, Filmproduzenten, Filmverleiher, Käufer, Finanziers und Journalisten. Der Höhepunkt einer jeden Berlinale ist die Verleihung der „Bären", der Hauptpreise des Festivals, durch eine internationale Jury. Um diese Preise bewerben sich Filme aus der ganzen Welt, die auf der Berlinale Welt- oder Europapremieren haben.

Neben dem Wettbewerb präsentiert die Berlinale unter anderem ein Kinderfilmfest, ein Forum für den deutschen Film und ein internationales Forum des Jungen Films. Außerdem gibt es eine Retrospektive sowie eine Hommage, die sich dem Lebenswerk einer großen Filmpersönlichkeit widmet. Insgesamt werden jährlich etwa 350 Filme gezeigt. Zwei Drittel der insgesamt zehn Millionen Euro teuren Veranstaltung trägt der Bund; der Rest kommt über Eintrittsgelder und Sponsoren zusammen. Seit 2003 werden jedes Jahr etwa 500 junge Filmtalente aus aller Welt zum Berlinale Talent Campus eingeladen. Hier geht es um die Vermittlung von Know-how und den Ideenaustausch. Intendant der Berlinale ist Dieter Kosslick (Foto). **www.berlinale.de**

land mit filmischen Mitteln wie der bewegten Handkamera ein. Das Interesse an gesellschaftlichen Umbrüchen entkrampft zugleich den Rückblick auf traumatische Aspekte der eigenen Geschichte. Das Geschichtsdrama „Der Untergang" (2004) von Oliver Hirschbiegel bricht mit einem Tabu und zeigt Hitler nicht als Monster, sondern als Menschen. In „Sophie Scholl" (2005) porträtiert Julia Jentsch die Widerstandskämpferin in einer grandiosen Darstellung als Heldin und wurde dafür mit dem **Deutschen Filmpreis** ausgezeichnet. Der Aufschwung des deutschen Films steht auf vielen Füßen. Beste Voraussetzungen also für das deutsche Kino.

Bildende Kunst

Malerei und Fotografie aus Deutschland haben seit den neunziger Jahren international großen Erfolg. Im Ausland ist das neue deutsche Malwunder unter dem Label „Young German Artists" bekannt. Die Künstler kommen aus Leipzig, Berlin oder Dresden. Neo Rauch ist der prominenteste Vertreter der „Neuen Leipziger Schule". Ihr Stil ist gekennzeichnet von einem neuen Realismus, der sich – ideologiefern – aus der alten „Leipziger Schule" der DDR-Kunst entwickelt hat. Die Gemälde zeigen meist blässliche Menschen, die auf etwas Unbestimmtes zu warten scheinen, was sich als Widerspiegelung deutscher Zustände am Beginn des neuen Jahrtausends interpretieren lässt. Der so genannte „Dresden Pop", darunter Thomas Scheibitz, greift Werbung, Fernseh- und Videoästhetik auf und spielt mit einer Ästhetik der Selbstvergewisserung über das Hier und Jetzt.

Für die meisten jungen Künstler gehört die Auseinandersetzung mit dem Nationalsozialismus, wie sie sich in den Werken eines Hans Haacke, Anselm Kiefer und Joseph Beuys findet, der Vergangenheit an. Vielmehr zeichnet sich in der **Kunstszene** eine „neue Innerlichkeit" ab und die Beschäftigung mit kollidierenden Erfahrungswelten: In Jonathan Meeses und André Butzers Werken spiegeln sich Depressionen und Zwangsphä-

Neo Rauch gilt als Nummer eins der „Young German Artists"

nomene; sie gelten als Vertreter des „Neurotischen Rea-lismus". Franz Ackermann thematisiert mit den „Mental Maps" die Welt als globales Dorf und verweist auf die Kata-strophen hinter den Fassaden. Tino Seghal, dessen Kunst nur im Augenblick der Performance existiert und nicht aufge-zeichnet werden darf, sucht nach Produktions- und Kommu-nikationsformen jenseits der Marktwirtschaft. Das Interesse, das man in Deutschland der Kunst entgegenbringt, lässt sich an der alle fünf Jahre in Kassel stattfindenden **documenta**, der führenden Ausstellung für aktuelle Kunst weltweit, ablesen.

Im Gegensatz zur Bildenden Kunst – deren Bedeu-tung der Boom an privaten Museumsneugründungen unterstreicht – hatte die Fotografie in Deutschland lange um ihre Anerkennung als eigenständige Kunstform zu kämpfen. Als Pionierin der siebziger Jahre gilt Katharina Sieverding, die in ihren Selbstporträts die Grenze zwischen Individuum und Gesellschaft auslotet.

Der Durchbruch kam in den neunziger Jahren mit dem Erfolg dreier Schüler des Fotografenehepaars Bernd und Hilla Becher von der Düsseldorfer Kunstakademie: Tho-mas Struth, Andreas Gursky und Thomas Ruff inszenieren in ihren Bildern eine Hochglanzrealität mit doppeltem Boden und besitzen so große stilbildende Wirkung, dass sie inter-national knapp als „Struffsky" bezeichnet werden.

documenta

Die documenta in Kassel ist die weltweit bedeutendste Ausstel-lung zeitgenössischer Kunst. Auf Initiative des Malers Arnold Bode gegründet, öffnete sie 1955 zum ersten Mal ihre Tore. Die alle fünf Jahre für die Dauer von 100 Tagen veranstaltete Ausstellung wurde rasch zu einem Welterfolg. Die zwölfte documenta wird 2007 stattfinden.

Autoren

Die Redakteurinnen und Redakteure der Kulturzeit-Redaktion von 3sat (von links): Dr. Eva Hassel-von Pock, Armin Conrad, Dr. Gundula Moritz, Dr. Rainer M. Schaper, Dr. Monika Sandhack sowie Stefan Müller (nicht im Bild).

✚ Kunstmessen und Kulturevents

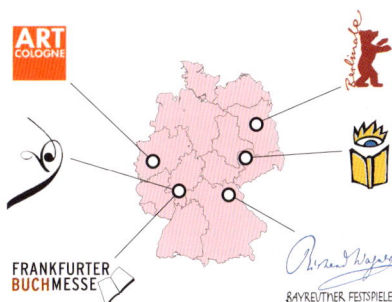

Art Cologne

Die Art Cologne ist die älteste Kunstmesse der Welt und die wichtigste in Deutschland

Art Frankfurt

Die Art Frankfurt gilt als Forum für junge und avantgardisti-sche europäische Kunst

Frankfurter Buchmesse

Die Frankfurter Buchmesse ist international die Nummer eins unter den Buchmessen

Berlinale

Die Berlinale ist nach dem Festival in Cannes das zweit-wichtigste Filmevent weltweit

Leipziger Buchmesse

Die Leipziger Buchmesse hat sich trotz starker Konkurrenz einen guten Namen gemacht

Bayreuther Festspiele

Die Bayreuther Festspiele auf dem „grünen Hügel" sind für „Wagnerianer" das Ereignis

In Deutschland gibt es rund 70000 hauptberuflich tätige Journalisten; allein in Berlin sind fast 1200 Korrespondenten beim Verein der Auslandspresse und der Bundespressekonferenz akkreditiert

Presse- und Meinungsfreiheit

Zur Kommunikationsfreiheit in Deutschland gehört auch, dass Behörden zur Auskunft gegenüber Journalisten verpflichtet sind. Das Presserecht wird durch Pressegesetze der Bundesländer geregelt. Hierzu zählen die Impressumspflicht, die journalistische Sorgfaltspflicht und das Zeugnisverweigerungsrecht der Journalisten. Als Selbstkontrollorgan der Verleger und Journalisten versteht sich der Deutsche Presserat, der sich mit Verstößen gegen die Sorgfaltspflicht und die Ethik befasst.

Medien

Von Jo Groebel

DEUTSCHLAND GILT ALS LAND DER BÜCHER, der Gedankentiefe, der inhaltlich anspruchsvollen Medien. Deutschland ist aber auch das Land der „DJs und Daily Soaps" geworden. Musik und Fernsehserien, Kassenknüller im Kino und Boulevardpresse sind in der deutschen Populärkultur ebenso wichtig wie in anderen Ländern – und wie die deutsche Hochkultur der Dichter, des Theaters und der Oper.

Natürlich gibt es in Deutschland mediale Besonderheiten. Dazu gehört die Betonung der föderalen Souveränität in Kultur und Rundfunk oder das jedenfalls im globalen Vergleich nicht selbstverständliche Nebeneinander von öffentlich-rechtlichen und privaten Medien. In puncto Presse- und Meinungsfreiheit schneidet Deutschland im internationalen Maßstab sehr gut ab. Der Pluralismus der Meinungen ist gegeben, der Pluralismus der Information ist vorhanden. Die Presse ist nicht in der Hand von Regierungen oder Parteien, sondern vielmehr in der Hand von gesellschaftlichen Akteuren. Seit mehr als einem halben Jahrhundert ist die **Presse- und Meinungsfreiheit** in Deutschland ein verfassungsrechtlich geschütztes Gut. Das Verfassungsverständnis der Pressefreiheit findet im Artikel 5 des Grundgesetzes seinen Ausdruck: „Jeder hat das Recht, seine Meinung in Wort, Schrift und Bild zu äußern und zu verbreiten und sich aus allgemein zugänglichen Quellen ungehindert zu unterrichten. (...) Eine Zensur findet nicht statt."

Allgemein lässt sich die deutsche Medienstruktur aus den spezifischen Bedingungen der jüngeren deutschen Geschichte erklären. Zum einen waren die vergangenen Jahrhunderte für das Land außerordentlich unruhig. Viele Denkimpulse für gesellschaftliche Veränderungen hatten auch einen deutschen Hintergrund oder fanden hier statt: Aufklärung, Kommunismus, Moderne. Die Umwälzungen des 20. Jahrhunderts erlebte Deutschland in einem Zeittakt von jeweils weniger als 30 Jahren – Demokratisierung, Erster Weltkrieg, Weimarer Republik, „Drittes Reich" und Zweiter Weltkrieg, Ost-West-Konflikt und Kalter Krieg, Studentenre-

Beliebte Printprodukte: In der Zeitungsdichte (Zahl der Zeitungen je 1000 Einwohner) liegt Deutschland in Europa auf Platz sieben. Durchschnittlich 30 Minuten lesen die Deutschen täglich Zeitung

Medienkonzentration
Trotz der großen Vielfalt an Titeln und Produkten ist die Zahl der eigenständigen Verlage seit Mitte der fünfziger Jahre in Deutschland stetig zurückgegangen. Wirtschaftlich und technisch führende Verlage konnten in verschiedenen regionalen Märkten Konkurrenten verdrängen. Die wirtschaftliche Entwicklung auf dem Pressemarkt hat zur Bildung großer Verlagsunternehmen geführt. Im Bereich der Tagespresse ist es vor allem der Axel-Springer-Verlag, der einen Anteil von rund 25 Prozent am Zeitungsmarkt hat.

volte und Wiedervereinigung – und sie waren immer auch mit einem Medienaspekt verknüpft, ja wären ohne die seit dem 19. Jahrhundert entstandenen Massenmedien nicht denkbar gewesen. Gedankenfreiheit und Gleichberechtigung verbreiteten sich über Bücher und aktuelle Presse.

Mit der so genannten Hugenberg-Presse entwickelte sich in der Weimarer Republik ein Zeitungsmonopol, in dem zunehmend nationales Gedankengut propagiert wurde. Nicht zuletzt die Erfahrungen mit dieser Hugenberg-Presse, benannt nach dem Verleger gleichen Namens, ließen nach dem Zweiten Weltkrieg in Westdeutschland eine besonders ausgeprägte Infrastruktur zur Verhinderung von **Medienkonzentration** entstehen (Hoheit der Bundesländer beim Rundfunk, Pressegesetze, kartellrechtliche Elemente). Insgesamt wurde der Westen Deutschlands nach dem Zweiten Weltkrieg bei massiver Unterstützung der alliierten Mächte USA, Großbritannien und Frankreich innerhalb der Medienstruktur der Demokratie und des Marktes weiterentwickelt. Der Osten übernahm die Medienphilosophie der Sowjetunion.

Verkürzt formuliert existierten jetzt die „drei M" des Medienjournalismus nebeneinander: der „mere-facts"-orientierte Stil angelsächsischer Prägung, der die maximale Transparenz politischer und gesellschaftlicher Ereignisse betont und die Medien in der Funktion der kritischen „Vierten Gewalt" sieht. Heute darf man nahezu allen Nachrichten-Medien des Landes das Akzeptieren dieser Norm attestieren.

Die größte deutsche Nachrichtenagentur ist die Deutsche Presse-Agentur (dpa). Hinter Reuters, der französischen AFP und der Associated Press (AP) ist sie die Nummer vier weltweit

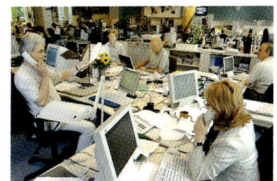

Mediennutzung
Rund zehn Stunden am Tag nutzen die Deutschen die verschiedenen Medien. Ganz vorne liegen
dabei Hörfunk und Fernsehen

Radio	**221 Min.**
Fernsehen	**220 Min.**
Internet	**44 Min.**
Tageszeitungen	**28 Min.**
Bücher	**25 Min.**
Zeitschriften	**12 Min.**

Der „mission"-orientierte Stil der DDR-Medien sollte die Bürger im Sinne von Kommunismus und Sozialismus beeinflus-
sen. Heute ist der „mission"-Aspekt, also eine bewertende
Botschaft, auf die Meinungsseiten und Kommentare
beschränkt. Seit den achtziger Jahren ist der „Markt" immer
wichtiger geworden. Nicht zuletzt die Existenzbedrohung
vieler Pressetitel verlagerte den Fokus auf die Massen-Attrak-
tivität von Titeln und Themen. Marktforschung, Auflagen
und Quoten sind zu einem zentralen Faktor der Ausrichtung
von Zeitungen und Zeitschriften, neuerlich erst recht von
Radio und Fernsehen geworden – auch bei den öffentlich-
rechtlichen Sendern.

Die Presselandschaft

Neben dem Buch existiert mit Zeitung und Zeitschrift seit
nunmehr 500 Jahren ein Medium, das in Inhalt, Form und
Verbreitung zwar ständig modernisiert wurde, von der
Grundstruktur her aber trotz immer neuer Medien relativ
gleich geblieben ist. Nach wie vor steht die Presse für Tie-
fenanalyse und Hintergrundbericht, Themensetzung und
Bewertung. Mit der teilweisen Aufhebung festgefügter ideo-
logischer Überzeugungen in der deutschen Gesellschaft ent-

Wie die Deutschen die Medien nutzen

Die großen überregionalen Abonnementzeitungen
Die „Süddeutsche" und die „F.A.Z." sind die meistgelesenen deutschen Tageszeitungen (nach Auflage)

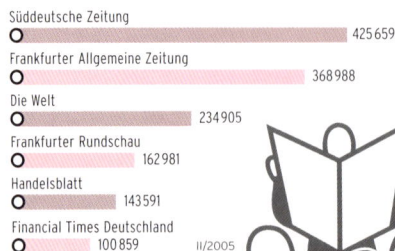

Süddeutsche Zeitung
425 659

Frankfurter Allgemeine Zeitung
368 988

Die Welt
234 905

Frankfurter Rundschau
162 981

Handelsblatt
143 591

Financial Times Deutschland
100 859   II/2005

Die beliebtesten aktuellen Publikumszeitschriften
Die Nachrichtenmagazine „Spiegel" und „Focus" und die
Illustrierte „Stern" liegen bei den Lesern vorn (nach Auflage)

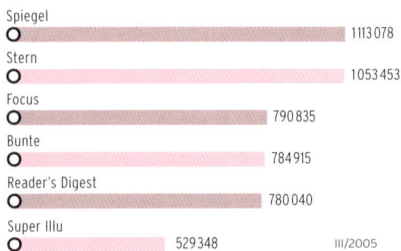

Spiegel
1 113 078

Stern
1 053 453

Focus
790 835

Bunte
784 915

Reader's Digest
780 040

Super Illu
529 348   III/2005

IVW, VDZ, media control, Denic

lang des traditionellen Links-rechts-Spektrums schwand auch zum Teil die eindeutige politische Zuordnung der Presse. Der deutsche Zeitungsmarkt zeichnet sich durch große Titelvielfalt und regionale Differenzierung aus. 336 lokale Tageszeitungen stehen neben der überregionalen Presse mit elf Titeln, zehn Qualitätszeitungen neben den acht so genannten Verkaufszeitungen, die sich eher dem Boulevard verschrieben haben. Innerhalb dieser Kategorie nimmt die einflussreiche „Bild"-Zeitung (Axel-Springer-Verlag) mit einer Auflage von rund vier Millionen Exemplaren als einzige überregionale Verkaufszeitung eine herausragende Rolle ein. Insgesamt liegt die Gesamtauflage aller rund 350 deutschen Tageszeitungen bei fast 23 Millionen.

Der Internet-Provider T-Online ist mit knapp 14 Millionen Kunden Marktführer in Deutschland. Die T-Online-Website gehört neben AOL, MSD, Bild.de, RTL.de und Spiegel.de zu den beliebtesten Internet-Angeboten

Aber die Finanzierung der klassischen Tagespresse steht unter Druck: Die jüngere Generation liest weniger Zeitungen, das Anzeigenaufkommen ist rückläufig, etliche Inhalte werden heute eher aus dem Internet bezogen, das inzwischen bei fast allen Altersgruppen zu einem Leitmedium geworden ist. Rund 55 Prozent aller Deutschen sind mittlerweile „online" – das entspricht 35,7 Millionen Menschen über 14 Jahre. Trotzdem kommt immer noch auf nahezu jeden zweiten erwachsenen Deutschen eine verkaufte Zeitung, die Leserschaft liegt noch höher. Etliche Titel

Die attraktivsten Fernsehsender
Die öffentlich-rechtlichen Sender ARD und ZDF stehen in Konkurrenz zu den privaten Sendern (Angaben in Marktanteilen)

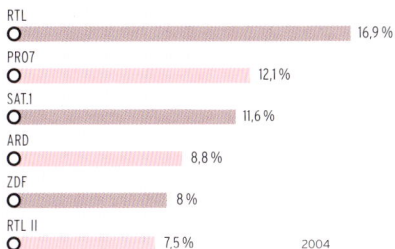

Sender	Marktanteil
RTL	16,9 %
PRO7	12,1 %
SAT.1	11,6 %
ARD	8,8 %
ZDF	8 %
RTL II	7,5 %

2004

Die häufigsten Domain-Registrierungen im Internet
„.de" ist nach „.com" die beliebteste Top Level Domain. „.net" kommt auf 6,2, „.org" und „.info" auf je 3,7 Millionen Registrierungen

Domain		Anzahl
.com	Firmenregistrierungen	40389296
.de	**Deutschland**	**9037019**
.uk	Großbritannien	4349206
.nl	Niederlande	1604109
.it	Italien	1084276
.us	USA	881828

2005

Für den Rundfunk (TV und Radio) gibt es in Deutschland zwei grundlegend verschiedene Organisations- und Finanzierungsformen. Die privaten Sender leben fast ausschließlich von Werbeeinnahmen – die öffentlich-rechtlichen Sender werden über Gebühren und Werbung finanziert und sind an einen rechtlich vorgegebenen Programmauftrag gebunden. Es gibt neun öffentlich-rechtliche Sender, die nach Bundesländern gegliedert sind und in der Arbeitsgemeinschaft der Rundfunkanstalten in Deutschland (ARD) zusammengeschlossen sind. Sie sind gemeinsam für das Erste Deutsche Fernsehen (Das Erste) zuständig, strahlen aber auch eigene TV- und Hörfunkprogramme aus. Ein weiterer öffentlich-rechtlicher Sender ist das ZDF, das keine Regionalprogramme und keinen Hörfunk betreibt.

gelten als politisch und kulturell sehr einflussreich, so die überregionalen Qualitätszeitungen „Frankfurter Allgemeine Zeitung", die „Süddeutsche Zeitung" und als traditionsreiche Wochenzeitung „Die Zeit".

Neben die etablierten Publikumszeitschriften sind immer mehr „Special interest"-Titel getreten. Die rund 20 000 Titel aus dem Gesamtbereich der Publikumszeitschriften erreichen zusammen eine Auflage von mehr als 200 Millionen. Zu den meistgelesenen Titeln gehören „Stern", „Focus" und „Spiegel", Magazine, die aktiver Teil der gesellschaftlichen Diskussion sind oder selbst schon zum Thema wichtiger Debatten wurden. Der „Spiegel" ist dabei als politisches Magazin mit der vielleicht langfristig größten Wirkung einer Wochenpublikation herausragend. Die größten Verlage für Publikumszeitschriften sind der Heinrich-Bauer-Verlag, der Axel-Springer-Verlag, Burda und Gruner+Jahr aus dem Hause Bertelsmann. Springer und Bertelsmann sind zugleich die Medienunternehmen, die mit zusätzlichem Besitz erfolgreicher Radio- und TV-Sender sowie Online-Aktivitäten Milliardenumsätze realisieren und eine Diskussion über medienübergreifende Meinungskonzentration ausgelöst haben.

Zur Konkurrenz der Printmedien entwickeln sich in jüngster Zeit Online-Angebote; hier gibt es mehr als 600 teils eigenständige, teils mit der bestehenden Presse assoziierte Titel. Ein tragfähiges Geschäftsmodell wurde für diese mit einigen Ausnahmen noch nicht breit realisiert. Immerhin erreichen „Netzeitung" (unabhängig) oder „Spiegel Online"

Das Thema im Internet

www.dwelle.de
Online-Angebot des deutschen Auslandssenders mit aktuellen Nachrichten in 30 Sprachen

www.berlinale.de
Vielfältige Informationen rund um Deutschlands größtes Filmfestival, die Internationalen Filmfestspiele Berlin (Deutsch, Englisch)

www.litrix.de
Informationsportal zur weltweiten Vermittlung deutscher Gegenwartsliteratur (Deutsch, Englisch, Chinesisch, Arabisch)

www.filmportal.de
Zentrale Internetplattform für Informationen zu deutschen Filmen und Filmschaffenden (Deutsch, Englisch)

www.kulturstiftung-des-bundes.de
Website der Kulturstiftung des Bundes mit detaillierten Informationen zur Projektförderung (Deutsch, Englisch)

www.museen.de
Profile und Adressen von vielen Museen im deutschsprachigen Raum sowie aktuelle Ausstellungstermine; detaillierte Suchfunktion (Deutsch)

eine breite Nutzerschaft. Kurz vor dem Durchbruch als „neue" Massenmedien stehen Mobiltelefonie und Computerspiele, die neue Formen von Informations- und Unterhaltungsverbreitung zwischen Maß- und Massenkommunikation bieten. Gleichzeitig ist das Feld der Kommunikations- und Informationstechnik mit 1,7 Millionen Beschäftigten zu einem wichtigen Beschäftigungssektor geworden.

Die Rundfunklandschaft

Die Reichhaltigkeit der deutschen Medienlandschaft setzt sich mit Radio und Fernsehen fort. Angefangen in den zwanziger (Radio) und fünfziger Jahren (Fernsehen) als öffentlich-rechtliches Programm entfaltete sich seit Ende der achtziger Jahre ein buntes Spektrum des dualen Systems aus **öffentlich-rechtlichen** und **privaten Sendern**. Heute konkurrieren rund 300 Radiosender miteinander, die meist lokalen und regionalen Charakter haben. Rund 60 öffentlich-rechtliche Radiosender stehen neben den rund 240 kommerziell ausgerichteten. Insgesamt hat das Radio in seiner Geschichte eine Funktionsveränderung erfahren. Nach Einführung des Fernsehens entwickelte es sich eher als Parallelmedium, erreicht in der Nutzungsdauer aber immer noch höhere Werte als die Durchschnittsstunden von etwas mehr als drei, die der Deutsche täglich vor dem Bildschirm verbringt.

Die Fernsehlandschaft differenziert sich dual, überregional-regional und nach Voll- und Spartenprogrammen. Das öffentlich-rechtliche TV strahlt zwölf nationale, acht regionale – zum größeren Teil über Kabel und Satellit empfangbar – und drei transnationale Angebote aus. („Deutsche Welle" als Auslandsrundfunk, „arte" als deutsch-französischer Kanal, „3sat" als deutsch-österreichisch-schweizerischer Kulturkanal). Mit dieser Senderzahl, einem Gesamtumsatz von über fünf Milliarden Euro, gespeist aus Gebühreneinnahmen und Werbung sowie weiteren Einkünften, und einem sehr hohen Marktanteil gehört das deutsche öffentlich-rechtliche Fernsehen zu den größten Institutionen unter den international vergleichbaren Einrichtungen. ●

Für Sendungen im Ausland ist die „Deutsche Welle" (DW) zuständig, die ebenfalls der ARD angehört. Aufgabe der „Deutschen Welle" ist es, im Ausland ein umfassendes Bild des politischen, kulturellen und wirtschaftlichen Lebens zu vermitteln und die deutschen Auffassungen zu wichtigen Fragen darzulegen und zu erläutern

Jo Groebel
Der Medienexperte ist Generaldirektor des Europäischen Medieninstitutes in Düsseldorf und Paris. An der Universität Amsterdam lehrt Prof. Dr. Groebel Kommunikationswissenschaften.

10

Modernes Leben

Was macht den Alltag lebenswert?
Gute Küche und feine Weine, Erholung
in der Natur, Feste und Feiern, Urlaub,
Design und Mode, inspirierende Architektur. Davon hat Deutschland viel
zu bieten – und das fern von allen Kli-
schees, die sich über Lederhosen und
Kalbshaxen noch immer halten mögen.
Das wissen auch die vielen Urlauber
aus dem Ausland, die Deutschland
zunehmend als interessantes Ferienziel
kennen lernen. Nicht nur, weil es hier
viele kulturhistorische Sehenswürdigkeiten zu entdecken gibt, sondern auch
wegen der vielfältigen Regionalküche
und den abwechslungsreichen Landschaften. Und auch die Deutschen, nach
wie vor Reiseweltmeister, machen am
liebsten Ferien zwischen Nordsee und
Alpen.

Vom Genießen und Feiern, vom Reisen und Wohnen – Alltagskultur und Lebensart

Von Constanze Kleis

PRÄDIKAT „LIEBENSWERT" – DIESE AUSZEICHNUNG erhielt Deutschland im Sommer 2005 in einer internationalen Studie des US-amerikanischen Pew-Forschungszentrums, für die 17 000 Menschen in 16 Ländern befragt wurden. Deutschland gehört demnach zusammen mit Frankreich zu den Ländern mit dem besten Image im Ausland. Gründe für ein positives Bild gibt es genug. Etwa die Modernität des Landes, seine Aufgeschlossenheit, die Lebensqualität, die multinationale Vielfalt und die Kreativität, mit der Deutschland seine kulturelle Identität gleichzeitig erneuert und bewahrt. In fast allen Lebensbereichen zeigt sich heute eine erfreulich entspannte Leichtigkeit und weltoffene Neugier.

Zum Beispiel in der Ernährung. Natürlich gibt es sie noch, die deftigen Regionalküchen, diese herzhaften Erkennungsmerkmale der jeweiligen Landschaften: den Schweinsbraten mit Knödeln aus Bayern oder das Rippchen mit Sauerkraut aus Hessen. Gleichzeitig haben aber viele neue Einflüsse Einzug in die **deutsche Küche** gehalten. Sie ist vielfältiger und gesundheitsbewusster geworden, leicht und einfallsreich. Als „Koch des Jahres" kürte der Gault Millau 2005 Christian Scharrer vom Restaurant „Imperial" des Schlosshotels „Bühlerhöhe" bei Baden-Baden. Er brilliert zum Beispiel mit „Hummer auf pikantem Mango-Chutney". Auch das ist heute typisch deutsche Küche – denn die ähnelt mehr und mehr einem „World-Taste-Center". Die Deutschen gehören zu den internationalsten Essern in Europa: Laut einer Umfrage des Instituts Allensbach bevorzugen mehr als die

Deutsche Küche
Es gibt keine einheitliche „deutsche Küche", aber viele regionale Spezialitäten von Kieler Sprotten bis zur Weißwurst mit süßem Senf aus München. Die regionale Küche spielt auch bei Deutschlands Gourmetköchen eine große Rolle. Knapp 200 deutsche Restaurants hat der Gastroführer Guide Michelin 2006 mit seinen begehrten Sternen ausgezeichnet. Nach Frankreich kann Deutschland die meisten Drei-Sterne-Restaurants verzeichnen. Die höchste Dichte an Michelin-Sternen herrscht in der Schwarzwaldgemeinde Baiersbronn. Zu den deutschen Top-Köchen gehören Heinz Winkler (Aschau), Harald Wohlfahrt (Baiersbronn) und Dieter Müller (Bergisch Gladbach).

Hälfte der Deutschen beim Essen im Restaurant die ausländische Küche, vor allem die italienische, chinesische und griechische.

Ein anderer Trend ist das gesunde Essen: 2004 wurden in Deutschland rund 3,5 Milliarden Euro mit **Öko-Lebensmitteln** umgesetzt. Überall in den Großstädten öffnen Bio-Supermärkte, die verbinden, was den Deutschen zunehmend wichtiger wird: Genuss und Verantwortung, Lifestyle und gutes Gewissen. So konnten die Bio-Supermärkte 2004 ein deutliches Umsatzplus von rund elf Prozent verzeichnen.

Weniger Bier, mehr Wasser

Bier aus Deutschland ist vom Europäischen Parlament als „traditionelles Lebensmittel" anerkannt, eine Auszeichnung, die nur sehr wenigen Nahrungsmitteln verliehen wird. Zu verdanken ist sie dem berühmten „Reinheitsgebot", das nur bestimmte – natürliche – Zutaten erlaubt. So sind Hopfen, Malz, Wasser und Hefe bis heute die Grundlagen aller deutschen Biersorten geblieben. Neben den Großbrauereien haben die kleineren regionalen Traditionsbrauereien einen Stammplatz im Herzen der Biertrinker. Zu ihnen zählen 80 Prozent der erwachsenen Bevölkerung in Deutschland. Sie haben die Auswahl zwischen 5000 verschiedenen

Gesundes Trendgetränk: Mineralwasser sprudelt aus 239 deutschen Brunnen

Marken, die von 1270 Brauereien produziert werden. Ein Weltrekord.

Dennoch geht der Bierkonsum der Deutschen beständig zurück, von 133 Litern im Jahr 1994 auf heute noch knapp 114 Liter pro Person. Dafür hat die Wellness-Bewegung unter anderem einen Mineralwasserboom gebracht: In den letzten 30 Jahren haben die Deutschen den Verbrauch von Mineralwassern verzehnfacht und trinken heute mit 130 Litern pro Kopf und Jahr in der Weltspitzengruppe mit. Aus 239 Brunnen sprudeln mehr als 500 verschiedene Mineralwässer.

Das Riesling-Wunder

Seit Anfang des neuen Jahrtausends erlebt der deutsche Riesling-Wein eine Renaissance – und das international: Er gehört inzwischen weltweit zu den Standards in vielen Top-Restaurants. Allein die US-Amerikaner haben ihre Riesling-Importe in nur vier Jahren um hundert Prozent gesteigert. Die Begeisterung der internationalen Weinkenner für das „deutsche Weinwunder" hat sich der Riesling durch seine Leichtigkeit und Spritzigkeit verdient, Eigenschaften, die sich den besonderen Klima- und Bodenverhältnissen verdanken. Denn die deutschen Weinanbaugebiete gehören zu den nördlichsten der Welt. Die lange Vegetationszeit und die geringe Sommerhitze machen die **Weine aus Deutschland** filigran und nicht zu alkoholreich. Unterschiedliche Bodenarten und Rebsorten wie Müller-Thurgau und Silvaner tragen ihren Teil dazu bei, dass deutsche Weine als bemerkenswert facettenreich gelten.

Ihren Anteil am Erfolg hat aber auch die neue Generation der deutschen Winzer, die in den 13 **deutschen Weinanbaugebieten** vor allem auf hohe Qualität statt große Erträge setzen. Das klassische Weißweinland Deutschland entdeckt jetzt mehr und mehr den Rotwein. Die Anbaufläche dafür, hauptsächlich für Spätburgunder, hat sich bereits mehr als verdreifacht. Vielleicht entsteht hier das nächste Weinwunder?

Weine aus Deutschland
Deutsche Weine wachsen in 13 Anbaugebieten, in denen rund 65 000 Winzerbetriebe eine große Vielfalt regionaltypischer Weine anbauen. Die deutschen Weinanbaugebiete liegen – außer Sachsen und Saale-Unstrut im Osten – konzentriert im Südwesten und Süden Deutschlands. Nahezu 140 Rebsorten werden angepflanzt, große Marktbedeutung haben aber nur zwei Dutzend, allen voran die Weißweine Riesling und Müller-Thurgau. Deutschland produziert zu 65 Prozent Weißwein und zu 35 Prozent Rotwein. Etwa ein Viertel der neun Millionen Hektoliter Gesamtjahresproduktion geht ins Ausland, vor allem in die USA, nach Großbritannien, Japan und Skandinavien.

Deutsche Weinanbaugebiete
- Ahr
- Baden
- Franken
- Hessische Bergstraße
- Mittelrhein
- Mosel-Saar-Ruwer
- Nahe
- Pfalz
- Rheingau
- Rheinhessen
- Saale-Unstrut
- Sachsen
- Württemberg

Deutsche Zentrale für Tourismus
Die Deutsche Zentrale für Tourismus (DZT) ist das nationale „Tourist Board" Deutschlands mit Sitz in Frankfurt am Main. Mit 29 Vertriebsstellen, darunter elf eigene Vertretungen und 18 Vertriebskooperationen, plant, koordiniert und realisiert die Tourismusorganisation ihre Marketing- und Vertriebsaktivitäten im Ausland.

Riesenrummel: Über sechs Millionen Menschen aus aller Welt besuchen jedes Jahr das Oktoberfest in München

Reiseland Deutschland

Als Reiseziel wird Deutschland immer beliebter: 2004 wurde zum ersten Mal die Marke von 45 Millionen Übernachtungen ausländischer Gäste überschritten. Die Tendenz ist weiter steigend, wie die **Deutsche Zentrale für Tourismus** (DZT) meldet. Berlin, München, Frankfurt am Main und Köln sind die beliebtesten Städte bei den internationalen Gästen. Die meisten von ihnen kommen aus dem europäischen Ausland, aus den USA und Asien. Als Bundesländer punkten bei den ausländischen Reisenden regelmäßig Bayern, Nordrhein-Westfalen und Baden-Württemberg.

Magnete für Deutschlandurlauber sind neben den kulturhistorischen Sehenswürdigkeiten auch die anspruchsvollen Konzertreihen, Kunstausstellungen und Theateraufführungen oder die großen Sportereignisse auf internationalem Niveau, die Straßenfeste oder stimmungsvollen Weihnachtsmärkte, um nur einige Höhepunkte zu nennen. In Deutschland wird gern und viel gefeiert. Und manche Volksfeste – wie etwa das Oktoberfest in München oder der Christopher Street Day in Köln, der Karneval der Kulturen in Berlin, die Fastnacht in Mainz oder der Karneval in Köln –

Urlaub in Deutschland

Die liebsten Urlaubsbeschäftigungen
Was Touristen aus Europa in Deutschland unternehmen

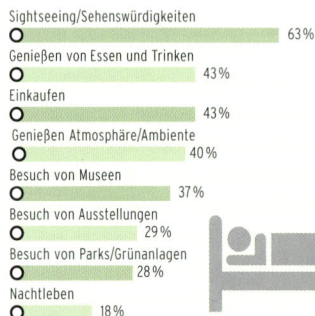

- Sightseeing/Sehenswürdigkeiten 63 %
- Genießen von Essen und Trinken 43 %
- Einkaufen 43 %
- Genießen Atmosphäre/Ambiente 40 %
- Besuch von Museen 37 %
- Besuch von Ausstellungen 29 %
- Besuch von Parks/Grünanlagen 28 %
- Nachtleben 18 %

World Travel Monitor 2005, Statistisches Bundesamt 2005

Die Top-Bundesländer der ausländischen Gäste
Übernachtungen im Jahr 2004

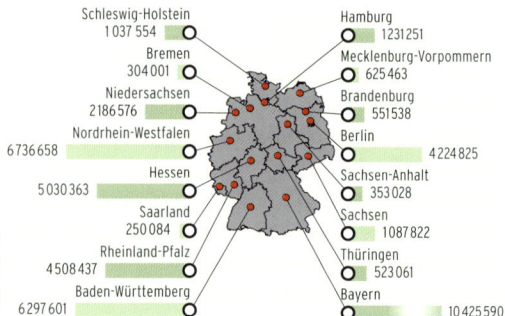

- Schleswig-Holstein 1 037 554
- Bremen 304 001
- Niedersachsen 2 186 576
- Nordrhein-Westfalen 6 736 658
- Hessen 5 030 363
- Saarland 250 084
- Rheinland-Pfalz 4 508 437
- Baden-Württemberg 6 297 601
- Hamburg 1 231 251
- Mecklenburg-Vorpommern 625 463
- Brandenburg 551 538
- Berlin 4 224 825
- Sachsen-Anhalt 353 028
- Sachsen 1 087 822
- Thüringen 523 061
- Bayern 10 425 590

sind längst international Synonym für gute Laune und eine weltläufige Atmosphäre geworden.

Während es die Gäste aus dem Ausland überwiegend in die Großstädte zieht, reisen die Deutschen im eigenen Land lieber in kleinere Gemeinden und ländliche Regionen: Bei ihnen gehören die Nord- und Ostseeküste, der Schwarzwald und der Bodensee zu den beliebtesten Ferienzielen. Immerhin verzeichnet Deutschland 15 **Nationalparks**, 93 Naturparks und 14 Biosphärenreservate zwischen dem Wattenmeer im Norden und den Alpen im Süden, in denen die Natur unter besonderem Schutz steht. Aber auch als eine Art Open-Air-Fitness-Center gewinnen Küste, Seen, Mittel- und Hochgebirge an Bedeutung. Die Möglichkeiten sind riesig: Allein neun Fernwanderwege mit einer Länge von 9700 Kilometern führen durch Deutschland. Insgesamt streckt sich das Netz markierter Wanderwege über 190 000 Kilometer. Auf 40 000 Kilometern können Radfahrer über spezielle Fernwege das Land erkunden.

Nationalparks
Die 15 deutschen Nationalparks befinden sich zu einem großen Teil im Norden der Bundesrepublik. Alle zeichnen sich durch eine einmalige Natur und Landschaft aus und dienen der Bewahrung der natürlichen Artenvielfalt von seltenen Pflanzen und Tieren. Der größte von ihnen ist der Nationalpark Schleswig-Holsteinisches Wattenmeer mit 441 000 Hektar. Der kleinste, der Nationalpark Jasmund mit den berühmten Kreidefelsen der Insel Rügen, hat 3003 Hektar Fläche.

Gut in Form – Mode und Design

Highfashion made in Germany ist ein Begriff auf den internationalen Laufstegen. Zu den „Global Players" gehören seit über zwei Jahrzehnten Namen wie Jil Sander und Wolfgang Joop, der unlängst erst mit seinem neuen glamourösen Label „Wunderkind Couture" Erfolge feierte. Die großen Galas und Bälle in Berlin, Frankfurt oder München wirken nicht selten wie eine Leistungsschau der deutschen Modemacher: Man trägt Escada, Unrath & Strano, Talbot Runhof und Anna von Griesheim – die zu den gefragten Designern nicht nur der deutschen Prominenz gehören. Im Alltag setzt man in Deutschland dagegen eher auf Bodenhaftung. Bevorzugt wird neben dem sachlichen Business-Outfit legere Sportswear, etwa von Boss oder Strenesse. Beide Labels sind in Süddeutschland zu Hause, aber längst auch auf dem Weltmarkt ein Begriff.

Besonders in den Großstädten findet sich aber auch ausreichend Gelegenheit für das modische

Neues vom Stardesigner: Wolfgang Joop sorgt mit dem Label „Wunderkind" für Aufsehen

Design und Architektur

Klarheit und Funktionalität gelten noch immer als
Grundprinzipien typisch deutscher Gestaltung und Baukunst.
Heute erweitern auch Charme und Finesse die „gute Form"

1920
Der Architekt **Peter Behrens**
(1868–1940), Begründer der
sachlichen Industriearchitektur
und des Industrie-Designs,
entwirft für die **Farbwerke Hoechst**
ein Gebäude in expressio-
nistischer Formensprache

1956
„Schneewittchensarg" heißt
die Radio-Phono Kombina-
tion **SK4** von **Dieter Rams**
(geb. 1932) und Hans Guge-
lot. Rams prägte über
40 Jahre den funktionalen
Stil der Firma Braun

1924
Als 24-jähriger Bauhaus-
Geselle gestaltet **Wilhelm
Wagenfeld** (1900–1990) seine
berühmte und bis heute
beliebte **Tischleuchte** im Stil
der Klassischen Moderne

1931
Das geradezu revolutionär schlichte **Service
1382** von **Hermann Gretsch** (1895–1950) steht in
der Neuen Sammlung, München

1920   1930   1940   1950   1960

20. Jh.

1952
Mit dem Klappstuhl **SE 18** stattet
Egon Eiermann (1904–1970) den deutschen Pavillon auf der Weltaus-
stellung in Brüssel aus. Eiermann
gilt als einer der wichtigsten
Architekten der Nachkriegszeit

1963
Ein Mythos auf Rädern
wird der **Porsche 911**, ent-
worfen von **Ferdinand Alexander Porsche**. Das Konzept
des Sportwagens bleibt
fast unverändert

1927
„Weniger ist mehr" heißt das bekannte
Motto des Architekten und Designers
Ludwig Mies van der Rohe (1886–1969).
Die klaren, reduzierten Formen seines
Freischwingers **MR 10** haben nichts von
ihrer Modernität verloren

1972
Eines der bekanntesten Objekte des gebürtigen Münchners **Richard Sapper** (geb. 1932) ist die Halogenleuchte **Tizio**. Er setzt bewusst auf eine wechselnde Formensprache zwischen verspielt und funktional

2005
Der renommierte red dot design award wählt die Gestalter von **Adidas** unter der Leitung von Michael Michalsky zum Designteam des Jahres

1984
Markenzeichen und Leitmotiv vieler Gebäude von **O. M. Ungers** (geb. 1926) ist das Quadrat. Das **Torhaus** der Messe in Frankfurt am Main ist ein prägnantes Beispiel für seinen unverwechselbaren Stil jenseits aller Moden und Schulen

2003
Der Münchner **Konstantin Grcic** (geb. 1965) gehört zu den erfolgreichsten jungen Designern. **Chair one** ist ein typisches Beispiel seiner minimalistischen Gestaltung

| 1970 | 1980 | 1990 | 2000 | 2010 |

21. Jh.

1971
Kaum ein Produkt, an dem sich der Berliner **Luigi Colani** (geb. 1928) nicht versuchen würde. In dem Teeservice **Drop** setzt er die für ihn typischen organischen Formen um

2005
Seit 22 Jahren ist **Karl Lagerfeld** (geb. 1938) der kreative Kopf des Pariser Modehauses **Chanel**. Das Metropolitan Museum of Art in New York widmet seiner Arbeit eine große Ausstellung

Achtziger/neunziger Jahre
Streng und elegant ist der Stil der Modeschöpferin **Jil Sander** (geb. 1943) auf dem Höhepunkt ihres Erfolgs. Das von ihr gegründete Unternehmen gehört seit 1999 zum italienischen Prada-Konzern

2000
Das von dem Deutschamerikaner **Helmut Jahn** (geb. 1940) entworfene **Sony Center** am Potsdamer Platz erregt Aufsehen mit seiner ungewöhnlichen Zeltdachkonstruktion. Schnell wird es zu einem neuen Wahrzeichen Berlins

Bauhaus

Das Bauhaus (1919–1933) gilt als die berühmteste Kunst-, Design- und Architekturschule der Klassischen Moderne. Gegründet von Walter Gropius hatte es seinen Sitz in Weimar, später in Dessau. Die Bauhaus-Künstler und -Architekten schufen eine neue, klare und zeitgemäße Formensprache, die vielfach bis heute nachwirkt. Zu den bekanntesten Bauhaus-Vertretern gehören Ludwig Mies van der Rohe, Lyonel Feininger, Oskar Schlemmer und Sophie Taeuber-Arp.

Experiment. Hier gibt es eine ganze Reihe kreativer Modedesigner, die mit Witz und Einfallsreichtum den Modemetropolen London und Paris Konkurrenz machen. Auch die junge Modemesse „bread and butter" hat im kreativen Epizentrum Berlin einen würdigen Ort gefunden. Insider kennen längst die neue deutsche Mode-Avantgarde, zu der Thatchers, Coration, Sabotage, Kostas Murkudis oder Eisdieler aus Berlin, aber auch Blutsgeschwister aus Stuttgart, Anja Gockel aus Mainz oder Susanne Bommer aus München gehören. Selbst London, Paris und die Modeszene-Stadt Antwerpen haben junge deutsche Kreateure wie Markus Lupfer, Bernhard Willhelm und Dirk Schönberger erobert. Der berühmteste deutsche Modemacher im Ausland aber ist der in Hamburg geborene Karl Lagerfeld, kreativer Kopf des legendären französischen Couture-Hauses Chanel.

Deutsches Produktdesign hat das Image durchdachte, klare und funktionale Produkte zu schaffen. Design made in Germany – von der Bulthaup-Küche bis zum Braun-Rasiergerät – genießt international höchstes Ansehen. Stilbildend sind nach wie vor Unternehmen wie die Möbelhersteller Wilkhahn und Vitra oder Lamy für Schreibgeräte und Erco für Leuchten. Die Traditionen des **Bauhauses** der zwanziger und der Ulmer Hochschule aus den fünfziger Jahren haben noch ihren Stellenwert, daneben hat sich aber längst eine neue Generation einen Namen gemacht: Zu ihr gehört Konstantin Grcic, Jahrgang 1965, einer der innovativsten jüngeren Designer. Der Münchner verleiht ganz banalen Alltags-

Das Thema im Internet

www.cma.de
Die Centrale Marketing-Gesellschaft der deutschen Agrarwirtschaft bietet Rezepte und ein Kochlexikon zum Download (Deutsch)

www.deutscheweine.de
Infos des Deutschen Weininstituts in Mainz zu Anbaugebieten, Winzern und Rebsorten (Deutsch, Englisch)

www.germany-tourism.de
Die Deutsche Zentrale für Tourismus informiert umfassend über Reiseziele und Veranstaltungen in Deutschland (zahlreiche Sprachen)

www.bahn.de
Website der Deutschen Bahn mit Infos zu Fahrplänen, Tickets, Hotels (Deutsch, Englisch, Französisch, Italienisch)

www.nationalparke.de
Hintergrundwissen und Links zu den Onlineauftritten aller 15 deutschen Nationalparks zwischen Nordsee und Alpen (Deutsch)

www.german-design-council.de
Der Rat für Formgebung ist das deutsche Kompetenzzentrum rund um das Thema Design (Deutsch, Englisch)

Rosa Wohnwelt: Ensemble des Österreichers Friedensreich Hundertwasser in Magdeburg

gegenständen eine ungewohnte Poesie. Auch die Newcomer vom „Studio Vertijet" aus Halle, Steffen Kroll und Kirsten Hoppert, verbinden spielerische und analytische Elemente des Designs.

Architektur mit Ausdruck

Die Architekturszene in Deutschland hat viele regionale Zentren, aber seit der Wiedervereinigung sicherlich auch einen Schwerpunkt in Berlin. In der Hauptstadt lässt sich auf engem Raum Weltarchitektur erleben: Ob Lord Norman Foster, der den ehemaligen Reichstag zum neuen deutschen Parlament umbaute, Renzo Piano, Daniel Libeskind, I. M. Pei oder Rem Koolhaas – die Liste der internationalen Architekten, die Berlins neues Gesicht prägen, ist lang. Auch die Elite der deutschen Baumeister wie Helmut Jahn, von Gerkan Marg und Partner, Hans Kollhoff und Josef Paul Kleihues trug ihren Teil zur neuen Hauptstadt bei. In Hamburg und Düsseldorf wird in den alten Häfen mit einer neuen Formensprache experimentiert und in vielen Städten setzen markante Museumsneubauten Zeichen – wie in München die Pinakothek der Moderne von Stephan Braunfels, in Herford das Museum MARTa von Frank Gehry, die Langen Foundation von Tadao Ando bei Neuss oder das Museum der bildenden Künste von den Berliner Architekten Hufnagel Pütz Rafaelian in Leipzig. ●

Constanze Kleis
Die Autorin mehrerer Lifestyle-Bücher arbeitet als freie Publizistin für verschiedene deutsche Magazine und Zeitungen.

Bildnachweise

S.6: Boening/Zenit/laif
S.8: Boening/Zenit/laif (2), akg-images
S.9: Volz/laif, Schapowalow, Karl-Heinz Raach/laif
S.10: picture-alliance/dpa (2), Hensler/laif
S.11: Fechner/laif, Zanettini/laif, Wegner/laif
S.12: Elleringmann/laif, RAPHO/laif, Hughes/laif
S.13: Knop/laif, picture-alliance/ZB
S.14, S.16: Westrich/laif
S.17: Stuttgart Marketing GmbH,
TANNER WERBUNG Touristik Kommunikation
S.18: Zielske H.D./laif, Thorsten Krüger
S.19: Archiv der BIS Bremerhaven Touristik,
Zielske H.D./laif, Boening/Zenit/laif
S.20: Zielske H.D./laif (2)
S.21: Zielske H.D./laif, Eisermann/laif
S.24: Ralf Kreuels/laif, DWT/Dittrich,
picture-alliance/dpa
S.25: Celentano/laif
S.26, S.28, S.29: Bundesbildstelle
S.30: ullstein - Archiv Gerstenberg
S.31: akg-images, picture-alliance/dpa
S.32, S.33, S34, S.35: akg-images
S.36: Thorsten Krüger, picture-alliance/akg-ima-
ges/Erich Lessing, Gutenbergmuseum,
picture-alliance/dpa
S.37: picture-alliance/akg-images/Erich Lessing (2),
akg-images (5)
S.38: Ian Haskell, picture-alliance/obs,
picture-alliance/dpa, akg-images (3),
ullstein - Archiv Gerstenberg
S.39: picture-alliance/dpa (2), photothek,
picture-alliance/ZB, akg-images, CARO/Kaiser
S.40, S.41: picture-alliance/dpa
S.42: Adenis/GAFF/laif
S.43, S.44, S.45: akg-images
S.46, S.47: Bundesbildstelle
S.48: Staubach/artur
S.49: picture-alliance/ZB
S.50, S.52: Boening/Zenit/laif
S.53: picture-alliance/akg-images
S.54: Ralf Hillebrand
S.56, S.57: picture-alliance/dpa/dpaweb
S.58: picture-alliance/dpa, Ralf Hillebrand
S.59: picture-alliance/dpa,
S.60: Teamwork
S.62: picture-alliance/dpa
S.63: Langrock/Zenit/laif
S.64: Boening/Zenit/laif
S.65: CARO/Ruffer
S.66: Bundesrat
S.67: KEYSTONE, picture-alliance/dpa
S.68: picture-alliance/dpa
S.70, S.72: Pierre Adenis/GAFF/laif

S.73: picture-alliance/dpa
S.74: picture-alliance/dpa/dpaweb
S.75: picture-alliance/dpa,
picture-alliance/dpa/dpaweb
S.76, S.78: picture-alliance/dpa/dpaweb
S.79: picture-alliance/ZB (2)
S.80: picture-alliance/dpa
S.82: picture-alliance/dpa (4), picture-
alliance/Godong, picture-alliance/akg-images
S.83: picture-alliance/akg-images (2),
picture-alliance/dpa (2),
picture-alliance/dpa/dpaweb (2)
S.86: picture-alliance/dpa/dpaweb
S.88, S.90: Volkswagen
S.91: Enercon
S.92: picture-alliance/dpa/dpaweb
S.93: AMD
S.94: picture-alliance/dpa, H.-B.Huber/laif
S.95: DaimlerChrysler, Herzan/laif, Kruell/laif
S.96: picture-alliance/ZB
S.97: picture-alliance/dpa/dpaweb
S.98, S.99: picture-alliance/ZB
S.100: picture-alliance/Helga Lade GmbH,
picture-alliance/dpa/dpaweb
S.101: IAA, Messe Berlin, Fraport
S.102: Siemens
S.103: picture-alliance/dpa
S.105: BASF, PPS Digital
S.106, S.108: Lange/laif
S.109: picture-alliance/ZB
S.110: Universität Heidelberg
S.112: Matthias Kulka
S.113: picture-alliance/dpa
S.114: Bildagentur online, Osram, Mifa AG, Siemens
S.115: Miele, DG-Flugzeugbau, A. Vossberg/VISUM,
mtu-online, Aspirin, DaimlerChrysler,
picture-alliance/akg-images
S.116: pratt-whitney, Fischer, Transrapid
S.117: IBM, www.airbus.com, Andreas Varnhorn,
DaimlerChrysler, picture-alliance/
OKAPIA KG, Ge, Thyssen-Krupp
S.118: Held/F1-Online
S.120: picture-alliance/dpa (5),
picture-alliance/akg-images (2),
picture-alliance/akg-images/Bruni Meya,
Deutscher Zukunftspreis/Ansgar Pudenz
S.122: Henseler/laif
S.124, S.126: Zuder/laif
S.127: picture-alliance/dpa
S.128: picture-alliance/ZB
S.129: REA/laif
S.130: Huber/laif
S.132: picture-alliance/OKAPIA KG

S.133: Societäts-Verlag/Jörn Roßberg
S.134: REA/laif
S.135: plainpicture/Klammt, A.
S.136: picture-alliance/dpa
S.137: Rodtmann/laif
S.138: picture-alliance/ZB
S.139: Gerster/laif
S.141: KEYSTONE
S.142: picture-alliance/dpa
S.144, S.146: picture-alliance/ZB
S.147: Baatz/laif
S.148: picture-alliance/dpa (2)
S.149: picture-alliance/dpa
S.150: picture-alliance/ZB, picture-alliance/dpa (2),
picture-alliance/akg-images/Erich Lessing,
picture-alliance/akg-images, akg-images
S.151: picture-alliance/obs, RAPHO/laif,
picture-alliance/dpa, akg-images (2),
picture-alliance/dpa/dpaweb, Kolvenbach
S.152: Auswärtiges Amt
S.153: picture-alliance/dpa,
picture-alliance/dpa/dpaweb
S.154: picture-alliance/dpa, picture-alliance/ZB
S.155: picture-alliance/dpa
S.156: akg-images, Kiedrowski/Arco Digital Images,
Emmler/laif, picture-alliance/dpaweb
S.157: picture-alliance/dpa (2), Boening/Zenit/laif,
akg-images, W.M. Weber/TV-yesterday,
akg-images
S.158: picture-alliance/dpa
S.159: X-Verleih, Berlinale
S.160: Transit/Wolfgang Zeyen
S.161: Kristina Schäfer
S.162: picture-alliance/dpa/dpaweb
S.163, S.165, S.167: picture-alliance/dpa (2)
S.168, S.170: Vogel/laif
S.172: Huber/laif,
picture-alliance/Helga Lade GmbH
S.173: picture-alliance/dpa/Stockfood
S.174: Kirchner/laif
S.175: picture-alliance/KPA/
Gerken + Ernst, Dan Lecca
S.176: akg-images, G.F.Abele/TV-yesterday,
Tecnolumen GmbH+CoKG, Die Neue
Sammlung/Staatliches Museum für ange-
wandte Kunst/München (Foto: A. Laurenzo),
picture-alliance/dpa, Porsche
S.177: Artemide, Adidas, akg-images, Rosenthal AG,
Boening/laif, Schirnhofer/Agentur Focus,
picture-alliance/dpa
S.178: Maecke/GAFF/laif
S.179: picture-alliance/dpa/dpaweb, Jörg Ladwich

Herzlichen Dank an die Mitarbeiterinnen und Mitarbeiter des
Statistischen Bundesamtes und des F.A.Z.-Archivs für ihre Unterstützung.

Register

Register